本书受以下项目及单位资助：

云南省西南边疆民族文化传承传播与产业化协同创新中心建设项目

云南大学实施中西部高校提升综合实力工程民族学学科建设项目

云南省民族研究院建设项目

性别与发展

章立明　著

知识产权出版社

全国百佳图书出版单位

图书在版编目（CIP）数据

性别与发展/章立明著. —北京：知识产权出版社，2016.6
ISBN 978 – 7 – 5130 – 4203 – 1

Ⅰ.①性… Ⅱ.①章… Ⅲ.①性别—社会问题—研究 Ⅳ.①C913

中国版本图书馆 CIP 数据核字（2016）第 111619 号

内容提要

性别与发展的出现既不是作为社会运动的女权主义与社会变革的发展理念的简单对接，也不是女权主义学术思潮与发展概念学术化的拼凑；新自由主义理论的全球化传播在其中起到了巨大的推动作用，开辟出全新的性别与发展研究领域。

本书材料引自联合国专门组织和机构的最新统计数据。在揭示世界各国各地区性别与发展的相似问题时，又根据不同文化传统和发展路径，展示其性别与发展的相异问题，力图说明性别与发展在南北/东西国家之间的相同与殊异之处。

责任编辑：石红华	**责任校对**：董志英
封面设计：智兴设计室	**责任出版**：刘译文

性别与发展

章立明　著

出版发行：知识产权出版社 有限责任公司	**网　　址**：http：//www.ipph.cn
社　　址：北京市海淀区西外太平庄 55 号	**邮　　编**：100081
责编电话：010 – 82000860 转 8130	**责编邮箱**：shihonghua@ sina.com
发行电话：010 – 82000860 转 8101/8102	**发行传真**：010 – 82000893/82005070/82000270
印　　刷：三河市国英印务有限公司	**经　　销**：各大网上书店、新华书店及相关专业书店
开　　本：787mm×1092mm　1/16	**印　　张**：19.25
版　　次：2016 年 6 月第 1 版	**印　　次**：2016 年 6 月第 1 次印刷
字　　数：310 千字	**定　　价**：55.00 元

ISBN 978-7-5130-4203-1

编 委 会

序　言

何　明

以小型社区和特定群体特别是边缘群体为主要研究对象、以研究者到达研究目标群体生活现场进行参与观察和面对面沟通交流等的田野调查为主要研究方法的民族学/人类学，与许多研究对象边界模糊甚至无边界、以二手文献资料为依据、封闭于书斋中玄想的学科相比，似乎具有更为突出的运用基本理论方法分析与解决实际问题的潜质或可能，于是学科诞生不久即产生了应用研究的倡议与实践。

1896 年，美国人类学家丹尼尔·布林顿（Daniel G. Brinton）在就任美国科学促进会主席时所发表的题为"人类学的目标"的讲话中就提出了"应用人类学"（Applied Anthropology）这一概念。1929 年，英国功能主义大师马林诺夫斯基（Bronislaw Malinowski）发表了题为《实用人类学》（Practical Anthropology）的文章，明确提出了科学的人类学应是一门实用的科学的观点。此后，一批人类学家致力于应用研究的教学科研与社会实践，在殖民地的行政管理和土地改革、农业发展、工业组织、发展规划、消费行为、政治参与、权力分配、法律辩护、公共卫生、城市问题、政府决策、冲突化解、可持续发展、犯罪、就业、贫困以及跨国公司的跨文化管理等各个领域开展了大量卓有成效的工作。

中国的民族学/人类学早在 20 世纪 40 年代就开始了人类学的应用研究与社会实践。面对民族危机的现实和现代国家建构的任务，任职于云南大学的吴文藻、方国瑜、江应樑等致力于具有极强应用取向的"边政学"研究和社会实践，参与到边区开发、边疆教育和中英缅勘界等实践之中。50 年代后，民

族学/人类学学者组织与参与民族关系的疏通、民族社会历史调查、民族识别和民族政策的制定等工作，促进了民族团结、边疆稳定和统一多民族国家的建构，其中著名案例之一是马曜先生等提出在内地民族区实行土地改革、在封建领主制和奴隶制地区实行和平协商土地改革、在边疆地区采取不分土地和不划阶级的"直接过渡"的分类指导的农业社会主义改造建议，得到西南局和国家批准，对于中华人民共和国建立初期的国家统一和边疆稳定发挥了重要作用。80年代以来，民族学/人类学工作者积极参与民族区域自治制度建设、民族文化的传承保护、民族地区经济建设和社会发展、民族政策的调整完善等实践工作。其中，著名人类学家费孝通先生晚年运用人类学/民族学理论和方法推进小城镇建设和边区开发，不仅对中国的农村发展和边疆建设产生了重要影响，而且受到国际民族学/人类学界的充分肯定，1980年被北美应用人类学学会授予马林诺夫斯基奖，他在授奖仪式上演讲的题目就是"迈向人民的人类学"。

应用人类学具有明显的问题导向而非学科导向特征。一方面保持并运用人类学最核心的理论和方法，如尊重各群体或文化主体的选择，关注文化与其他因素的相互关系，强调地方性知识的价值、文化表述，就近细致观察与分析问题的内部结构，等等；另一方面根据问题分析与解决的需要选择与整合理论方法，因涉及的领域和内容非常广泛而运用多种多样理论和方法，除了文化接触与文化变迁、濡化、"主客位"、田野调查和民族志研究等理论方法之外，源于不同学科的行动研究、焦点小组访谈、快速评估法、多方校验法、发展、依附、组织、授权等理论方法常被采用。可以说，应用人类学是一种学术价值取向，凡从人类学/民族学学科的立场出发、以分析与解决实际问题为指向、坚持就近细察人类经验的方法的工作，都与应用人类学"家族"相似，因而不仅工商人类学、农业人类学、辩护人类学、决策人类学、人类工程学、发展人类学等冠以人类学之名的诸种研究可以归入应用人类学的"家族"之中，而且管理学、经济学、法学、政治学等学科的学者开展的运用田野调查和民族志方法分析与解决相关领域的实际问题的工作，也或多或少带有应用人类学的色彩。

　　改革开放以来，中国经济的快速持续增长令世界瞩目，社会面貌和价值观念的巨大变化让人瞠目结舌，层出不穷的新情况和新问题需要去分析与解决。具有分析与解决实际问题的悠久传统和学科潜能的民族学/人类学应该也必须关注、探讨与努力解决不断涌现的新情况和新问题。这是学科的使命所在，也是知识分子的良知所在。

　　是以为序。

目　录

图表示例

当女权主义*邂逅发展

　　"性别与发展"的出现既不是作为社会运动的女权主义（Feminism）与社会变革的发展理念（Development Concept）的简单对接，也不是女权主义学术思潮与发展概念学术化的拼凑，其间杂糅着哲学、经济学、政治学、社会学，甚至是历史学、法学、教育学、宗教学以及生物学等综合学科的影响。而"性别与发展"最终成为一个跨国界、跨学科兼具知识生产与知识应用价值的领域，莫不得力于新自由主义理论全球传播的推手作用。因此，这是"一个复杂的、非连续的和偶然的过程，这个过程是由一系列不同的而又相互交错的逻辑推动的，是一个不均衡的发展过程"[1]。

第一节　女权主义的前世今生

　　"女权主义"一词源自拉丁语，最初的含义是"雌性"，后来在法语里演化成为"女性气质"的代称。1910 年以后，该词进入英语词汇中，意指争取

---

　　*　国内学者对此词有女权主义或者女性主义两种译名，具体缘由参见王政等主编：《社会性别研究选译》，北京：生活·读书·新知三联书店，1998 年，第 8～11 页。

　　[1]　Antony Giddens（1990）. The Consequences of Modernity. Cambridge：Arrangement with Polity Press，p. 175.

妇女权益，消除妨碍妇女作为个人获得完全发展的一切障碍。《布莱克韦尔政治思想百科词典》一书是这样界定女权主义的："它是关于一种复杂现象的一般性词汇……关心妇女的地位……现代女权主义的语言和目标出现于法国大革命和启蒙运动后，它追求妇女的权利和性别平等，并对'妇女'一词重新定义。"❶ 女权主义正是这样一个基于 18 世纪"天赋人权"观念产生的，并以男女平权或男女平等为核心内容的概念，经过二百多年的发展，现在女权主义一词已得到广为传播并最终成为全球性的社会文化思潮。当然，女权主义并非是一种单一的文化思潮，其内部对于很多问题的看法与表述都不尽相同，但其共同点都是争取性别平等，最终实现公平正义的人类发展目标。

一、起源于社会运动的女权主义

女权主义并不是一个从学术脉络中诞生的思辨概念，它的出现是与社会运动（Social Movement），特别是两次妇女运动息息相关。吉登斯把社会运动称为："为获取更多的共同利益或为实现一个共同的目标而作出的一种集体努力。这种努力在现有体制范围之外实现。"❷ 自 18 世纪以来，社会运动已成为波及整个世界的大众政治手段，它大致包含运动主体的群体性、目标诉求的公共性、实现过程的组织性和效应的广泛性等特点。而一场完整的社会运动必然会对社会变革和社会变迁产生重要影响。女权主义运动使得妇女逐步争取到了就业权、政治权、受教育权以及社会文化领域的其他权利，从而缩小了与男性在经济、政治、教育以及医疗健康方面的性别差距，也为实现不同程度的性别平等提供了可能。

（一）争取选举权的第一次女权运动❸（1789—1925 年）

长期以来，女性在经济、政治和社会各个方面中的作用是被忽视和被贬低

---

❶　David Miller ed（1987）. The Blackwell Encyclopedia of Political Thought. London：Basil Blackwell Ltd. p. 151.

❷　［英］安东尼·吉登斯：《社会学》（第四版），赵旭东等译，北京：北京大学出版社，2004 年，第 556 页。

❸　第一次女权主义社会运动的目标是争取与男性平等的选举权。它具体始于何时并无定论，以下两种观点较有代表性。一种说法认为始于 19 世纪后半叶，并于第一次世界大战时达到顶峰；另一种说法认为始于 18 世纪末期的法国大革命时期，终于 20 世纪 20 年代中期。本书持第二种说法，因为从 19 世纪末至 20 世纪初，女权主义运动所提出的选举权要求在"一战"前后陆续得到落实。

的，女性相对于男性来说一直处于屈从的地位，因此，第一次女权主义运动的主要目标是争取与男性平等的政治权利。它否认两性在生理上的差别，认为女性的可悲地位是由特殊的社会与文化因素造成的，因此提出争取妇女与男性一样的选举权。作为第一次女权运动的成果，欧美国家女性大多在第一次世界大战前后获得了选举权，如 1893 年，新西兰成为世界上第一个妇女获得选举权的国家；1902 年，澳大利亚妇女获得选举权；1906 年，芬兰妇女获得选举权；1913 年，挪威妇女获得选举权；1915 年，丹麦妇女获得选举权；1917 年，俄国妇女获得选举权；1919 年，瑞典和德国妇女同年获得选举权；1920 年，美国妇女获得选举权；1928 年，英国妇女获得选举权（1918 年，英国规定 30 岁以上女性获得选举权，到 1928 年女性最终获得与男子同等的选举权）；1944 年，法国妇女获得选举权等。

1. 启蒙运动（Enlightenment Movement）催生的女权诉求

秉承 17 世纪的科学宇宙观以及通过理性寻找知识的认知传统，18 世纪初期诞生于欧洲大陆的启蒙运动影响深远。启蒙主义的代表人物为法国的卢梭（Jean – Jacques Rousseau）、伏尔泰（Voltaire）、孟德斯鸠（Baron de Montesquieu）和狄德罗（Denis Diderot），英国的霍布斯（Thomas Hobbes）、洛克（John Locke）和边沁（Jeremy Bentham），荷兰的斯宾诺沙（Baruch de Spinoza），德国的康德（Immanuel Kant）和黑格尔（Friedrich Hegel）以及美国的杰斐逊（Thomas Jefferson）等。他们相信"人是一种理性的、可以自己负责的创造物，自出生之日便获得了关于良心、宗教信仰和经济活动的自由的不可割让的权利。人们无须再与旧制度的那个中间身份集团打交道，而只和国家本身发生联系。这个国家有义务通过它的立法把公民从封建的、教会的、家庭的、行会的以及身份集团的传统权威中解放出来，并赋予全体公民以平等的权利"❶。为了实现这个目标，法国制定了一系列具有革命性的法律来废除封建特权和人身依附关系。如 1789 年 8 月 26 日，制宪会议颁布的《人权与公民权宣言》（以下简称《人权宣言》）的基本原则就是"个人权利不可侵犯"；1804 年，法国颁布的《法国民法典》第 8 条更是明确规定："所有法国人均享有民事权利。"

---

❶　［德］K. 茨威格特、H. 克茨：《比较法总论》，潘汉典等译，北京：法律出版社，2003 年，第126 页。

既然启蒙运动把自由、平等和博爱作为人类关系的理想准则，那么，妇女在人类生活的所有领域也应享有与男子同样的权利，这种观念自然而然地就成为女权运动产生的思想基础。然而，《人权宣言》所说的"生而自由平等的人"，是指那些富有理性的头脑和有较强竞争力的男人，他们生而具有理性，而女性是不可能通过学习和自我克制来获得这种自然品格的，因而不能成为拥有平等权的公民并进而提出自己的权利主张。在法语中，人和男人都是同一个词"Homme"，而英语里则用"Man"来表示。这种把人仅仅看作是男人而不是女性的做法最早源于古罗马时代，"在罗马法中，只有罗马公民和罗马公民的妻子，并没有女公民的说法"❶。

2. 女权运动的社会实践

由于"天赋人权"的启蒙思想被载入1776年美国的《独立宣言》和1789年法国的《人权宣言》，法国大革命为改善妇女地位的法国女权运动创造了契机，使其又对欧洲乃至北美的女权运动产生了深远影响。

（1）法国女权运动

1789年10月，法国大革命爆发后，妇女们在攻打巴士底狱、进军凡尔赛宫等重大历史事件中扮演了重要的角色，但是，与男子肩并肩战斗的妇女并没有获得与男子平等的权利。1790年，她们在巴黎成立第一家女性俱乐部，向国民议会请愿，要求享有与男子同等的公民权并提出修改现行的婚姻法，揭开了法国女权运动的序幕。

在法国大革命期间，罗兰夫人（Manon Jeanne Phlipon）利用沙龙形式向中上层妇女宣传妇女权益的各种主张；1791年，古兹（Olympe de Gouges）批判《人权宣言》是"男权宣言"，并针锋相对地发表了著名的《女权宣言》，系统地阐述了妇女的17条权利。她说："如果妇女有登上断头台的权利，那么，她们也必须有登上讲坛的权利。"❷后来该宣言成为女权主义的纲领性文件。《女权宣言》宣称："妇女生来就是自由的，和男人一样享有平等的权利。社会的

---

❶ ［德］奥古斯特·倍倍尔：《妇女与社会主义》，葛斯等译，北京：中央编译出版社，1995年，第273～274页。

❷ ［德］奥古斯特·倍倍尔：《妇女与社会主义》，葛斯等译，北京：中央编译出版社，1995年，第281～283页。

差异只能建立在共同利益的基础上……应当包括自由、平等、安全，尤其是反抗压迫等天赋权利……女性在行使天赋权利时遇到的唯一障碍是男子施加的限制，这些限制应通过自然法和理性加以改革。"❶ 由于这些观点明显地超越了当时法国社会对妇女角色的规范和要求，因此，法国政府下令封闭、解散各种女性俱乐部，禁止妇女参加公众活动，将参加政治活动的妇女以叛逆罪论处。1793 年 10 月，古兹被送上了断头台。

（2）英国女权运动

在法国女权运动的影响下，1859 年，英国出现了第一个女权组织"朗汉姆女士"（Ladies of Langham Place），又称为"促进女性就业协会"。1867 年，英国妇女在曼彻斯特市成立了世界上第一个"妇女参政促进协会"。之后，在伦敦、爱丁堡、伯明翰等地也相继成立了各种妇女参政组织。1898 年，这些组织被统称为"全国妇女选举权协会联合会"，从此开始了声势浩大的英国妇女参政运动。1899 年，该联合会在伦敦召开大会，有多达 5000 名代表与会，代表全国 11 个女性团体的 60 万名会员。

最初英国女权运动的斗争方式较为温和，直到 20 世纪初才趋于激烈。如 1903 年，潘克斯特（Emmeline Pankhurst）成立"妇女社会政治联盟"，采用妨碍演说会、不服从法律、不纳税、焚烧车站、捣乱会场和街头示威等暴力手段向当局主张妇女的参政权利。由于妇女们损坏财物的斗争方式违反了英国的法律，联盟成员一再被警察逮捕、重复进出牢狱，由此又引发她们更大规模的绝食抗议活动。为了解决这一问题，1913 年英国政府推出了《猫捉老鼠法案》（The Cat and Mouse Act），允许绝食到有生命危险程度的妇女暂时出狱，等到她们康复以后再把她们逮捕。1914 年 5 月 22 日，50 多名英国妇女猛攻白金汉宫，试图向国王乔治五世递交一份请愿书，结果也被警察逮捕并关入监狱。

（3）美国女权运动

从 19 世纪 30 年代起，投身废奴运动的美国女性发现自己和奴隶一样，也处于受压制和无权的境地中，因为南北战争时的解放黑奴运动也只是解放了男性黑奴。1840 年，伦敦举行"首届万国奴隶废止大会"。大会通过决议不给予

---

❶ 全国妇联妇女研究所国际妇女研究室：《国际妇女运动和妇女组织》，北京：中国妇女出版社，2002 年，第 6 页。

妇女与会者正式代表资格，激起了与会妇女的抗议，决定为维护女性权益而斗争。1848 年，美国妇女在纽约州的塞内卡瀑布市召开"美国第一届女性权利大会"，讨论了"妇女的社会、民法和宗教状况与权利，要求在婚姻、财产、契约、买卖、职业和高等教育方面实现权利平等。特别是提出了一项争取妇女参政权的决议"❶。会议还通过了斯坦顿（Elizabeth Cady Stanton）起草的《观点宣言》（《美国妇女权利宣言》），认为男女平等应是美利坚合众国的基本精神，要求政府给予女性选举权，明确将争取妇女的选举权作为妇女运动的目标。此次会议标志着美国女权运动的正式开始。1869 年，为了争取妇女的投票权，美国妇女还成立了"美国妇女投票权协会"和"全国妇女投票权协会"；1890 年，她们又成立"全美妇女参政协会"和"全国妇女党"，将美国多个妇女参政组织合并，把女权运动的目标统一为争取投票权，即争取妇女参政的政治权利。

当然，除了对选举权提出要求外，美国女权运动也关注妇女的同工同酬问题。如 1857 年 3 月 8 日，美国纽约的服装和纺织女工举行了一次抗议活动，反对 12 小时工作制和低薪等非人道的工作条件。两年以后，这些妇女组织了全美第一个工会。1908 年 3 月 8 日，纽约市 15 000 名妇女举行示威游行，要求缩短工作时间，提高劳动报酬和享有选举权。1909 年 3 月 8 日，美国芝加哥女工举行示威游行提出男女同工同酬的要求。1910 年 8 月，在哥本哈根召开的国际社会主义者第二次妇女代表大会上，蔡特金（Clara Zetkin）提议把每年的 3 月 8 日确定为全世界妇女斗争日，获得了与会代表的首肯。从 1975 年国际妇女年开始，联合国把每年的 3 月 8 日确定为"三八国际劳动妇女节"。

（二）争取平等权的第二次女权运动（20 世纪 60 年代以来）❷

从 20 世纪初到"二战"结束，大多数西方国家的妇女都获得了选举权、工作权和受教育权，女权运动一度处于沉寂状态，但是性别歧视仍然在各个领域中广泛地存在，妇女发现她们是父权社会中的"第二性"，因此又开始了要

---

❶ ［美］詹姆斯·伯恩斯等：《美国式民主》，谭君久等译，北京：中国社会科学出版社，1993年，第 289~290 页。

❷ 从 1920 年起，女权主义进入消停期，直至"二战"结束之后，第二次女权主义运动兴起并无明确具体的时间点。

求平权的第二次女权主义运动。这次运动主要目标在于反对父权思想对妇女的奴役和歧视，深刻批判性别角色的刻板印象，掀起了比第一次女权运动范围更大、影响更为深远的女权运动。

1. 现代性构造下第二性的平权要求

自从启蒙运动以来，现代性（Modernity）作为随之而来的一种价值观、历史观和世界观迅速席卷全球，并在世界政治、经济、文化、社会生活等各个方面打上等级序列的烙印。在人与自然、男性与女性、理性与感性等二元论模式下，男性与理性、主体、文化和权威并列，女性与感性、客体、自然和服从并列，"在所有活动中，从一开始就都包含了一种二元性，一种使统一的生活分解为上和下、主体和客体、裁判者和被裁判者、手段和目标的形式"❶。也就是说，现代性的主体性价值观非但没有推翻前现代社会中男性优越的生物学基础，反而通过建立一套人为的价值观念将它更好地延续了下来，成为支撑现代社会性别秩序的思想基础，使得男性凌驾于女性之上的性别优越论继续拥有了存在的合法性。

女权主义者从语言、历史、文学与社会政治等角度去阐释现代性的运作逻辑，质疑了二元论构造下性别角色刻板印象的合理性。1949 年，波伏娃（Simone de Bearvoir）出版了被誉为"西方女性解放运动的《圣经》"的《第二性》一书，书中她运用大量哲学、心理学、人类学、历史、文学及轶事材料证明，"人就是指男性。男人并不是根据女人本身去解释女人，而是把女人说成是相对于男人的不能自主的人"❷。男性成为人的代称，女性被看作男性的偏离，现代性中的女性永远是次等的和第二性的。因此，她的结论是"女人不是天生的，而是被塑造的"❸。

1963 年，弗里丹（Betty Friedan）的《女性迷思》出版，该书被认为是向"妇女二等公民地位宣战的声明"。也就是说，得到选举权的妇女群体在政治上依然处于从属地位，在工作中并不能得到同工同酬。对于那些希望通过个人

---

❶　[德] 乔治·西美尔：《金钱、性别、现代生活风格》，顾仁明译，上海：学林出版社，2000年，第 181～182 页。

❷　[法] 西蒙娜·德·波伏娃：《第二性》，陶铁柱译，北京：中国书籍出版社，1998 年，第 11 页。

❸　[德] 爱丽丝·史瓦兹：《拒绝做第二性的女人——西蒙·波伏娃访谈录》，顾燕翎等译，北京：中国友谊出版公司，1989 年，第 15 页。

奋斗改变社会地位的妇女来说，除了婚姻家庭生活外，并无其他的出路；即使是那些操持家务、抚养孩子、取悦丈夫和为全家人服务的母亲和妻子们，也没有因此获得生育问题上的实际控制权。

2. **女权运动的社会实践**

从 20 世纪 60 年代中期开始，欧洲的各大城市以及美国的纽约和芝加哥等地，相继爆发了民权运动、学生运动、反核运动、反堕胎运动、同性恋运动、城市运动、环境运动、和平运动和新左派运动等，并且和"二战"以后殖民体系瓦解，第三世界的民族解放运动交叉在一起，最终形成了包括第二次女权运动在内的新社会运动。

（1）西欧女权运动

第二次西欧女权运动几乎是同时在西欧大多数国家开始的，妇女们要求政治变革，在涉及公共生活、国民教育、工作场所和家庭等众多领域实行社会的整体变革。1952 年，英国成立"全英妇女大会"，通过开展各种活动来争取同工同酬，并鼓励妇女积极参加工会活动和各级决策过程。1968 年，英国工人阶级妇女再次提出改善工作条件、争取平等工作机会和平等工资的要求，并成立了支持缝纫机工同工同酬要求和妇女权利的行业工会组织。1969 年，英国妇女成立了"妇女全国委员会"。

在 20 世纪 70 年代中期，几乎所有西欧国家的妇女都面临避孕和堕胎问题，因此，妇女们提出改善避孕措施和妇女有权中止怀孕等要求，尤其是要求废除禁止人工流产的法律。在 1974 年和 1975 年，联邦德国和法国妇女分别获得了自由堕胎的权利。

西欧第二次女权运动还有一个独特的政治环境，就是女权主义与社会民主主义、欧洲共产主义等左翼政党的结盟。这些左翼政党和组织声称他们能够代表甚至解放妇女，因此，女权主义的活动形式、理论发展和社会动员等内容都受到这些政党力量的左右。如德国就是个绿色运动十分强大的国家，绿党认同女权主义的思想，在 20 世纪 80 年代就明文规定："妇女在各级领导机构中的比例不得少于三分之一。"[1] 通过大量吸收女性加入党派，使得女党员所占比

---

❶ 沈素红等：《20 世纪 80 年代以来德国绿党对德国政治的影响析论》，《长江论坛》，2006 年第 4 期。

例远远高于其他传统的政党。随后，绿党又把更多的女议员送进了州和联邦议会，改变了各级议会内部的性别比例，增加了德国妇女在国家和地方政策制定中的决策权和影响力。

（2）美国女权运动

20 世纪 50 年代末期，美国黑人率先发起了反对种族隔离、争取平等乘坐公共汽车、就餐机会的平权运动；随后，又爆发了学生的反越战运动、嬉皮士运动和性解放运动等，而女权运动也从中获得了长足的发展。1961 年，肯尼迪政府成立了"总统妇女地位委员会"。1963 年，美国国会通过了《同酬法案》，旨在保障两性平等的工作权利，禁止对女性就业进行性别歧视。1966 年，弗里丹创立"全国妇女组织"，全国设有 176 个分会，人数超过 15 万人。1967 年，美国妇女获得自由堕胎权。1970 年，美国女性在 40 个城市举行了大规模的游行活动，纪念美国妇女获得选举权 50 周年。1974 年，美国工会妇女联盟成立。1975 年，美国黑人妇女组织成立。

进入 20 世纪 70 年代后，美国女性组织掀起了通过"平等权利修正案"的运动，这一修正案要求以宪法修正案的形式规定"合众国或任何州不得以性别为由，剥夺或限制法律所规定的女性的平等权利"。虽然 1971 年和 1972 年美国参众两院分别通过了该项修正案，但是宪法修正案还必须得到美国 50 个州中 3/4 的州即 38 个州的批准，才能最终成为宪法的一部分。到 1978 年，这项修正案只得到 35 个州的批准，为此，国会不得不将批准的限期延长至 1982 年 6 月 30 日。但是支持该修正案的州仍然只有 35 个，因此，这项修正案只得废弃。此后，美国大规模的女权运动宣告终止，但零星的女权运动包括黑人女权主义的活动仍在继续。

（3）第三世界国家的女权运动

"二战"结束以后，大多数第三世界国家从政治—经济—社会中寻求独立和翻身解放，是一场涉及面更大的社会运动。万隆会议又被称为"不结盟运动"，其中就包括妇女的解放运动。第三世界国家的妇女解放运动是伴随着民族解放运动的兴起而兴起的，也就是通过大规模的群众集会和反抗运动来为本国妇女争取平等权利，提高妇女地位。因此，获得民族独立的国家在新制定的宪法中几乎都用同样的语言肯定了妇女作为公民的平等权利。如 1921 年，土

耳其独立，1930 年，该国妇女获得选举权；1947 年，巴基斯坦独立，同年该国妇女获得选举权；1947 年印度独立，次年该国妇女获得选举权；1952 年，埃及独立，1956 年该国妇女获得选举权；1949 年，中华人民共和国成立，同年中国妇女获得选举权；1957 年，马来西亚独立，同年该国妇女获得选举权……这种普遍存在于第三世界国家的民族解族与妇女解放相结合的模式，对推动民族国家的建立和促进妇女解放起到了积极作用。与独立前相比，第三世界国家妇女在经济、政治、教育和健康等方面均取得较大的进步。

由于第三世界国家在经济发展与社会文化方面的差异较大，因此，妇女解放的程度也不尽相同。直到 21 世纪初，许多第三世界国家的妇女就业率既有 50% 以上，甚至高达 80% 以上的（如撒哈拉以南非洲的一些国家），也有低于 30% 以下的（如马耳他、沙特阿拉伯、阿曼、约旦和尼泊尔等国）；在政治参与上，大部分第三世界国家的妇女在议会中的占比不到 10%，一些国家的妇女没有选举权（如阿联酋、阿曼和文莱等）；在教育方面，既有许多第三世界国家成人妇女的识字率达到 70% 以上的，也有像摩洛哥、孟加拉、尼泊尔、巴基斯坦、马里、尼日尔等国的妇女识字率不足 30% 的情况……总的来说，拉美国家、东亚、东南亚国家妇女在就业、参政和教育等方面的发展程度较高，而南亚、非洲和中东大部分国家妇女的发展程度则较低。

二、女权主义学术思潮的三个阶段

女权主义学术思潮大致可以依据时间先后分为三个阶段，从不承认男女之间的差异到提倡性别平等，再到强调差异与平等并存等。当然，女权主义者之间对于女权主义的流派划分、代表人物以及意见主张也是众说纷纭，莫衷一是。

（一）女权主义学术思潮的第一阶段

这一阶段的理论基础是自由主义思想，也就是否认两性在生理上的差别，认为女性的低下地位是由特殊的社会与文化因素造成的。为了争取与男性平等的政治权利，女性就需要挑战既存的社会秩序，为提高女性的社会地位创造条件。

1. 《为女权辩护》

1792 年，在沃斯通克拉夫特（Mary Wollstonecraft）所著的《为女权辩护》一书中，她强调男女两性在智力和能力上没有区别，是男性让女性"保持无知的状态而美其名曰天真……要求女性有迷人的温柔，用服从来取得支配权"❶。她提倡男女两性要接受同等的理性教育，给女性更多的工作机会，让女性参与政治等；只有通过这样的改变，女性才可能恢复其独立人格与理性认知能力，进而对社会有所贡献。她认为："独立乃是人生的最大幸福，是一切美德的基础；即使我生活在一片不毛之地，我也要减低我的需求以取得独立。"❷

2. 《女性的屈从地位》

1869 年，穆勒（John Stuart Mill）在《女性的屈从地位》一书中阐述了这样一个观点："女性的屈从地位是早期历史野蛮时代的产物，是一群人强迫另一群人的结果，远非一种自然的秩序，只是因为人们对此早已习以为常，它才被当作了自然的秩序"❸，被男性和女性当作一种自然的秩序接受下来。而解决的途径就是要完善教育和经济制度等，"让妇女自由地选择职业，对其他人开放的同样职业领域及同样奖励和鼓励也向妇女开放，从而给予妇女自由地运用其才能可以期待的第二个益处，就是可以双倍的智力才能为人类更好地服务"❹。只有这样，两性才能"不再是生而即有其生活地位，并不可改变地被钉在那个位置上，而是可以自由地运用其才能和有利的机会去获取他们最期望的命运"❺。

（二）女权主义学术思潮的第二个阶段

这一阶段出现了自由主义、马克思主义、社会主义和激进主义等众多的女权主义思潮，它们不再刻意抹杀男女两性的生理差异，转而分析两性由于经济发展和社会文化的不同作用而产生的不平等原因，并从各自的理论基点提出了

---

❶ ［英］玛丽·沃斯通克拉夫特：《为女权辩护》，王蓁译，北京：商务印书馆，1995 年，第 23～32 页。

❷ ［英］玛丽·沃斯通克拉夫特：《为女权辩护》，王蓁译，北京：商务印书馆，1995 年，第 9 页。

❸ ［英］J. 图亚特·穆勒：《妇女的屈从地位》，汪溪译，北京：商务印书馆，1996 年，第 304 页。

❹ ［英］J. 图亚特·穆勒：《妇女的屈从地位》，汪溪译，北京：商务印书馆，1996 年，第 334 页。

❺ ［英］J. 图亚特·穆勒：《妇女的屈从地位》，汪溪译，北京：商务印书馆，1996 年，第 269 页。

相应的解决方法。

1. 自由主义女权主义（Liberal Feminism）

经过早期自由主义女权主义者的努力，女性的地位提升了不少，获得了外出工作权和教育权，但是从属于男性的情况并没有多大改善。因此，自由主义女权主义认为只强调形式上的平等是不够的，要帮助女性走出家庭，享有与男性同样的平等发展机会。波伏娃在《第二性》中提出了"三步走策略"：第一步，女性一定要外出工作，即使工作是受剥削和受压迫的；第二步，一定要有知识，有思想和会观察；第三步，要争取社会的社会主义变革，这一变革将对终结主体与客体、自我与他者的冲突有所帮助。

弗里丹在《女性迷思》中认为，婚姻和母职只是女性生命的一部分，只有参加家庭之外的"创造性的劳动"，女性的智力才能得到充分的发展。1981年，她的《第二阶段》一书中，提出外出工作的女性也不能忽视日常生活领域的家庭生活和情感的满足，探讨了女性如何在事业与家庭之间取得平衡。也就是说，"第二阶段要与家庭达成新的和解——与爱和工作达成新的和解"❶。此外，弗里丹还提倡男性也可以参与到家庭领域中来，与女性一起共同承担家务，这样不仅能减轻女性的家务负担，而且男性也可以在这一领域中发现个人的自我价值。

2. 马克思主义女权主义（Marxism Feminism）

早期的马克思主义女权主义认为，妇女受压迫的根源是由于资本和私有财产的存在。当代的马克思主义女权主义则认为，在资本主义制度下，妇女受到压迫的原因不是由于私有财产，而是有薪水的劳动生产与无报酬的家务劳动的分离，妇女被排除在有薪水的劳动之外本身就是性别压迫的产物。

1979年，哈特曼（Heidi Hartman）在《资本主义、家长制与性别分工》❷一文中指出，资本主义和父权制之间存在着一种有益的和有力的协作关系，资本主义创造了一个男主女次的等级结构；大量存在的失业和半失业状态的女工，不仅使资本可以随时调用大批廉价劳力，而且也有效地制约了男性工资的

---

❶　［美］贝蒂·弗里丹：《非常女人》，邵文实等译，哈尔滨：北方文艺出版社，2000年，第19页。

❷　李银河主编：《妇女：最漫长的革命——当代西方女权主义理论精选》，北京：读书·生活·新知三联书店，1997年，第46～76页。

增长。以性别分工为基础的生产劳动和女性就业的低工资状况，增加了女性在经济收入方面对男性的依赖性，促使女性继续选择从事无偿的家务劳动。而要改变女性的受剥削状况，取决于既要改变资本主义生产关系，也要改变父权制关系这两个方面的斗争。

1981年，扬（Iris Young）在《超越不幸的婚姻——对二元论的批判》一文中建议用社会性别的劳动分工，把马克思主义、激进主义和精神分析女权主义融于一体。她认为妇女在资本主义制度下受压迫的理论表明资本主义本质上是父权制的，而父权制之所以能在市场经济中扎根繁衍，实现从封建父权制向资本主义父权制的转化，就在于父权制能在市场体制中得到强化，为资本获取高利润服务，而把"妇女推向边缘，从而使她们起次要劳动力的作用是资本主义本质的和基本的特性"❶。因此，反对压迫妇女和把妇女推向社会边缘的父权制的斗争本身就是反资本主义制度的。

3. 社会主义女权主义（Socialism Feminism）

社会主义女权主义主要是从经济和阶级斗争方面要求性别平等，把无交换价值、无报酬的家庭劳动视为阶级压迫的根源，鼓励女性积极参与有经济收入的生产活动。与马克思主义女权主义一样，社会主义女权主义也强调要用唯物主义来分析资本主义制度，但是把父权制看作是一种社会意识形态，认为即使到了社会主义阶段，父权制现象也仍然会普遍存在。

1966年，米切尔（Juliet Mitchell）在《妇女：最漫长的革命》一书中指出："生产和生育、性生活、子女的社会化方面的历史变化决定了妇女的现状，要实现妇女的解放，必须改造这四个方面的结构。"❷ 由于两性不同的生理特点，女性的生殖和性成为男性施加压迫的重要领域。在资本主义社会中，社会关系是通过商品交换而非亲属关系建立起来的。当男性进入阶级关系中，而女性的身份仍继续由家庭内的亲属关系确定时，父权制意识便在家庭环境中传递给了下一代，产生了与之相应的父权制意识……因此，她认为只有推翻资

---

❶ 李银河主编：《妇女：最漫长的革命——当代西方女权主义理论精选》，北京：读书·生活·新知三联书店，1997年，第92页。

❷ 李银河主编：《妇女：最漫长的革命——当代西方女权主义理论精选》，北京：读书·生活·新知三联书店，1997年，第8~9页。

本主义制度，并且转变父权制的心理状况，才能实现妇女的真正解放。

1979 年，艾森斯坦（Zillah Eisenstein）在《资本主义父权制与社会主义女权主义的状况》的导言部分论述了社会主义女权主义的使命❶："社会主义女权主义致力于理解由资本主义父权制派生的权力体系。我选择'资本主义父权制'这个词来强调资本主义的阶级结构和性等级结构之间的辩证的、相互作用的关系。理解资本主义和父权制之间的相互依存对社会主义女权主义的政治分析至关重要。尽管父权制在资本主义以前就存在，并在资本主义的社会里得到延续，但如果要改变这个压迫结构，我们就要弄明白它们现存的所有关系。"

4. 激进主义女权主义（Radical Feminism）

从 20 世纪 60 年代开始，激进女权主义从两性分裂的基点出发，把家庭看成是父权制行使权力的基本场所，或者说是一个在生产着父权制社会秩序的组织。在父权制结构内部提高女性地位只会延续统治制度和不平等状况，只有消灭父权制才能最终实现女权主义追求的社会目标。

1970 年，费尔斯通（Shulamith Firestone）在《性的辩证法》一书中认为，妇女是作为一个性阶级而存在的，男性对性生活和生育的控制是妇女受压迫的主要原因。基于生物性别的差异，男女两性在再生产过程中扮演着非常不同的角色，正是这一点导致了"阶级起源的第一次劳动分工，也提供了基于生物特征的等级歧视制度范式"❷。在她看来，阶级首先出现在男女之间，为人津津乐道的"生孩子的快乐"不过是父权制的一个神话；生物意义上的母性是万恶之源，特别是人类产生敌意和嫉妒的源泉。她把妇女的解放寄希望于再生产技术的革命，如现代的人工授孕和试管授精，认为一旦再生产的生物现实被战胜，生物上的特性在文化上将毫无意义，为维持生物家庭而强制的性别角色和性阶级也将消失，最终将人类分裂成二元对立的压迫的男性/被压迫的女性等一切关系、结构和观念都将被战胜。

1970 年，米利特（Kate Millet）在《性的政治》一书中重新解释了父权制

---

❶ Zillah Eisenstein ed（1979）. Capitalist and Patriachy and the Case for Socialist Feminism. New York：Monthly Review Press.

❷ 张立平：《当代美国女性主义思潮述评》，《美国研究》，1999 年第 2 期。

一词，认为它"主要定制在家庭，它反映和联系着那个大社会，它是父权制大社会中的父权制的小单元，通过在个人和社会之间进行斡旋，家庭在政治和其他权威不充分的场所促成顺应和实施统治的"❶。也就是说，父权制中的男女关系是一切权力关系的范式，存在于一切社会形态中，并非为资本主义社会所独有。在她看来无产阶级的解放并不会必然带来妇女的解放，妇女的解放并不是国家在法律上承认妇女的权利后就能实现，也不是消灭了资本主义制度就自然完成，而是要在一切领域、一切社会体制中改变男女之间的社会关系和权力结构。

1979 年，麦金农（Catharine MacKinnon）在《职业女性性骚扰》一书中完整地界定了性骚扰概念，即"性骚扰是指一种性别歧视，而不是一种个体之间的侵权行为"❷，目的在于摧毁女性的自信心并且使女性处于屈从地位。麦金农界定的概念最终为美国联邦最高法院采纳，"性骚扰是一种歧视，违反了民权法案"（1964 年的民权法案第 7 条"禁止雇主因雇员个人的种族、肤色、宗教、性别或国籍等因素予以歧视"）。1980 年，美国"平等就业机会委员会"也根据她的理论框架，发布了《性骚扰指南》，后者被各联邦法院广泛接受并对其判案产生深刻影响。

（三）女权主义学术思潮的第三阶段

20 世纪 80 年代女权主义思潮进入第三阶段，主要包括消弭性别的二元划分、关注性别理解的多元和差异的后结构女权主义和强调女性多元主体和身份的后殖民主义女权主义等。

1. 后结构女权主义（Post-structuralism Feminism）

2004 年，巴特勒（Judith Butler）在《消解性别》一书提出了自己对性别的定义："性别不是一个名词，也不是一组自由流动的属性。性别的实在效果是有关性别一致的管控性实践；性别是一种行动，建构了它所意味的那个身份，而非只是先于它存在的主体所行使的一个再现。"❸ 也就是说，在她看来"性别并不是一个先在的、一致而完整的本体，它是在时间的轴线上，通过回

---

❶ ［美］K. 米利特：《性的政治》，钟良明译，北京：社会科学文献出版社，1999 年，第 50 页。

❷ 耿殿磊：《美国的性骚扰概念及其发展》，《河北法学》，2010 年第 4 期。

❸ ［美］朱迪斯·巴特勒：《消解性别》，郭劼译，上海：上海三联书店，2009 年，第 34 页。

应文化的性别指令，在身体、性别表达上不断趋近规范的性别理想而产生的一种暂时性的实在假象，因为操演行为是永恒的现在进行式，不可能有达成理想规范的完成状态"❶。

对于巴特勒来说，任何一种女权主义都无力代表地域、种族、文化、阶级、性倾向不同的另外一些妇女，因为女性作为一个普遍化的范畴是没有意义的，它代表不了所有人也代表不了任何人；女性之间存在广泛的差异性，追求性别间的平等，就是要追求生活中方方面面的平等。她认为也要把男性纳入性别研究之中，因为男性与女性一样，也被现有的性别文化所压迫；为了尊重异性的主体性，防止自我的主体霸权，就需要不断用主体间的关系来校正任何一种主体霸权。

2. 后殖民主义女权主义（Post – Colonialism Feminism）

后殖民主义女权主义诞生在第一世界的美国和第三世界的发展中国家，这些国家的女权主义者们认为以白人妇女为主的主流女权主义不能代表她们，因此根据自己的经历提出名目繁多的女权主义名称。其中，以非洲裔美国人女权主义（又称为黑人女权主义）和亚非拉国家女权主义的影响最大。

（1）黑人女权主义

1983 年，沃克（Alice Walker）首先提出有色人种女权主义的"妇女主义者"这一概念，用来指那些不搞"所有人的完整和生存"的"黑人女权主义者或者有色人种妇女"❷。她致力于反对白人至上和分离主义，特别关注性别压迫与种族压迫的交错状况。也就是说，在白人社会里，黑人男子的权力往往低于白人女性；只要种族主义较之性别的统治更牢固，影响更广泛时，女性就会选择同本种族的男性站在一起，而不是与白人女性建立跨种族的女性联盟。

1984 年，胡克斯（Bell Hooks）在《女权主义理论：从边缘到中心》一书中，从种族、阶级与性别关系的角度重新定义了女权主义概念，纠正了美国主

---

❶ 宋素凤：《〈性别麻烦：女性主义与身份的颠覆〉——后结构主义思潮下的激进性别政治思考》，《妇女研究论丛》，2010 年第 1 期。

❷ 刘戈、韩小满：《艾丽斯·沃克与妇女主义》，《郑州大学学报（哲学社会科学版）》，2004 年第 3 期。

流女权主义理论主要关注白人中产阶级妇女的倾向，认为强调种族和阶级是女权主义绕不过去的议题，为妇女解放的可持续发展指出新的方向和可能性。到了 20 世纪 90 年代，黑人女权主义者已不再要求"从边缘走向中心"，相反她们希望保持话语的边缘位置，因为边缘本身是具有双重性的，既是"被剥夺的位置所在"，同时又是"反抗的地方"❶。

（2）亚非拉国家女权主义

亚非拉国家的妇女更为关心政治和经济问题，因为她们作为第三世界人民所受的压迫要比她们作为妇女所受的压迫严重得多。她们的研究揭示了女性个体的多样性和复杂性，为女权主义研究提供了纵深方向的研究内容。

斯皮瓦克（Gayatri Spivak）是第一个让后殖民理论的关注点聚焦在印度次大陆上的学者。1985 年，她在《三个妇女的文本与一种帝国主义批评》一书中指出❷，西方女权主义的理想女性形象是以西方自由主义的个人主义价值观为基础的，第三世界妇女是明显缺席的。她认为，西方女权主义者是在与中心和强势力量的关系中阐述自己的，而本地妇女在这个关于妇女规范的表述过程中是被排除在外的。

1991 年，莫汉蒂（Chandra Mohanty）在《在西方注视之下：女权主义学术与殖民话语》中指出，西方女权主义者在提到"妇女"这个范畴的时候，不约而同地把它看作一个先验的、统一的、有着一致利益和欲望的整体，而有意无意地忽视了它内部包含的阶级、种族、文化等的差异。在西方白人女权主义者看来，妇女的一个基本特征就是受压迫，于是她们便力图在各种各样的妇女集团中寻找这种受压迫的证据，"第三世界妇女就成为一种似乎是任意构成的，但仍然携带着西方人本主义论述的权威署名形象"❸，以此反衬出西方妇女富有、有教养、现代和自我决定等特质，而第三世界妇女的弱势文化正好强化了西方白人女权主义的优越感和拯救意识。

---

❶　Bell Hooks（1990）. Yeaming：Race，Gender，and Cultural Politics. Boston：South End Press. pp. 145 – 149.

❷　Gayatri Spivak. Three Woman's Texts and a Critique of Imperialism. Critical Inquiry. 1985. Vol. 12. pp. 242 – 261.

❸　李银河主编：《妇女：最漫长的革命——当代西方女权主义理论精选》，北京：读书・生活・新知三联书店，1997 年，第 208 页。

三、女权主义的知识生产与知识应用

伴随着第二次女权运动的兴起，投身于社会运动的女权主义者在向男女不平等的现实挑战的同时，对在男权文化中产生的西方知识体系也产生了怀疑。她们看到知识生产中的性别权力关系在生产和巩固妇女边缘地位中所起的巨大作用，开始把性别分析引进高等教育的人文社会和自然科学等学科的教学和科研之中，创立了跨学科的妇女与社会性别教学机构，对历史学、文学、人类学、心理学、社会学、经济学、政治学、法学和科学史等学术领域进行了积极有效的渗透，改变了人类社会中知识生产与知识应用的格局。

（一）妇女研究进入高等院校学科体系

妇女研究（Women Studies）又称妇女学、女性研究、女权主义研究和社会性别学等❶。从 20 世纪 70 年代末开始，妇女研究作为一门独立的学科逐渐在欧美学术界崭露头角。到 20 世纪 80 年代后期，妇女学以不可阻挡的势头开始渗透到亚洲各国乃至世界各地，韩国、日本、印度、菲律宾和中国等国也都开始建立从事妇女研究的组织和机构，开展妇女学的引进、介绍和研究工作。

1. 妇女研究课程

西方妇女研究作为一个特定的教育与研究领域，是在 20 世纪 60 年代末期开始形成规模的，在此之前美国的高等教育中也曾开设过零星的相关课程。如 1892 年，美国堪萨斯大学社会学系开设"美国妇女地位"；1969 年，华盛顿大学、康奈尔大学和加利福尼亚大学圣地亚哥学院分别在文学、心理学、经济学中开设了有关女性研究的课程……随着各个专业领域内不断增多的妇女学课程，最终形成一个跨学科跨专业的妇女学领域。

在 1970 年底，全美高校共开设 100 多门妇女研究课程；到 1971 年底，开设了 600 多门课；1973 年，成立了 80 多个妇女研究系所，开设了 2 000 多门课。到 1980 年，全美共成立了 350 多个妇女研究所，开设妇女学相关课程 2

---

❶ 余宁平、杜芳琴主编：《妇女学的全球与区域视界：不守规矩的知识》，天津：天津人民出版社，2003 年，第 50 页。

万多门；到 1991 年底，"68% 的美国大学都提供有关女性研究的课程"❶；在 2000 年，全美已有 250 个性别研究所，700 多个妇女研究中心，1000 多所大学每年开设 3 万多门跨学科的妇女学课程。据 2000 年美国教育部统计数据显示❷，全美 12% 的大学生是从妇女研究学科中取得学分的，妇女研究已经成为美国大学中学生人数最多的交叉学科。

2. 妇女研究学位体系

高等教育要成为妇女研究生产新知识和教育年轻一代的基地，就需要建立起授予妇女研究学士、硕士和博士学位的完整学位体系。1978 年，妇女研究第一次作为索引条目出现在《国际博士论文提要》中。到 1985 年，这个条目下的博士论文提要已达到 1.3 万多条，涉及历史、文学、社会学、法学、人类学、哲学和心理学等众多领域。1995 年，全美在各个学科中以撰写妇女和社会性别研究论文获得博士学位的人数已达 10 278 人。

1990 年，在《全美妇女学联合会指南》❸ 中列出的 621 个妇女学中心中，425 个是以妇女学作为副修科目、妇女学证书或者学习侧重点的，187 个为妇女学专业。设立妇女学研究生课程的学院从 1988 年的 55 所增长到 1990 年的 102 所，其中至少有 8 所院校设有妇女学专业的硕士点，这还不包括在其他领域的硕士点所设立的妇女学副专业或侧重点，已有 6 所学校能授予妇女学博士学位。到 2000 年，在美国高校 700 多所妇女研究系所中，128 所可以颁发硕士或相当硕士的研究生学位，还有 10 余所能授予妇女研究博士学位，许多学校还能授予妇女与社会性别学和其他领域的联合博士学位。

在欧洲，截至 1995 年的统计数据显示❶，有 150 所大学开设了 600 门妇女学课程，有 9 个国家授予妇女学学士，10 所大学可以授予硕士学位，9 所大学可以授予博士学位。

---

❶ 刘霓：《西方女性学：起源、内涵与发展》，北京：社会科学文献出版社，2001 年，第 2 页。

❷ 除了另外标注外，相关资料均来自沈睿：《美国高等院校的妇女研究学》，转自中山大学性别中心 http：//genders. sysu. edu. cn/News/947 - Content - 947. html。

❸ 余宁平等主编：《妇女学的全球与区域视界：不守规矩的知识》，天津：天津人民出版社，2003 年，第 51～52 页。

❶ 闵冬潮：《欧共体各国妇女研究学科化的几个问题》，载李小江等主编：《批判与重建》，北京：生活·读书·新知三联书店，2000 年，第 251 页。

20 世纪 80 年代后期，亚洲的韩国、日本、新加坡等及我国香港、台湾地区多所高校均开设有妇女学相关课程，部分高校还可以授予妇女学硕士和博士学位，为本国本地区培养了大批妇女与社会性别研究学者，推动了女权主义在本地的传播和妇女研究的本土化过程。

（二）女权主义的知识生产与知识应用

联合国教科文组织支持的专家委员会宣称："我们推荐联合国教科文组织合作，以创造和发展妇女研究系所、妇女研究，并把妇女研究作为大学以及有关的结构的课程的一部分……妇女在总体上看，曾遭受非公正待遇，曾受阻碍其实现潜能的传统的桎梏……在妇女研究领域的教学与研究是保障妇女根本平等的一个方法。"❶ 其实作为女权主义社会运动学术化的产物，妇女研究既从各种学术思潮和妇女运动实践中汲取养分，也对学术界、社会政策以及国际发展领域产生深远影响，从而实现了女权主义从知识生产向知识应用的转换。

1. 妇女研究的知识生产范畴

经过 40 余年的学科化，妇女研究深刻地改变了许多学科的知识景观，特别是其议题和方法给人类的知识生产带来了革命性的改变。1975 年，米尔曼（Marcia Millman）和肯特（Rosabeth Kanter）在《另一种声音：社会生活与社会科学的女权主义观点》❷ 一书中列举了社会科学领域中存在的问题，如重视男性所关注的社会结构和理性行为问题，忽视女性所关注的社会现实及情感问题；集中在公共的、官方的、有形的或戏剧性的角色扮演者和情景定义上，而非官方的、支持性的、私人的、无形的或不太戏剧性的社会生活领域则被搁置一边不予重视，而后者正是女性参与最多的场合。也就是说，社会科学的研究不仅冷落和歪曲了女性的活动，而且也不能很好地理解社会系统实际上是如何运行的。因此，女权主义提出要变革方法论，倡导方法论上的多元尝试，使得女性的主观意识、情感和经验在解释女性生存状态和性别问题上得到了前所未有的提升。

---

❶ 除了另外标注外，相关资料来自沈睿：《美国高等院校的妇女研究学》，转自中山大学性别中心 http：//genders. sysu. edu. cn/News/947 – Content – 947. html。

❷ Marcia Millman & Rosabeth Kanter（1975）. Another Voice：Feminist Perspectives on Social Life and Social Science. New York：Anchor Books.

经过女权主义几十年的努力，妇女研究终于学术化了：名目罗列在学科目录和工作职位表上，有专门的期刊和具有国家声誉的学者网络等，特别是改变了大学教师的性别构成，使得妇女和性别研究在学术界的代表性和权力大大增加。以社会学为例❶，在 1951 年，美国社会学协会提供的 20 个部门和其专业部门领域并没有与女性学相关的专业，目前美国社会学协会有 50 个部门，其中最大的一个部门是从事性别研究的；1970 年，美国社会学界只有 18% 的博士学位是授予女性的，18 年后达到了 53%；女性获得终身职位的教师人数也在增加，如 1991 年女性占社会学终身教授的比例达 29%（其中 46% 为助理教授，30% 为副教授，20% 为正教授）。而在欧洲，1976 年，荷兰的格罗宁根大学为妇女研究设置了第一个正式的教授职位，到了 1995 年，"荷兰各所大学中共为女性研究提供了 13 个教授职位"❷。

"由于妇女研究中的学术获得了机构的合法性，它也构成了、建构了、生产了法的保护者。它吸引了那些从法面前来的男人，来试着掌握它，来看它，来抚摸它，来穿透它"❸，这一点已为从事妇女研究的学者性别所证明。在妇女研究早期，从事女性学研究的学者几乎都是女性，而随着妇女研究的纵深发展，那些在学院中占统治和主导地位的学术或学科领导人，开始承认和接受女权主义理论对传统知识的挑战，开始在自己的研究中运用女权主义理论和方法。如 20 世纪 80 年初期，美国的女性研究会议已吸引了将近 4000 名参加者；到了 1993 年，大约 300 名女学生和若干男学者也开始参与到有关女性研究的教学或研究工作当中。

2. 妇女研究的知识应用范畴

妇女研究者们并不满足女权主义学科化和学术化后在具体的研究领域和议题上的修修补补，从一开始就认定人文社会科学的传统是男性中心导向的，因此最终的目标是要彻底改变人文社会科学的现有模式和框架，建构女权主义的知识生产范畴，从基本概念、理论和方法方面作有益的尝试。妇女研究的知识

❶　吴小英：《社会学中的女性主义流派》，社会学视野网，2009 年 2 月 10 日。

❷　刘霓：《西方女性学：起源、内涵与发展》，北京：社会科学文献出版社，2001 年，第 13 页。

❸　除了另外标注外，相关资料来自沈睿：《美国高等院校的妇女研究学》，转自中山大学性别中心 http：//genders. sysu. edu. cn/News/947 - Content - 947. htm.

应用不仅包括在教育领域教授关于妇女的历史和现实的知识，结束在各个教育阶段的性别歧视，还包括把女权主义理论与变革社会现实的实践结合起来，特别是通过妇女研究揭示两性在同工同酬、职业的性别隔离、政治参与、教育公平、健康风险等问题上的巨大差距，目的在于促使政府制定一系列缩小两性差距的社会政策，从而改变现有的性别歧视状况，如麦金农对性骚扰的定义和理论框架就影响到美国的立法和司法裁决。

此外，妇女研究理论还在社会政策与发展干预领域得到了充分运用或者检验。在1945—1965年，亚非拉有50多个前殖民地国家纷纷获得独立，但绝大多数都为贫困所困扰，因此，第三世界国家的女权运动首先触及的就是妇女的劳动就业、政治参与、教育和医疗卫生等一系列实际问题，而且在现代化过程中，亚非拉国家妇女往往是发展"代价"的承担者，不得不落入失业大军和极度贫困群体当中。这些都为西方女权主义者找到了从事项目研究和行动干预的空间。

随着性别平等和可持续发展的理念已被联合国、国际劳工组织等组织机构以及一些国家的双边机构吸纳和认同，大批的发展项目需要长期雇用女权主义学者从事发展项目的管理工作，担任监测评估、指标开发、社会性别培训以及社会性别分析工具的开发等专业工作。她们通过收集、分析并传播有关妇女在社会生活中的能见度，让妇女的作用与贡献逐渐进入国际决策者的视野，使得性别与发展成为全球聚焦的主题，为其进入全球性决策议程发挥了关键性作用。

第二节　发展理念溯源

"发展"一词最初来源于胚胎发育概念，是指以一个胚胎为基础，生物体的其余部分就会（依托此）自动成长或者消亡。因此，发展意味着生物有机体的生长过程和演变阶段，是一种在个体内部发生的连续性和稳定性变化。18世纪以来，社会达尔文主义认为物理结构、化学结构、生物结构、社会结构和人文结构都有着共同的进化方向、共同的发育和生成机制。也就是说，"一切状态都是进化的结果"❶，或者说人类社会也是镶嵌在生物进化当中的。于是，生物概念的发展就成了人类社会的进化或演化概念，泛指人类社会发生的递进或者变化过程。

一、美国愿景与非西方社会诉求的合谋

经过中世纪和近代历史进程中的种种变形，特别是进化论的点化，借用自生物概念的"发展"一词被赋予了"增长、繁荣、进步、飞跃、扩展、拓张"等意义。由于第三世界国家经济水平还没有达到西方发达国家的程度，因此，前者又被委婉地称为发展中国家，"发展中"指称的是"欠发达"或者"不发达"。当然，欠发达的说法不仅表明在最终走向发达的进程中可能发生的变化，而且还特别强调激发这种变化也是有可能的。那么，发展理念是如何在南北/东西两个世界的共谋中生产出来的呢？

（一）第四点建议开创出来的发展理念

1949 年 1 月 20 日，杜鲁门在发表传统的"国情咨文演说"时，除了提出美国继续支持联合国新组织，继续通过马歇尔计划努力支援欧洲重建，以及建立一个共同防御组织，即北大西洋公约组织来对付苏联的威胁这三点建议外，还有一个最大的亮点就是"第四点建议"，即将此前给予一些拉美国家的技术援助扩大至所有不发达国家。"第四，我们必须提出一个新的计划，它也许是大胆的，将我们科学先进和工业进步的优势用来服务于欠发达地区的改善和增长。这个世界一半以上的人生活在近乎贫困的条件下，他们的粮食不足，他们是疾病的受害者，他们的经济生活是原始的和一成不变的。他们的贫困无论是对于他们自己或者对于最繁荣的地区来说，都构成一种障碍和威胁。历史上第一次，人类掌握了能够减轻这些人痛苦的技术和实践知识"❷，由此开创出一个发展理念的新时代。

杜鲁门在"第四点建议"中使用"欠发达"一词来形容与发达国家相对

---

❶ ［比利时］I. 普里高津：《新的同盟》，李培林译，《自然科学哲学问题》，1986 年第 4 期。

❷ ［瑞士］吉尔贝·李斯特：《发展的迷思——一个西方信仰的历史》，陆象淦译，北京：社会科学文献出版社，2011 年，第 65～66 页。

的世界上一半的处于贫困条件下的发展中国家，把两者之间的差别看作是量的差距。欠发达状况是发达的未完成时，而加速增长是弥补差距的唯一符合逻辑的方式，于是"发达"与"欠发达"之间便建立起一种新颖联系。欠发达国家通过一整套的技术措施（利用科学知识、生产率增长、加强国际贸易）等，获得增长和援助，就会变得与发达国家一样。

在这个过程中，发达与欠发达国家都被纳入一个适用于所有人的全球战略。首先，发达国家的发展范式获得了普适性价值。其次，由于发达与欠发达的存在意味着世界不同部分之间的差距。一方面发达是一种丰裕状态，有不断增长和取之不竭的财富，能够充分调动和投入资源；另一方面欠发达是一种因贫困状态造成的障碍，产生饱受饥饿、疾病和绝望压抑的悲剧状态，而前者不能面对后者作为贫困的牺牲品无动于衷，无所作为。因此，发展就成了一种世界性的共同事业，是一种建立在生产增长基础上的集体事业。对于世界的自然资源和人力资源的更好使用，帮助他国自助，安排每个国家生产更多的东西，而每个国家都能通过这种大范围分享最终变得更加富裕和繁荣。最后，为了超越意识形态的纠缠，第四点建议还直截了当地把发展的标准数字化，国内生产总值（Gross Domestic Products, GDP）成为发展的一个衡量指标，因为数字"不仅被认为是最优的，而且也是唯一可行的"❶ 标准。

其实在经济和社会领域中使用"发展"一词并不是什么新鲜事。1899 年，列宁就写过一部《资本主义在俄罗斯的发展》的专著；1911 年，熊彼特（Joseph Schumpeter）也撰写过《经济发展理论》一书；1944 年，罗森斯坦·罗丹（Paul Rosenstein-Rodan）还有"经济落后地区的国际发展建议"等类似提法。即使在联合国的相关决议当中，发展一词也曾出现过，如"1948 年 12 月，联合国投票通过了两个决议，分别题为《欠发达国家的经济发展》（198 – Ⅲ号决议）和《对于经济发展的技术援助》（200 – Ⅲ号决议）"❷。

---

❶ ［瑞士］吉尔贝·李斯特：《发展的迷思——一个西方信仰的历史》，陆象淦译，北京：社会科学文献出版社，2011 年，第 70～71 页。

❷ ［瑞士］吉尔贝·李斯特：《发展的迷思——一个西方信仰的历史》，陆象淦译，北京：社会科学文献出版社，2011 年，第 68 页。

（二）万隆会议后第三世界国家的发展诉求❶

"二战"以后，特别是 20 世纪 50 年代以来，随着民族民主运动的空前高涨和帝国主义殖民体系的分崩瓦解，地域占全球陆地面积 70%，人口占全世界人口总数 80% 的亚非拉国家获得了政治独立。相对于已经完成了工业化的发达国家而言，这些国家被统称为"发展中国家"❷，也有人把它们称为非西方体制国家、边缘国家等。如何确切界定这一范畴还存在不少争议，本书多以发展中国家、第三世界、亚非拉国家或者非西方国家通称之。

1955 年 4 月 18 ~ 24 日，在万隆召开的会议代表了第三世界国家在发展领域的集体诉求。也就是说，"发展是必需的，它应该在世界经济一体化的前景下实现"❸。会议所形成的大部分要求后来一再被联合国的各种决议反复提及，逐步得到认同与接纳。

万隆会议的成果还包括新成立一批地区间机构或者改变业已存在的国际机构来推行发达国家的发展模式。如成立于 1944 年的世界银行为了逐步把它的全部资源用于第三世界，于 1956 年创建了支持私人投资的国际投资公司；1960 年，设立了负责以比市场更优惠的条件向最贫困国家提供贷款的"国际发展协会"（International Development Association，IDA），这个特别基金和技术援助扩大计划于 1965 年合并成为"联合国开发计划署"。1954 年，美洲银行成立。1958 年 10 月，联合国大会通过 1240/XⅡ 号决议建立一项特别基金，来募集旨在为最不发达国家重要计划提供援助的特别基金。1964 年和 1966 年非洲和亚洲地区的开发银行也先后成立。

此外，万隆会议还推动了第三世界国家频繁的外交活动，促成了它们通过会谈方式来协调观点。如 1961 年，由铁托、纳赛尔和尼赫鲁主持的贝尔

---

❶ 发展中国家的发展诉求分为两种，第一种是基于国家内部的发展运动，这是指以国家为背景的经济发展活动和相应的政策制定与实施，如农村合作化、乡村工业化、市场化和城市化等。第二种是与国际援助接轨和互动背景下形成的，专门针对贫困、少数民族、妇女、艾滋病和生态环境等进行的行动项目。参见朱晓阳等：《对中国"发展"和"发展干预"研究的反思》，《社会学研究》，2010 年第 4 期。

❷ ［美］劳伦斯·迈耶等：《比较政治学——变化世界中的国家和理论》（第 2 版），罗飞等译，北京：华夏出版社，2001 年，第 346 页。

❸ ［瑞士］吉尔贝·李斯特：《发展的迷思——一个西方信仰的历史》，陆象淦译，北京：社会科学文献出版社，2011 年，第 79 页。

格莱德会议上对不结盟概念作出界定，并于翌年在开罗举行的发展中国家经济会议上创建了77国集团；在1964年的联合国贸易与发展会议上建立了77国集团的优先论坛；1967年，77国集团还通过了《阿尔及尔宪章》，决定以联合行动方式抵制发达国家的剥削和掠夺。虽然后来77国集团成员国逐渐增加，但集团名称仍保持不变，截至2008年5月，77国集团有成员国134个。

（三）在发展的名义下开展活动

在1945年通过的《联合国宪章》第55条A款中，明确规定联合国有义务促进"生活水平的提高，充分就业与经济和社会秩序中的进步和发展条件"；而1948年12月10日通过的《世界人权宣言》（联合国大会第217号决议，A/RES/217）第25条也表明："人人具有达到足以保障其健康、其本人和家庭福利，特别是保障食品、衣着、居住、医疗以及必要的社会服务……生活水平的权利"，由联合国秘书长会同经济社会理事会以及联合国体系成员机构共同负责发展措施的实施。也就是说，发展作为一种普遍富裕的承诺，即一切人的幸福生活可以借助技术进步与商品和服务的无限增长来得到保障，人人终将从中获益。以发展为目标的广泛运动成为南北/东西国家民众或自愿或被迫皈依的信念。

通过合法的行动、推动机构和证明其在场的各种象征物，发展显示出自己的存在价值。如发达国家和发展中国家中的各种发展计划，许多国家的发展合作部以及各种各样的发展研究机构，它们开展了一系列发展项目，从兴建学校和诊所、挖井和筑路、为儿童注射疫苗、募集资金、拟订计划、调整国家预算、编写报告、投入专家、制定战略、动员国际共同体、建设水坝、采伐森林、绿化沙漠、创造高产的新的植物品种、推进贸易自由化、进口技术、建立工厂、增加就业，再到发射预警卫星等。也就是说，现代社会种种的人类活动都可以用发展的名义来进行。小到生产包括一个家庭用于个人消费的最低限度的必需品，如适当的食物、住房和衣着，以及一些家用器具和家具，大到为一个集体整体性地提供基本服务，如可以饮用的水、卫生体系、公共交通手段、医疗服务以及教育和文化活动的机会等。

在全球范围内运行的发展项目还衍生出诸如雇员、办公场所等副产品，尤其是发展机构的雇员更是一支人数众多、分工明确、由最高端的专家和最基层的警卫组成的庞大队伍。李斯特（Gilbert Rist）不无揶揄地说："事实上，怎么计算依靠发展管理机构活命的所有人？世界银行和联合国开发计划署的职员，还有在现场和办公室管理发展规划或者计划的所有人，包括联合国各种派出机构和各国合作部的人员：官僚和专家们、志愿者，农业普及推广人员，畜牧师，管理辅导人员，培训工作人员，农艺师，林业管理人员，水利专家，计划工作人员，医疗卫生人员等。有谁能始终统计清楚联合国数千机构调动起来的常驻人员和志愿者，以及他们的公共关系负责人，他们的头头，他们的计划主任及同等职务人员，他们的赤脚医生和轻骑扫盲员，穿梭在一切地方的司机，他们的大楼和农村分支机构的警卫？中介机构和研究机构，像法国的科研中心，发展研究所或者国家农艺研究所一样庞大的研究所雇用的研究人员，在形形色色的发展研究所中工作的教授，专门发表以前的研究人员编撰的著作的编辑出版人员，各种学术会议的组织人员，为离任或者重新合作做就业咨询的人员，等等，其数量上限有多大？离开了秘书、通信和运输工具，离开了办公地点，物资供应人员和航空公司就不能存在的多形态活动所引入的工作岗位究竟又有多少？"[1] 相关数据显示，2010 年，全世界发展机构中的雇员总数约900 万人，持有资金 1.1 万亿美金，是当年加拿大政府总开支的 4 倍，而"海地的非政府组织的工作人员的收入则是当地政府官员的 3 倍"[2]。

二、三种发展观的渐次更迭

从杜鲁门的第四点建议中诞生的发展理念，经过 20 世纪 50 年代的孵化期和联合国四个发展十年的调整，由最初的经济增长演变成涵盖福利、进步、社会公正、经济增长、人的全面发展甚至是生态平衡等复合内涵后，发展最终成为一个斑驳杂陈的理念。

---

[1]　［瑞士］吉尔贝·李斯特：《发展的迷思——一个西方信仰的历史》，陆象淦译，北京：社会科学文献出版社，2011 年，第 206 页。

[2]　Kenneth Kidd. Failure of "The Republic of NGOS". Haiti - Coram Deo. Dec. 15, 2010. http：// haiticoramdeo. blogspot. com/2010/12/article - failure - in - republic - of - ngos. html.

（一）发展就是经济增长

在主流经济学思想中，发展是经济增长或者经济发展的代名词。把"发展归结为经济增长，又把经济增长归结为人均收入的逐渐增长的观念"[1]，从古典经济学到新制度主义经济学中一直都占据统治地位。1956 年，刘易斯（William Lewis）在《经济增长理论》一书中，把发展视为"总人口人均产出的增长"，因为人必须消耗一定的产品方可维持生命有机体的持续存在，而储蓄、投资的增加以及科技进步、知识增长等可以成为发展的动力。因此，国民生产总值及人均国民收入的增长就可以作为评判发展的首要甚至是唯一标准。

20 世纪 60 年代，刘易斯的经济增长发展观盛行一时，发展中国家的发展问题被认为就是经济增长的问题。具体而言，就是把国民生产总值（Gross National Products，GNP）或国内生产总值（Gross Domestic Products，GDP）的增长作为发展的标准与目的。考虑到名称使用上的混乱问题，1993 年，联合国统计委员会在其国民经济核算体系官方文本中提出国民总收入（Gross National Income，GNI）的概念，强调要用这个新名词来取代原有的国民生产总值的概念，使之明确区分于国内生产总值。

实践证明，以经济增长为核心的发展观，对促进经济增长、迅速积累财富的确起到了积极作用。到 20 世纪 60 年代，第三世界国家在总体上达到了联合国发展规划提出的国民生产总值年增长 5% 的目标。然而，这种经济发展观所导致的严重后果是，第三世界国家普遍出现了"有增长无发展"现象，与人民利益密切相关的国民教育、就业保障、社会福利、医疗卫生、文化建设等方面被当作"经济增长的代价"牺牲掉了。正如巴西总统所说的："巴西经济很好，但巴西人过得很苦"[2]；而伊朗、巴基斯坦等国则出现严重的分配不公、社会腐败和政治动荡，导致经济失衡，通货膨胀加剧，失业人数增加和贫富悬殊等后果。按照沃勒斯坦的估计，这些国家农村贫困人口"与世界顶端百分

---

[1] ［美］塞谬尔·亨廷顿等：《现代化：理论与历史经验的再探讨》，罗荣渠译，上海：上海译文出版社，1993 年，第 154 页。

[2] ［美］塞谬尔·亨廷顿等：《现代化：理论与历史经验的再探讨》，罗荣渠译，上海：上海译文出版社，1993 年，第 332 页。

之十或百分之七的人相比，收入的差距大得惊人"❶。

（二）发展是可持续的

随着时间的推移，南北/东西国家越来越清醒地意识到单纯依靠经济增长来摆脱贫困、人人富裕的理想是不切实际的，而且国与国之间和每个国家内部的贫富差距非但没有缩小，反而日愈扩大；再加上生态危机、能源危机、气候危机和金融危机接踵而至，波及全球，而发达国家的贫困人口和发展中国家更是深受其害。

在联合国第二个发展十年期间，那种鼓励发展中国家实现快速工业增长的战略受到严厉批判。1972 年，联合国在斯德哥尔摩召开了人类环境大会，决定在内罗毕设立联合国环境规划署（United Nations Environment Program，UNEP）以期使这个问题制度化。与此平行的非政府组织会议也在内罗毕设立了环境联络中心，成为环境规划署的协调与监督机构。1972 年，罗马俱乐部认为以经济增长为中心的发展模式造成人与自然的失衡，酿成的生态危机威胁到人类自身的安全，可能导致人类文明的毁灭，因此人类的发展模式应该从单纯的经济增长过渡到全球均衡式增长。他们提出通过人口的适度增长、生产的适度进步以及生活上的适度消费，来保护资源环境，使资源环境得以永续利用，实现人和自然之间的和谐。这种观点获得了发达国家环境主义者以及工业化批评者们的支持，认为应该把发展方式与生态承载力联系起来考察，生态危机就是发展的负效应，不解决生态危机就谈不上持续和健康的发展。于是，发展又被定义为"发展 = 经济 + 自然"。

1981 年，布朗（Lester Brown）出版了《建设一个可持续发展的社会》一书，提出以控制人口增长、保护资源基础和开发再生能源来实现可持续发展的思路。1982 年，佩鲁（Francois Perroux）从发展中国家的角度提出新发展观，认为衡量社会发展与否的标准应包括经济、社会、人与环境在内的一系列指标，不能仅仅追求局部与暂时的效益，而要追求系统的、整体的、全局的与长远的效益。

学者们的研究和探索很快引起了联合国相关组织的重视。1987 年，联合

---

❶ 许宝强、汪晖选编：《发展的幻象》，北京：中央编译出版社，2001 年，第 10 页。

国世界环境和发展委员会在《我们共同的未来》一书中开列了一张威胁到全球生态平衡的几乎无所不包的清单,从滥伐森林、土壤退化、温室效应、臭氧层空洞扩大、人口、食物链、水的供应、能源、城市化、动物种类和植物多样性的减退、军备过度膨胀,到海洋和空间保护,等等,认为一方面正是人类的活动,特别是作为发展同义词的工业增长方式是破坏环境的根源;另一方面不加快尚未达到体面生活条件的人们的发展又是不可想象的。尤其是亚洲的发展是建立在以污染加剧为代价之上的[1],如从1990—2004年,每天生活费用低于1美元的人口百分比在南亚从41.1%降到29.5%,在东亚则从33%降到9.9%,在东南亚从20.8%降到6.8%,然而这一地区的二氧化碳排放量也在与日俱增,东亚从29亿吨增到56亿吨,南亚从10亿吨增到20亿吨,东南亚从5亿吨增到11亿吨……因此,如何将尊重大自然与兼顾正义这两者协调起来就成了国际社会关注的新课题。

1989年5月,联合国环境署第15届理事会发表了《可持续发展的声明》,联大通过决议并重申了这一声明。1992年,将近100个国家首领,来自世界各国的几千名代表、1400个非政府组织和8000名记者,总计将近3万人在里约热内卢参加了"联合国环境和发展会议"。大会通过了《21世纪议程》和《里约宣言》等重要文件,标志着人类发展观出现重大转变,为人类改变传统的发展模式和生活方式,实现经济、社会、资源和环境协调和可持续发展拓宽了思路。1992年底,联合国还建立了"可持续发展委员会",专门负责评审环境发展大会的成果及其后续工作。

（三）发展是以人为中心的

由于国际力量的对比,工业化国家在国际谈判中维护自己的利益、对被统治者福利的较小关注、国际货币基金组织强加于人的决议、公共援助或者跨国公司所实施的操纵等原因,国际组织框架内提出的所有发展计划并未从根本上改善南方国家民众的生活条件。因此,由南方国家主导的南方委员会开始提倡并经联合国认可往发展中增加了非经济指标,提出了发展的人道观,即"发

---

[1] ［瑞士］吉尔贝·李斯特:《发展的迷思———个西方信仰的历史》,陆象淦译,北京:社会科学文献出版社,2011年,第219页。

展应该是人民的一种努力，通过人民，为了人民而作出的努力。真正的发展必须以人为中心"❶，发展意味着"给人温饱，给人关怀，给人教育"，从而充分发挥人的才能和调动人力资源。这种从人的需要出发的发展观就成为"每个人以及整个人类多方面的、全面的发展方向"❷。用阿马蒂亚·森（Amartya Sen）的话来说，就是"发展的目的不仅在于增加人的商品消费数量，而且更重要在于使人们获得能力；自由是发展的首要目的，也是促进发展的不可缺少的重要手段，而若以自由为中心去理解发展过程，则发展必然是面向主体的"❸。

从 20 世纪 90 年代起，国际社会开始提倡以人为中心、以人为本的发展观。1991 年，联合国开发计划署声称："如果说经济增长对于人的发展是必需的，那么人的发展是经济增长的根本。"❶ 1993 年，联合国开发计划署在《人文发展报告》中，把当今年代称为"人民的年代"，提出"发展以人为中心，发展围绕人转；而不是人以发展为中心，人围绕发展而转"。1995 年，在哥本哈根召开的世界发展首脑会议上通过的《发展宣言》和《行动纲领》中进一步指出：社会发展要"以人为中心""社会发展的最终目标是改善和提高全体人民的生活品质"。这些都标志着"以人为中心"的发展观最终为国际社会所接纳与认同。也就是说，发展要以人为核心，使人人过上更好的生活，使人人能发挥其创造、表达和参与能力，这样的发展才是真正的发展。

三、联合国面临的发展抉择

如何帮助发展中国家尽快地发展生产力，提高经济水平，消除贫困状态，增强综合国力，就成为一个最为迫切的问题被提上联合国的议事日程。从 1960 年开始，联合国以每十年为一个计划期，先后提出"第一个发展十年"

---

❶ ［瑞士］吉尔贝·李斯特：《发展的迷思——一个西方信仰的历史》，陆象淦译，北京：社会科学文献出版社，2011 年，第 189 页。

❷ ［法］弗朗索瓦·佩鲁：《新发展观》，张宁等译，北京：华夏出版社，1987 年，第 175 页。

❸ ［印］阿马蒂亚·森：《以自由看待发展》，任赜等译，北京：中国人民大学出版社，2002 年，第 8 页。

❶ ［瑞士］吉尔贝·李斯特：《发展的迷思——一个西方信仰的历史》，陆象淦译，北京：社会科学文献出版社，2011 年，第 84 页。

"第二个发展十年""第三个发展十年"和"第四个发展十年"的国际发展战略，在 2000 年更是提出了"千年宣言"，对 2015 年前的发展进行规划与设计。作为发展领域中的关键性机制，联合国在拟定发展战略时也面临着诸多的抉择，从拟定以十年为一年周期的计划到只关注具体事项，既可以视为是无奈之举，也说明其进行发展抉择是充满挑战和困难重重的。

（一）四个发展十年战略

从 1960—1990 年，联合国实施了四个发展十年战略，虽然它们的侧重点各不相同，但大致体现了联合国对前面所说的三种发展观的认知与接纳。

1. 具有 GDP 崇拜情结的第一个发展十年战略

1961 年 12 月，联合国大会通过了关于发展问题的第一个决议（1710/ⅩⅥ号），代秘书长吴丹（U Thant）宣布"实施联合国发展十年战略（1960—1970）"，把改善所有人的生活作为国际社会的责任，目的在于缩小富国与贫国之间的不平等状况，并且促进两者之间的合作。

第一个发展十年战略的具体内容包括：发展中国家国民生产总值每年增长率应达到 5%；为实现增长，达到这一增长率的手段是大力实行工业化，包括大规模地建设大型水电站、炼钢厂、工厂等的设施。而为了实现工业化，就必须要有足够的投资；对于发展中国家来说，投资主要来自外援。当时设定的一项指标就是要把相当于发达国家国民生产总值的 1% 的公、私资金转移到发展中国家，而这项指标在第一年发展十年结束时也没有达到，但是大量资本流入发展中国家的情况的确发生了。此外，联合国也为发展中国家提供了 34 亿美元的援助基金。在第一个发展十年结束后，一些发展中国家城市消费者的粮食供应得到了保证，一些村庄有了干净的自来水，一些地区建起了学校和医院，一部分儿童摆脱了饥饿和夭折等。

大多数发展中国家之所以把经济增长作为首要目标，主要是由于国与国之间经济与政治竞争的加剧。竞争的压力使得几乎所有国家不得不将效率置于首位，发展速度成为一个国家生死存亡的关键问题，这就使得效率问题成为经济、政治和社会政策关注的首要问题。因此，在世界范围内出现"GDP 崇拜"就不足为奇了。

2. 进行结构调整的第二个十年发展战略

20 世纪 60 年代末，由于国际经济秩序和政治关系发生重大变化，联合国的第一个发展十年战略遭到失败，促使学术界和各国政府对那种单纯强调经济增长的发展观进行反思。这种反思的结果就是在肯定经济增长是发展的基础上，更多地注意到在此基础上的社会多维变化过程，"从长远的观点看来，经济增长对穷国来说是减少贫困的一个必要条件，但它不是充分条件"❶。实际上，实现经济的高速增长还取决于其他社会政策的有效配合，否则，出现"有增长无发展"的情况就将是不可避免的。

　　1970 年，联合国大会通过了"第二个联合国发展十年的国际发展战略（1970—1980）"。具体的目标是：发展中国家在十年间国民生产总值的年增长率至少要达到 6%，按人口平均计算的年增长率为 3.5%，进出口增长率为7%，各发达国家需要提高官方的发展援助资金，使之至少达到其国民生产总值的 0.7%。从上述目标看，第二个发展十年是沿着第一个发展十年的思路，把增长看作发展，把国民生产总值的增加看作发展的一个重要标志；提出本次十年战略是把发展中国家国民经济增长率与第一个十年相比提高 1 个百分点，而且还规定了发达国家的官方援助数额。当然，第二个发展十年战略也设定了一些非经济类指标，如教育、健康、住房、犯罪率、社会地位变化等来关注发展的社会效果，因为"发展的最终目标必须是为了使个人的福利持续地得到改进，并使所有人都得到好处。如果不正当的特权、贫富悬殊和社会不正义继续存在下去，那么就基本目的来说，发展就是失败的"❷。

　　1974 年，在 77 国集团的推动下，联合国大会通过了《关于建立新国际经济秩序的宣言》和《行动纲领》两个文件。同年，大会还通过了《各国经济权利与义务宪章》，规定各国有权对其自然资源充分行使永久的主权；有权对其管辖范围以内的外国投资加以管理；有权对外国财产实行国有化；各国还有结成初级商品生产者组织的权利等。次年，联合国又通过了《发展和国际经济合作》的决议。而上述这四个文件成为建立新的国际经济秩序的基本文件，也构成了第二个发展十年战略的重要组成部分和核心内容，它们集中反映了联

---

　　❶　［美］塞谬尔·亨廷顿等：《现代化：理论与历史经验的再探讨》，罗荣渠译，上海：上海译文出版社，1993 年，第 53 页。
　　❷　联合国新闻处：《联合国手册》，北京大学法律系编译组译，北京：商务印书馆，1972 年，第 96 页。

合国在发展方面所取得的成果。

3. 以人为本的第三个十年发展战略

虽然联合国前两个十年发展战略都强调"先增长后分配",然而这种发展模式的局限性和带来的社会问题也日益明显:资源浪费与资源短缺并存;环境污染造成生态破坏严重;贫富差距悬殊造成社会动荡、产业结构畸形而形成债务有增无减等。

1980年9月,根据第25届联合国大会通过的第2626号决议,大会通过了《联合国第三个发展十年的国际发展战略(1980—1990)》。第三个十年发展战略的主要目标是:发展中国家国内生产总值每年总的增长率为7%;按人口平均计算的国内总产值的年增长率为4.5%;农业生产年增长率应达到4%;制造业产值的年增长率为9%……发达国家确定的官方发展的援助的指标应为其国民经济总产值的0.7%……而且,第三个十年发展明确指出,发展的最终目的是在全体人民充分参与发展过程和公平收入分配的基础上,不断提高他们的福利。正是在这一认识基础上,第三个十年发展不仅规定了发展中国家经济发展的量的目标,而且还规定了经济发展的质的目标,如公平分配、充分就业、普及教育、培训劳动力、提高健康水平、改善住房条件、保障妇女儿童和青年的正当权益等。

1985年,联合国对第三个十年发展战略进行了中期审查,结果发现其中的关键指标大多没有完成,大多数发展中国家的增长率远远低于规定的7%指标,特别是许多发展中国家是负增长。而该战略实施5年来,工业国家经历了严重的经济衰退,发展中国家也面临着严重的经济危机,国际经济关系变得非常紧张,多边经济合作在许多方面都受到了削弱。尤其严重的是贫国与富国的差距并没有缩小,而人类社会又面临着另一个更为严重的失衡,就是发展方式导致的生态环境的不断恶化。也就是说,以牺牲环境作为代价的发展方式到了需要进行反思与变革的时候了。

4. 可持续发展的第四个发展十年战略

其实早在20世纪70年代,联合国就开始关注环境问题,但是直到80年代末联合国才逐步把环境因素引进发展过程,形成既满足当前需要而又不削弱子孙后代满足其需要的可持续发展观。

1990 年 12 月 21 日，联合国宣布实施"第四个发展十年的国际发展战略（1990—2000）"。鉴于前三个发展战略所规定的经济增长和发展援助指标多数并未达到，新的战略被赋予了一套比前三个发展战略更长远的"基本的政治指导方针"。也就是说，它所定的目标和优先项目具有灵活性，由联合国的专门会议及行动纲领加以修订和补充。该战略计划到 2000 年达到下列目标：发展中国家经济的蓬勃发展；为一个减少贫困、促进提高和利用人力资源并且是对环境无害以及能够继续下去的发展进程打下基础；改进国际货币、金融和贸易体制使世界经济更加稳定；加强国际发展合作以及对最不发达国家的问题给予特别关注。

可持续发展战略既是第四个发展十年的主题，也是联合国对发展理念的认识不断深化的结果。具体表现为：可持续发展是以人为中心的发展，这里的人指当代人，也指后代人，包括发展中国家，也包含发达国家；而人的发展既指满足人的基本生存需求，也指追求自尊、具有选择的自由等精神需求；可持续发展还体现了公正的原则等。可以说，这是目前联合国对发展问题所作的最全面的表述与界定。

（二）关注具体目标的替代性战略

自从 20 世纪 70 年代中期以来，联合国在实施四个发展十年战略的同时，也出台了各种"替代性发展战略"，如关注贫困问题等，在经济、政治、教育和健康等共识主题上确定具体发展目标，以期重新凝聚起国际社会对发展的关注与共识。

1. 聚焦减少贫困现象

其实早在 1949 年，杜鲁门就把贫困认为是"一个障碍和威胁"；20 世纪 70 年代的世界银行行长也描述了生活在"绝对贫困"中的人们处境，并建议满足他们的基本需要，把他们逐步纳入经济体系之中。其实谁都不能否认穷人的日益增多已成为一个严重的社会问题。

20 世纪 80 年代，联合国首次制定和通过了《20 世纪 80 年代支援最不发达国家的新的实质性行动纲领》。具体目标包括：促进体制改革以克服他们的极端经济困难；为穷人提供充分的、适当的、国际承认的最低生活标准，包括营养、卫生、住房和教育及就业等方面；确定并支持主要的投资机会和优先项目；尽可能减少自然灾害的不利影响；对最不发达国家提供的援助一般应采取

赠与方式，贷款应按双方商定的程度减让条件提供。在提供官方援助方面，欧洲共同体10国同意在今后数年内将其国民生产总值的0.15%援助给最不发达国家，而日本等国则表示要把他们对不发达国家的援助翻一番。

1990年，联合国又制定了《90年代援助最不发达国家行动纲领》。该纲领不仅提出基本原则和行动措施，并且指出该行动纲领的实现难度是要解决穷国的债务问题，要求负债国与债权国共同努力，制定一项国际债务战略，有利于最不发达国家实现经济增长和社会发展。

在1990年，世界银行引入了1.01美元/天的贫困线标准。2008年，世行又上调贫困线标准至1.25美元/天。当年，全球有超过10亿人日生活费不足1.25美元，非洲撒哈拉沙漠以南地区的贫困率最高。该地区的多数人口（54%）生活在极端贫困线以下，特别是利比里亚和布隆迪则有90%的人口生活在极端贫困线以下。2014年5月，世界银行拟把贫困线标准从1.25美元/天上调至1.75美元/天，以期反映世界贫困人口的真实生活成本，从而制定更为积极和针对性强的减贫政策。❶

2. 制定千年发展目标

联合国制定千年发展目标也是基于一种替代性战略出发的，目的在于激发人们为满足全世界最贫穷者的需要作出前所未有的努力，让其成为捐助者、发展中国家、民间社会和主要发展机构都接受的全球性基准，并以此来衡量较为广泛的进展。正因为如此，这些目标反映的是一系列紧迫的、全球共同承认并认可的优先发展事项。

2000年9月，在联合国首脑会议上，与会的193个联合国成员国、世界银行、国际货币基金组织、经济合作与发展组织和世界贸易组织等23个国际组织同意在2015年之前实现以下目标❷。具体包括八个方面的内容：第一，消灭极端贫穷和饥饿。使每日不到1美元维生的人口比例减半；使所有人包括妇女和青年人都享有充分的生产就业和体面工作。第二，实现普及初等教育，确保不论男童或女童都能完成全部初等教育课程。第三，促进两性平等并赋予妇女

---

❶ 2015年10月4日，世界银行按照购买力单价计算将国际贫困线标准从此前的每人每天1.25美元上调到1.9美元。

❷ http://www.un.org/zh/millenniumgoals.

权力，最好到 2005 年在小学教育和中学教育中消除两性差距，并最迟于 2015 年在各级教育中消除此种差距。第四，降低儿童死亡率，将 5 岁以下儿童死亡率降低 2/3。第五，改善产妇保健，把产妇死亡率降低 3/4，到 2015 年实现普遍享有生殖保健。第六，与艾滋病毒/艾滋病、疟疾以及其他疾病对抗，到 2015 年遏制并开始扭转艾滋病毒/艾滋病的蔓延；到 2010 年向所有需要者普遍提供艾滋病毒/艾滋病治疗，到 2015 年遏制并开始扭转疟疾和其他主要疾病的发病率。第七，确保环境的可持续能力，将可持续发展原则纳入国家政策和方案，并扭转环境资源的流失，减少生物多样性的丧失，到 2010 年显著降低丧失率，到 2015 年将无法持续获得安全饮用水和基本卫生设施的人口比例减半。第八，全球合作促进发展，进一步发展开放的、遵循规则的、可预测的、非歧视性的贸易和金融体制；包括在国家和国际两级致力于善政，发展和减轻贫穷；满足最不发达国家的特殊需要。

2015 年就是千年目标的收官之年，具体会有多少目标能够实现呢？在联合国发布的《2014 年联合国千年发展目标报告》中称，由于中国极端贫困人口比例从 1990 年的 60% 下降到 2010 年的 12%，也就是说，千年发展目标提出的把极端贫困人口减半的承诺，至少能得到中国方面的数据支撑。当然，对其他几个目标的预测来说则是悲观大于乐观，因为"悲剧性的贫困正在蔓延，与发展背道而驰或者说由于发展而造成的对环境的破坏也在加剧"❶。其实道理很简单，没有对国际社会权力格局的变革，即使把发展切割成一系列具体目标也是难以落到实处的。

第三节　新自由主义理论全球化的推手作用

第四点计划和万隆会议标志着南北/东西国家在"发展"意愿与发展道路上达成了一致，联合国实施的四个发展十年战略为全球经济一体化铺平了道路，而新自由主义理论的全球化更是削弱了发展中国家对关税和资本流动的控

---

❶　［瑞士］吉尔贝·李斯特：《发展的迷思——一个西方信仰的历史》，陆象淦译，北京：社会科学文献出版社，2011 年，第 220 页。

制，让国际资本将其市场的触角延伸到世界的各个角落，特别是把从殖民主义体系中独立出来的第三世界国家悉数纳入全球资本主义的市场体制之中。如果说以1492年哥伦布远航美洲为标志的地理大发现揭开了全球化进程的序幕，使得人类告别了彼此隔绝、孤立和分散的局面，"首次开创了世界历史"❶ 的话，那么，新自由主义理论的全球化则推动了女权主义与发展理念的相遇和交集，从而衍生出兼具知识生产与知识应用价值的性别与发展领域，其中也包括女权主义对发展的反思以及探讨建立全球女权主义联盟的可能性。

一、新自由主义理论的全球蔓延

凯恩斯主义的失灵促使新自由主义理论开始深入西方发达国家，华盛顿共识使其在拉美、东亚和非洲等地安家落户，而苏东剧变❷的多米诺骨牌效应又造成新自由主义理论在苏联和东欧等转型国家中获得进一步的发展。至此，新自由主义已成为当代世界范围内最有影响的理论并成为资本主义全球化意识形态的理论代表。

（一）新自由主义经济模式的崛起

作为一种经济理论，新自由主义❸的主要流派包括现代货币学派、供给学派、理性预期学派和伦敦学派等。如货币主义学派就是由20世纪50年代芝加哥大学的弗里曼（Milton Friedman）等人在现代货币数量论基础上创立的，提出制止通货膨胀和反对国家干预经济等主张。新自由主义的出现主要是对凯恩斯主义的反证，或者说是与凯恩斯主义的失灵有关。20世纪70年代，西方发达国家在经历了战后经济发展的黄金期之后，遭遇了严重的经济危机，出现了发展停滞和通货膨胀问题。特别是从1973年第四季度开始，一场始发于英国而扩展至美国、日本、联邦德国和法国等主要发达国家的世界性经济危

---

❶ 马克思、恩格斯：《费尔巴哈》，《马克思恩格斯选集》（第1卷），北京：人民出版社，1972年，第67页。

❷ 20世纪80年代末90年代初，剧变后的苏东国家全盘接受了新自由主义理论，实现了从计划主义经济向新自由主义经济模式的转型，如俄罗斯联邦政府制定了在500天内实现向市场经济过渡的计划——《向市场过渡——构想和纲领》。

❸ 何爱国：《新自由主义发展观述评》，http：//course. shufe. edu. cn/course/cwep/fd/4. html.

机爆发了。这次危机使发达国家的工业生产大幅度下降，企业破产倒闭严重，股票行情大幅度下跌，特别是失业人数急剧增加，创下战后失业率的最高纪录。

新自由主义理论认为经济危机是由凯恩斯主义的国家干预造成的，力主以市场来代替管制。如 1979—1990 年的英国撒切尔政府、1981—1989 年的美国里根政府和 2001—2009 年的布什政府，都明确提出要将新自由主义作为经济纲领，具体内容是政府从现行的社会福利项目中退出，将公共设施私有化，取消或放松政府对环保、银行、公共事业和媒体等领域的管制措施等。

1989 年，陷于债务危机的拉美国家急需进行国内经济改革。美国国际经济研究所邀请国际货币基金组织、世界银行、美洲开发银行和美国财政部的研究人员以及拉美国家代表在华盛顿召开了一个研讨会，旨在为拉美国家经济改革提供方案和对策。美国国际经济研究所的威廉姆森（John Williamson）对拉美国家的国内经济改革提出了与上述各机构达成共识的政策措施，史称"华盛顿共识"。它主要包括以下 10 个方面的内容：第一，加强财政纪律，压缩财政赤字，降低通货膨胀率，稳定宏观经济形势；第二，把政府开支的重点转向经济效益高的领域和有利于改善收入分配的领域（如文教卫生和基础设施）；第三，开展税制改革，降低边际税率，扩大税基；第四，实施利率市场化；第五，采用一种具有竞争力的汇率制度；第六，实施贸易自由化，开放市场；第七，放松对外资的限制；第八，对国有企业实施私有化；第九，放松政府的管制；第十，保护私人财产权。上述政策工具不仅适用于发达国家，而且还适用于其他有意开展经济改革的发展中国家。

华盛顿共识的形成与推行，标志着新自由主义由经济理论最终嬗变成为资本主义经济范式和政治性纲领。对发达国家而言，新自由主义意味着私有化政策、削减社会福利政策和减税政策；对发展中国家来说，新自由主义则表现为贸易经济自由化、价格市场化、资本自由化和私有化。

（二）以新自由主义为核心的结构调整方案

正如乔姆斯基（Noam Chomsky）在他的《新自由主义和全球秩序》一书中指出的："新自由主义的华盛顿共识指的是以市场经济为导向的一系列理

论，它们由美国政府及其控制的国际经济组织所制定，并由它们通过各种方式进行实施。"❶ 新自由主义主要体现在国际货币基金组织、世界贸易组织和世界银行等国际机构的政策之中，是许多政治家和主流经济学家所推动的"经济改革"和"现代化"方案的理论基础。

正是凭借华盛顿共识，国际货币基金组织和世界银行在向发展中国家发放贷款时，要求借债的国家必须实施结构调整方案，如将国有资产私有化、放松对货币的控制、减少或废除政府对本土企业的补贴、向世界开放市场等。从1980—2006年，国际货币基金组织和世界银行在非洲、亚洲、拉丁美洲和加勒比地区的145个国家实施过结构调整方案。在有些情况下，世界银行等组织甚至派官员进入当地政府，监督这些国家的医疗保健、教育、工业、农业、交通和环保等政府部门的工作。其间，"国际货币组织向这些发展中国家的贷款总额为2.6万亿美元，收回7.7万亿美元"❷。

当然，学者们对新自由主义的批评之声也不绝于耳，其中斯蒂格利茨（Joseph Stiglitz）的批判最为深刻。他将华盛顿共识概括为私有化、资本自由化、价格市场化和贸易自由化，称这四化是"每个发展中国家被世界银行、国际货币基金组织和世界贸易组织这三个国际组织实施结构调整到达地狱的四个步骤"❸。

具体来说，第一步的私有化更准确地说就是腐败化。当地领导人往往用世界银行的要求去压制那些对他们的批评之声以推行私有化，削价出售国有资产的回扣率会达到10%，而这些资产动辄价值数亿美元。如由寡头控制的俄罗斯政府的腐败计划剥夺了俄罗斯的工业财富，使得俄罗斯的国民生产总值下降了近一半，带来了大面积萧条和饥饿。而使非洲官员滋生腐败的政策工具还包括出售国有资产经营权、政府采购合同决定权、政府投资行为决定权、税收政策决定权、对雇员的招聘权和晋升权、公共事业管理权以及纳税状况稽核权等。

---

❶ ［美］诺姆·乔姆斯基：《新自由主义和全球秩序》，徐海铭等译，南京：江苏人民出版社，2000年，第4页。

❷ Michel Chossudovsky（2003）. The Globalization of Poverty and the New World Order. 2nd ed. Shanty Bay. ON：Global Book. p. 44.

❸ 张文海：《斯蒂格利茨批评新自由主义的结构调整》，《国外理论动态》，2001年第12期。

第二步是国际货币基金组织和世界银行的资本市场自由化，就是解除民族国家对资本市场的管制，允许资本自由流进流出。在新自由主义的影响下，东南亚国家推行金融自由化，取消政府对外国资本流动的政策管制，导致许多国家制造业的外国直接投资比例下降，外债结构严重失衡。这时，外国投机资本就会趁机大量涌入，形成房地产和证券市场的投机热潮：一旦获利后就大举撤资，造成货币金融市场的暴跌，然后再趁火打劫全面廉价收购当地资产。如1995年墨西哥爆发了金融危机，资本大量外逃，外债剧增，通货膨胀上升，经济严重萎缩，短短几个月里就有15 000家企业倒闭，300万人失去了工作，居民的购买力缩小了至少1/3；1998年墨西哥再次爆发金融危机，银行坏账率上升到50%以上，政府被迫宣布容许外资收购本国银行的100%股权，还被迫出售战略行业的国有企业进行外债清偿等。

第三步是价格市场化，粮食、水和燃气价格出现飞涨，继之出现严重的社会动荡局面。如1998年，国际货币基金组织要求印度尼西亚削减对穷人的食品和燃料补贴后，该国爆发了骚乱；2000年，玻利维亚发生了水价上升的骚乱；2001年，厄瓜多尔爆发了因为水和燃气价格上升的骚乱，结果使厄瓜多尔半数以上（51%）的人口陷入了贫困。而世界银行只是呼吁这些国家的人民要勇敢、坚定地直面国内的动荡，用"政治决心"来忍受高昂的物价，其实这些骚乱和动荡又引发了新的资本恐慌性出逃和政府崩溃的后果。如2001年12月，阿根廷经济呈现急剧恶化态势，货币贬值，银行瘫痪，人民生活大幅度下降，大批群众上街抗议示威，哄抢商品，严重的经济混乱和社会动荡引发了激烈的政治危机。在10天之内，阿根廷的总统更换了3人。

第四步是国际货币基金组织和世界银行为消灭贫困实施的自由贸易。斯蒂格利茨说："与19世纪一样，欧洲人和美国人在亚洲、非洲和拉丁美洲到处冲破壁垒打开市场，却阻碍第三世界的农产品进入他们的市场。鸦片战争中，西方用战争来推行他们的不平等贸易；今天，世界银行和国际货币组织使用的金融和财政手段几乎一样有效。"❶ 非洲和拉丁美洲国家的生产力在国际货币基

---

❶　http：//time. dufe. edu. cn/celebrity/2007 – 11 – 25/202. html.

金组织的结构调整方案指导下走进了地狱般的困境，并长期陷入停滞不前或者衰退的境地。如 20 世纪 80 年代，非洲仅有 6 个国家国内生产总值年均增长超过 2%，近半数国家经济萎缩衰退，到了 90 年代才开始出现转机。在 2008 年，"全世界 50 个最不发达国家和 41 个重债穷国，其中非洲就占了其中的 34 和 33 个"[1]。

二、新自由主义理论全球化中的性别与发展问题

正如德塞（Manisah Desai）指出的，以新自由主义经济模式为标准建立的国家和资本之间的关系给妇女带来四大深刻影响："全球劳动力的女性化，尤其是在低收入的服务行业；妇女在不正规产业中日益升高的就业率；女性承担日益沉重的家庭经济负担，以及女性必须在日趋恶劣的环境中劳作和生活。"[2] 对于发达国家和发展中国家妇女而言，新自由主义全球化造成了妇女群体处境的整体性恶化。对发达国家来说，政府摆脱的公共福利的重担、家务劳动最后落到了妇女身上，进而转移到作为移民进入的第三世界国家的妇女身上；对发展中国家妇女而言，除了继续从事无偿的家务劳动外，还面临着农业危机中的贫困化和劳动力密集型且回报很低的出口主导型产业中妇女就业环境恶化等问题。

（一）农业危机加剧第三世界国家女性的贫困

在新自由主义政策导向下，发展中国家的劳动密集型的小农业在面对资本、技术和能源密集型的国外大农业时，根本没有市场的竞争优势，而不得不走向破产边缘或者被迫转向种植特定出口作物，如某些经济作物或者生物能源等。而这些国家力图扩大出口的那些农产品在国际上又处于过度竞争的局面，即使增产也不能保证增收，几乎是无利可图。以乌干达为例，该国主要出口的咖啡产量从 1993 年的 280 万包增加到 2000 年的 320 万包，但是由于国际市场上咖啡价格剧烈下降，导致该国的咖啡出口收入却从"1994 年的 4325 亿美元

❶ 许孟水：《浅谈当代非洲的发展及面临的问题》，《亚非纵横》，2010 年第 2 期。
❷ Manisah Desai (2002). Transnational Solidarity: Women's Agency, Structural Adjustment, and Globalization. In Women's Activism and Globalization: Linking Local Struggles and Transnational Politics. Ed. Nancy A. Naples & Manisha Desai. New York: Routledge. p. 17.

下降至 2000 年的 1648 亿美元"❶。

实行新自由主义政策后，很多发展中国家的粮食产量与本国大量人口对粮食的需求之间的矛盾日益加剧，粮食安全状况恶化。其根本原因就在于，自由贸易迫使发展中国家消除贸易壁垒，改变国内土地用途，增加出口产品用地。这样一来，对发展中国家而言，就形成了粮食是用于国内消费还是为了其他利益而用于出口二者之间的矛盾，从而增加了对进口粮食的依赖。"墨西哥的食品供给赤字、谷物进口和营养不良都在增加。由于进口自由化和政府减少对小农场的支持，该国人均基本谷物产量在 1980—2000 年间下降了 10%，粮食依赖程度从 20 世纪 80 年代的 18% 上升到 20 世纪 90 年代的 43%。"❷ 在津巴布韦，"在 20 世纪 90 年代，贸易自由化使粮食生产未能跟上人口的增长，粮食安全状况恶化，30% 的 5 岁以下儿童长期营养不良"❸。

在发展中国家的农村，随着大批的男性流向城市，越来越多营养不良的妇女要独自承担起农业生产劳动，如在南亚和西亚以及北非等区域，在农业部门以外就业的妇女所占比例只有 20%。据联合国粮农组织估计，2012 年全球有 8.42 亿人口生活在饥饿之中，其中就包括了许多发展中国家的妇女；因为出口农产品价格下降和粮食价格上涨的变化特别能影响到处于边缘状况中的妇女，这些妇女占了贫困人口中的绝大多数，15 亿穷人中有 70% 是妇女。这些贫困妇女既要从事温饱型农业生产，在非正规部门从事收入微薄的廉价劳动，还要在家庭中从事无酬劳动等才能筹划和维持一个家庭的开销。因此，"当发展计划产生负面影响时，妇女会对此有更敏锐的感受"❶。

（二）新自由主义全球化影响第一和第三世界妇女的就业机会

新自由主义全球化通过促进资本、贸易、信息等在世界各地的广泛流动和

---

❶ Structural Adjustment：The SAPRI Report – The Policy Roots of Economic Crisis，Poverty and Inequality (2004). Zed Books. p. 137.

❷ Structural Adjustment：The SAPRI Report – The Policy Roots of Economic Crisis，Poverty and Inequality (2004). Zed Books. p. 142.

❸ Structural Adjustment：The SAPRI Report – The Policy Roots of Economic Crisis，Poverty and Inequality (2004). Zed Books. p. 140.

❶ Gita Sen and Caren Grown. Development，Crises and Alternative Visions：Third World Women's Perspectives，New York：Monthly Review Press. 1987. 26.

产业结构的跨国重组，一定程度上带动了女性就业率的提高，使她们在从事职业活动和接受教育方面拥有了更多的选择机会。20 世纪 70 年代以来，随着新科技革命的到来，无论是新兴电子工业还是传统产业，大大降低了过去主要由男性承担的工作要求；而新自由主义全球化调整了雇佣劳动力结构，对第一和第三世界国家的女性产生重大影响，如资本从一个国家转移到另一个国家时，在为劳工价格较低的国家创造更多的就业机会时，也破坏了劳工价格较高的国家工人的就业机会，造成这些国家劳动力密集型企业员工的大量失业，其中很大一部分为女性。

新自由主义全球化关联的一端是生产、贸易和金融的全球扩张，另一端是在出口加工工作、非正规工作以及家庭服务业中大量的女性劳动力。而发展中国家的大批年轻女性作为较男性"价廉物美"的劳动力，被跨国公司整合到其全球生产链的末端，服务于跨国公司的全球战略。如中国沿海地区的工厂中，在组装生产线上的员工有八成是女性，而在东亚的制造业生产线上的女性至少也占七成。一方面，在恶劣的劳动条件下，她们的工作时间常远远超过 8 个小时，其身心健康受到严重损害；另一方面，基于全球市场上的激烈竞争和各地竞相吸引外资的大环境，女工因担心工厂倒闭或被迁往别处使自己失去饭碗，很少向厂方提出要求，或提出后也得不到来自政府的支持。众多发展中国家负债累累，缺乏财政收入来源，也迫使其政府把妇女的收入作为税收的对象。

发展中国家妇女劳动力之所以比男性便宜，一方面是投资和贸易自由化带来的外国资本和商品的大量涌入，令由女性主要从事的商业、食品加工和手工业等方面的小本经营屡遭冲击；另一方面大多妇女受教育程度有限、技能单一和年龄的增长使她们不易重觅谋生之道，愿意接受临时的、没有福利的工作。特别是对妇女——在被隔离的和低工资的劳动领域中的劳动力的女性化、工资依赖、劳动剥削、经济边缘化、贫困——这些进一步恶化了已经很低的妇女地位和她们的生活条件，加重了各发展中国家内部种族和阶级的不平等状况。

三、女权主义的反思与探讨建立全球女权主义联盟

女权主义学者对主流女权主义与新自由主义关系以及第三世界国家的发展

模式进行反思，并就建立全球女权主义联盟的可能性进行了探讨。

（一）主流女权主义与新自由主义的联姻

2009 年，艾森斯坦（Hester Eisenstein）在《被诱惑的女权主义：全球精英是怎么利用妇女的劳动和思想来剥削世界的》❶ 一书中，揭示了女权主义与新自由主义的结合造成了妇女内部的"裂痕"。她认为，面对新自由主义经济对妇女就业的新需求，主流女权主义在斗争策略上迎合了资本的需求，如 20 世纪 70 年代以来，主流女权主义就放弃了女权运动通过组织工会、集体抗争的传统方式，转向通过干预政府的立法，如同工同酬、反对工作场合的性骚扰等来实现妇女公正就业的斗争策略。也就是说，主流女权主义把妇女博弈的空间放在法庭上和政府的立法机构里，而不是在工会的大厅里或者与资方谈判的谈判桌上。如同艾普斯坦（Barbara Epstein）所说的："迄今为止，美国社会的各行各业并没有接受男女平等这一女权主义的核心目标，相反，群众性的妇女运动已经不存在了。"❷

为了鼓励更多的妇女就业，主流女权主义也弱化了一些旨在保护工人集体利益的法案，如 1935 年通过的保护工会的《劳工法》，但是这些做法并没有从根本上改善大多数妇女从事低收入工作的现实，它们不仅迎合资本的利益，而且也加剧了贫困的劳动妇女与主流女权主义之间的分化。艾森斯坦认为，主流的女权主义 20 世纪 70 年代以来鼓励妇女就业的策略和重点，并没有使其成为削弱雇主权力的一种抗衡势力，反而为其提供了大量的新的廉价劳动力。在这个意义上，主流的女权主义运动与企业、与代表大企业利益的政府进行了理想的联姻。这样由主流的女权主义引领的这场对美国社会具有深刻影响的妇女就业革命从本质上来说，就变成了一场事业有成的中产阶级妇女的资产阶级革命。当然，新自由主义激励和引导女性中的少部分人依靠与雇主讨价还价，将传统上由她们承担的家庭责任托付给其他妇女，通过个人的努力走向成功的方式，也无法改变她们作为同一个性别被整体打入另册的命运。

---

❶　苏红军：《危险的私通：反思美国第二波女权主义与新自由主义全球资本主义的关系》，《妇女研究论丛》，2013 年第 3 期。

❷　Barbara Epstein（2001）. What Happened to the Women's Movement? . Monthly Review. Vol. 53, No. 1.

20世纪90年代以来，随着苏东剧变后社会主义阵营的解体，传统的反对资本主义制度和其他压迫制度的群众性女权运动已经式微，如今妇女对政治、经济和文化的参与大多通过建立非政府组织来实现。据统计，从20世纪90年代中期，美国政府把所有的外援都发给了世界各国的非政府组织。非政府组织通过小额贷款等形式以在非正式的经济领域中创业来安抚当地的社会群体，导致非政府组织替代了反对全球资本主义制度的革命性的群众运动，造成妇女运动的主流被"非政府组织化"。由于不少妇女非政府组织抗争的方式从"抗议"转向"建议"，所以这些非政府组织非但没有成为政治反抗的中心，反而变成了发展中国家政府控制社会的工具，而且有些非政府组织还蜕变成了官僚化的福利组织。

（二）"你们可以赶上我们的"发展策略

在1995年联合国第四次世界妇女大会召开前后，不少第三世界国家的女权主义学者对发展中国家的经济发展战略和理论框架进行了多层面的反思。不少马克思主义女权主义者认为全球化的本质是新自由主义经济的全球扩张，从20世纪70年代以来，它不仅重组了美国的经济而且重组了世界的经济，特别是发展中国家的经济，因此，发展指的就是全球资本主义在发展中国家的"发展"。主流女权主义关于全球化和发展的理论隶属北半球，是霸权和殖民的话语体系。因为在第一世界国家中，与男人相比，妇女是处于劣势的工人，但是相对于第三世界人民、包括第三世界的男人在内，第一世界妇女依然是具有优势的工人。也就是说，第一世界为解决第三世界的经济问题提出的计划——特别是所谓的经济发展战略——经常起到损害第三世界人民尤其是第三世界妇女的作用，其发展经济战略往往有助于巩固第一世界在第三世界的权力。

玛尔斯（Maria Mies）在《超越发展的神话》一文中详细阐释了第一世界提出的"你们可以赶上我们"的发展策略是既不可行也不值得向往的。

首先，第一世界经济学家向第三世界人民许诺你们将达到第一世界人民享受的生活水平，但是他们压根就没打算实现这些许诺，因为第一世界的经济学家早就怀疑无穷进步和无限发展这些故事的真实性。而第一世界为了维持自己高标准的生活水平，就把自己负担不起的经济、社会和生态代价转嫁给了他们在第三世界的"伙伴"，否则他们就会失去第一世界的优势地位，落到与第三世界情形相近的处境。玛尔斯说："殖民地和殖民者的关系不是基于对合作关系的权衡，而是建立在殖民者对付殖民地所用的胁迫和暴力的基础之上。这种关系实际上就是积累的中心无限增长的秘密。如果所有的工业生产代价不能在外部获取，如果工业国家必须自己来承担这些代价，也就是说，所有代价都在内部运行，那么无限增长将不可避免地迅速终结。"❶

其次，"你们可以赶上我们的"发展策略也不值得第三世界国家向往。因为赶上战略为第一世界的妇女提供了机会，让她们去追赶同属一个世界的男人，与男性一起平等地分享所有的社会资源。然而在目前，第一世界男人并不愿意同第一世界妇女平等享有他们的资本与权力，那么，第一世界妇女获得"解放"最有利的机会就要取决于对第三世界人民，特别是对第三世界妇女的压迫。玛尔斯作了进一步的解释，亚洲、非洲和拉丁美洲的妇女被迫为低工资工作，她们得到的工资比富裕国家的人低得多；只有在这时——债务陷阱使之成为可能——富裕国家才能积聚足够的资本，即使是失业妇女也有保障，她们可以拿到最低收入，但是全世界所有失业妇女却不可能得到失业救济，这是因为"一些人比另一些人有更多的平等"❷。

（三）修复内部裂痕建立全球女权主义联盟

从主流女权主义内部发出的质疑之声以及第三世界女权主义的批评来看，是否意味着女权主义阵营的分崩离析？其实第一世界和第三世界都有一些女权主义者在做着修复妇女内部裂痕，探讨建立全球女权主义联盟可能性的工作，她们被称为"全球女权主义者"❸。

全球女权主义者认为女权主义的定义必须扩展，进而把所有压迫妇女的事情包括进女权主义的思考里，不论是基于种族、阶级的压迫还是帝国主义或者殖民主义引起的压迫。全球女性主义者致力于消除第三世界妇女和第一世界妇

---

❶ Maria Mies and Vandana Shiva （1993）. Ecofeminism. Zed Books Limited. p. 59.

❷ Maria Mies and Vandana Shiva （1993）. Ecofeminism. Zed Books Limited. p. 59.

❸ Alison Jaggar （2000）. Globalizing Feminist Ethics. In Decentering the Center: Philosophy for a Multicultural, Postcolonial, and Feminist World. Eds. Uma Narayan & Sandra Harding. Bloomington: Indiana University Press. p. 21.

女之间的误解，创造两个世界妇女之间的联盟，这样来自世界各地的妇女可以聚集在一起，她们能够作为真正平等的人展开对话，尽可能坦诚地讨论彼此间的异同；她们还将以共同努力来实现把妇女从所有的压迫中解放出来的目标，尤其是让妇女中的弱势群体，能够享有更多的经济、政治资源和机会。正如胡克斯解释的："妇女不需要根除差异来感受团结，我们不需要由于共同的压迫才能并肩战斗以结束压迫……我们可以是姐妹，我们因共同利益和信仰而联合在一起；在我们对多样性的理解中、在结束性别压迫的战斗中、在政治团结中我们联合在一起。"❶

当然，就具体的妇女个体来说，第一世界和第三世界妇女并不存在团结一致的伦理基础。如对于从事出口服装业的第三世界妇女来说，得到较高工资甚至得到相当于工业国家工人的工资，这也许对她们最有利，但是如果她们真得到这些工资，那么第一世界的工人阶级妇女也许就买不起这些衣服，或者买不起她现在购买的这么多衣服，从她购买者的利益出发，这些服装的价格必须保持低廉。也就是说，被世界市场联系在一起的这两类妇女，她们的利益是相互对抗而且是有着根本性冲突的。

当然，要建立全球女权主义联盟的愿望也并非空中楼阁，它的产生与国际妇女运动的蓬勃发展有关。联合国妇女十年（1975—1985）的各项活动激活了国际、国内以及草根的妇女运动，为女权主义的跨国联盟提供了历史契机。特别是四次世界妇女大会为南北/东西国家的妇女提供了一个进行横向交流和正当活动的空间，第一次世界妇女大会通过的《为实现妇女年目标而制定的世界行动计划》，要求各国政府设立专门负责妇女事务的国家机构。除了第一次世界妇女大会之外，后三次大会通过的国际文书都是在《消除对妇女一切形式歧视公约》的框架指导下制定的。虽然在 1975 年和 1980 年举行的第一、二次世界妇女大会上，第一和第三世界女权主义者之间的对话还不甚理想，如第一世界的妇女关心"平等"问题，第三世界妇女关心"发展"问题，苏联的社会主义阵营关注"和平"问题，而最终的结果是"平等、发展与和平"三大主题被并置在一起，这正是南北/东西国家女权主义者之间妥协和斗争的

---

❶ Bell Hooks（1984）. Feminist Theory：From Margin to Center. Boston：South End Press，p. 404.

产物。自 1985 年第三次世界妇女大会以降，南北/东西女权主义形成了越来越多的共识，形形色色的女权主义者都在全球女权主义联盟的大伞之下团结起来，开始致力于探讨诸如生育权、堕胎权、教育权、家庭暴力、孕妇留职、薪资平等、投票权、性骚扰、性别歧视以及与性暴力相关的议题。

　　虽然有一部分主流女权主义看不到，或对第一世界与第三世界国家之间在政治、经济、文化上长期的不平等、富国对穷国的掠夺等问题不感兴趣，但是，要建立全球女权主义联盟的话，如果完全不接纳第三世界女权主义关注的发展议题是无益的，因此，主流女权主义也开始承认："第三世界贫困妇女确保其家人和自身基本生存的生活经历……提供了理解发展过程的最清晰棱镜。正因为如此，她们争取摆脱社会性别、阶级、种族及国家等多重压迫的渴望和斗争，可以成为我们这个世界当前所需要的新愿景和战略基础"❶。

---

　　❶　Gita Sen and Caren Grown（1987）. Development, Crises and Alternative Visions: Third World Women's Perspectives, New York: Monthly Review Press. pp. 9 - 10.

第一章

赋发展以性别的视角与方法

据 2014 年的《人类发展报告》显示，在 148 个国家中，女性的劳动力市场参与率落后男性 26 个百分点（女性 51% 和男性 77%）；女性议员在国家议会中所占的比例为 21%；25 岁及以上至少接受过中等教育的女性比例为 60%，男性为 67%；在撒哈拉以南非洲，孕产妇死亡比率达到每 10 万活产 474 例等。也就是说，性别差距深嵌于发展进程当中，但是国际社会对于性别与发展关系的认识却经历了一个漫长的过程。

本章展示了基于性别出发的研究视角、理论及方法对发展理论和发展实践的影响，即性别与发展的四种范式是如何切入主流发展领域，与其政策模式产生交集的；社会性别分析方法和工具又是如何影响发展政策与行动干预的；基于赋权出发的参与式方法在性别与发展领域中的意义及其反思等。

第一节　性别与发展范式

自 20 世纪 70 年代初至 80 年代中后期以来，"妇女参与发展""妇女与发展""社会性别与发展"和"妇女、环境和发展"四种性别与发展范式主导了包括联合国在内的国际发展机构、各国政府和非政府组织的议程、政策、项目及规划，❶ 从而在国际发展领域赢得了重要的一席之地。从历史发展趋势来

---

❶ 胡玉坤：《知识谱系、话语权力与妇女发展——国际发展中的社会性别理论与实践》，《南京大学学报》，2008 年第 4 期。

看，这些范式往往并非线性排序，原有的范式并不因新范式的推出而退出历史舞台，它们往往交叉渗透，并存共处，而且它们与主流发展领域的政策模式也多有交集，从而使发展理论与实践领域呈现出一种你中有我、我中有你的状况。因为"发展是一个复杂的过程，包括个体和社会自身的社会、经济、政治和文化完善，这一意义上的改进意味社会满足人们物质需要、情感需要和允许人们发挥创造力的能力应达到历史可接受的水平……如果不能公正地对待妇女，不让她们参与，发展也是不可能的"❶，因此，妇女参与发展本身是对主流发展内容的添加，它并未脱离国际主流的发展路径。也就是说，针对第三世界妇女的发展项目本身是嵌入在主流发展机构的发展轨迹当中的。

一、主流发展领域的五种政策模式

自 20 世纪 60 年代以来，联合国推出了四个发展十年战略，其初衷也希望能满足妇女群体的需求，让身处边缘的第三世界妇女在公平和正义基础上分享社会福祉和发展益处。1993 年，摩塞（Caroline Moser）在《发展工作中的社会性别计划》一书中❷，把这些发展战略细分为不同的政策模式，按照目标倾向分别命名为福利、公平、反贫穷、效率及赋权。这些模式被认为是同时并存的，或者作为特定政府或机构的独立政策，往往在一个机构内部经过混合和重组，构成了一个连贯的政策思路。

（一）福利模式

具体而言，从 1950 年起，福利模式被国际发展机构广泛使用并沿用至今，即根据妇女的再生产角色来审视她们在经济上的作用，因而不可避免只将她们看作是生养孩子者、持家者和家庭主妇。这种政策模式渗透在发展项目中，往往表现为不是有意无意地漠视妇女，就是聚焦于与妇女的再生产角色与再生产劳动相关的计划生育、人口控制、母婴保健、营养、卫生及家务劳动等方面。经济学通常把家庭看作是一个基本单位，其成员有着共同的利益，没有认识到

---

❶ 亚太妇女政治参与中心和联合国社会性别主题工作组：《让治理关注社会性别基础教程——参与者手册》，高小贤等译，2002 年，第 53 页。

❷ Caroline Moser（1993）. Gender Planing in Development：Theory，Practice and Training. London and New York，Routledge.

家庭内部由于性别或其他因素存在着不平等和冲突。由于只狭隘地从家庭福利的角度来看待妇女，认为妇女的需求可以通过由男性户主主宰和控制的家庭得到满足，任何施惠于家庭的项目必然使户内的所有成员都自动受益。正因为没有把妇女看作一个独立的分析单位，于是，第三世界女性作为粮食生产者、加工者、小买卖经营者及其他有酬无酬劳动者的角色就被隐匿起来，妇女只被看作是发展项目的受援者和受益人，而且常常被视为是需要他人通过特定努力来给予援助的被动群体。

（二）公平模式

在1975—1985年的联合国妇女十年间，公平模式在发展工作中被广泛运用。妇女被视为发展的积极参与者，妇女本身具有三重角色（如生产、再生产与社区活动），因此，通过直接的国家政策干预，就能让妇女获得政治及经济的自主权，通过减少两性之间的不平等，来满足妇女的实用性和战略性发展需要。

（三）反贫困模式

从20世纪70年代起，反贫困模式就被采用并沿用至今。它认为妇女是穷人中的最穷者，是脱贫的主要对象之一，发展政策必须协助贫穷妇女提高生产力来摆脱贫穷。反贫困模式强调妇女的生产角色，认为通过小规模的项目挣得收入就是让妇女脱贫的良方，针对反贫困模式的有效性存在着这样一个迷思："妇女应参与到国际援助中来，使国际援助有效，而不是让国际援助帮助妇女受益"❶。换句话说，妇女的贫困是因为欠发展，而不是因为她们的从属地位。

（四）效率模式

在20世纪80年代的拉美债务危机后，效率模式得到强调并被采用，其目的是通过鼓励妇女在经济领域作出贡献，"投资于妇女的人力资本来求得更高的回报"❷，从而保证发展更具效率和更具成效。该模式承认妇女的三重角色并努力满足妇女的实用性发展需要，然而，它总是假设妇女的时间很有弹性，妇女只要延长每日的工作时间，就可以弥补减少了的社会服务项目。在20世纪

---

❶ http：//www. bridge. ids. ac. uk/.

❷ Nuket Kardam（1991）. Bringing Women in：Women's issue in international Development Program. Boulder, Co：Lynne Rienner Publishers. pp. 51 –52.

八九十年代，一些发展中国家大力推行结构调整方案，导致了政府对教育、保健等公共投资和社会福利的大幅度削减，特别是在公共服务严重匮乏的许多地方，妇女充当了事实上的"社会安全阀"，因而效率模式获得了许多政府的青睐。

（五）赋权模式

赋权模式是由南方国家妇女提出的，她们认为妇女的从属地位不仅是受到男性压迫的结果，也是殖民主义和新殖民主义共同压迫的结果。西方女权主义将妇女描绘成发展的受害者，男性是受益者的论述是有问题的，男女两性不一定是水火不容的，而且女性也不能依靠所谓的"姐妹情谊"（Sisterhood）团结起来，需要从阶级、民族、种族和性别等综合因素来考虑女性的联盟问题，包括与男性达成和解，共同发展。赋权模式旨在强调培育与开发妇女的主体意识和主体性，从而增强她们进行自我选择和自我决定的能力。

综上所述，福利模式与反贫困模式一个强调妇女的再生产角色，另一个强调妇女的生产角色，认为提供工资劳动、创收活动和教育培训等机会可以增强贫困妇女在社会生产劳动中的作用，结果帮助政府提供各种粮食援助、改善营养、家庭计划等以满足妇女作为主妇的需要。它们都没有质疑造成妇女弱化与贫困的结构原因在于现存的性别运作机制。而效率模式通过提高妇女的生产率更有效地利用妇女的劳动力资源，尽管能改善妇女的技能和收入，但无从改变妇女的不平等地位，反而增加了妇女的劳动负担和身心压力；只有公平模式和赋权模式挑战了性别结构与基于性别的劳动分工模式，主张发挥妇女的能动性。赋权模式可以视为公平模式的延续，主要反映了发展中国家妇女希望实现自主决定和自我发展的战略性社会性别需求，但是由于其挑战性和批判性而不为大多数国际组织和政府机构欢迎，而且在短期项目中也难以见到成效或者是不易监测评估而被弃用。

二、性别与发展的四种范式

性别与发展的四种范式致力于促进妇女更平等地参与到经济、政治、教育和健康领域，它们之间并非术语、概念和政策上的简单区别，而是代表着认识论上的不断深化与细化。

（一）妇女参与发展（Women in Development，WID）

20 世纪 70 年代初，国际发展学会华盛顿特区妇女委员会为了向美国政府的决策者施加压力，以期转变其外援政策而提出"妇女参与发展"范式，就是鉴于妇女被遗落在发展进程之外，只有通过使妇女融入经济、政治和社会生活的主流，才能改善妇女的处境并纠正男女之间的各种不平等现象。

1970 年，博斯鲁普（Ester Boserup）发表《妇女在经济发展中的作用》❶一书，该书以人口普查、政府统计以及大量的专项调查数据为依据，全面考察了女性雇佣劳动模式，描述了亚非拉许多国家生产部门中妇女的巨大贡献，令人信服地揭示了妇女被排除在发展进程之外的事实。也就是说，第三世界的妇女非但没有受益于发展，相反发展过程还常常导致妇女作用和地位的相对乃至绝对下降。譬如，当越来越多男性被吸纳到现代农业部门时，妇女则滞留在温饱农业中，被剥夺了获得土地、信贷、培训及技术的机会，还有的妇女甚至被排除出其传统的生计领域，两性之间的发展鸿沟因而被显著地拉大了。这本著作诞生之际正是联合国"第二个发展十年战略"开启伊始，主流发展机构也开始意识到它们之前倡导的"涓滴效应"并未取得令人满意的预期成效，尤其是很多第三世界妇女的相对地位在过去 20 多年实际上改善甚微，发展使妇女处于越来越边缘的境地。

"妇女参与发展"范式的提出旨在批评和纠正以男性为主的发展规划机构所普遍持有的一种观点，即妇女会自动地从发展中受益，她们的社会经济地位也会自动地随着家庭生活的改善而自动提高。该范式的指导思想是通过促进妇女参与市场使妇女个人或群体获得现金收入，它也聚焦解决妇女面临的特殊问题，如提供饮用水、儿童免疫、基础教育及孕产妇保健等；收集分性别的数据；推动反对歧视妇女的立法修订；致力于将基层妇女动员起来并开发她们管理项目与活动的能力；建立非政府组织和以社区为基础的组织来发起和管理妇女项目。"人们突然发现被遗落在发展进程外的妇女事实上是宝贵的资源，在一个国家的人力资源中占一半甚至更多，她们不再可以被浪费掉了。将妇女从

---

❶ ［丹麦］埃丝特·博斯拉普：《妇女在经济发展中的角色》，陈慧平译，南京：译林出版社，2010 年。

边缘引入主流的前景，不仅使发展者也令这些政策与方案的受益者感到激动"，于是，"妇女参与发展"成了联合国妇女十年期间诱人的标语，第三世界妇女长期遮蔽的工作、贡献及需求被突显出来了。

在 20 世纪 70 年代初，"妇女参与发展"最早是在国际双边的发展机构内部以单设部门的形式被机构化的。例如，1973 年，美国参议院通过的《外援法》修正案就增加一个条款，要求鼓励并促进妇女融入发展计划的所有方面及发展机构本身，这被公认是最早的"妇女参与发展"政策。1974 年，美国国际发展署设立了"妇女参与发展"办公室，华盛顿特区及其周边地区一些在卡特政府及联合国机构供职的女权主义者，也开始建立网络，越来越多的大学和其他学术机构的妇女也表示支持"妇女参与发展"范式。

在此影响下，许多政府和非政府组织纷纷建立了负责妇女事务/问题的部门，有的还在政府机构中增设/增加了妇女代表，将妇女纳入已有的发展体系。1975 年，女权主义组织通过游说方式促成世界银行设置了"妇女参与发展"顾问一职，工作包括对世界银行职员进行社会性别敏感性培训，撰写《认识发展中消失的妇女》报告等。1987 年，世界银行成立了"妇女参与发展"分部并宣布将妇女参与发展列为"特别行动重点"，并派出协调员前往世界银行遍布全球的四个综合地区进行工作指导。也就是说，妇女参与发展的机构化意味着主流发展界对妇女独特经历的承认，妇女开始被纳入国际社会、捐赠机构、政府部门以及各类妇女组织的议程中，如许多国家提高妇女地位机构纷纷开展专门的妇女发展项目，以确保妇女能参与本国的经济建设。

（二）妇女与发展（Women and Development，WAD）

20 世纪 80 年代后半期崛起的"妇女与发展"范式，是由总部设在印度的"新时代妇女发展替代选择组织"（Development Alternatives with Women of a New Era，DAWN）基于第三世界女权主义立场提出来的。1984 年，第一届新时代妇女发展替代选择组织在印度召开会议，来自发展中国家的女权主义者和

---

❶ Irene Tinker（1990）．The Making of a Field：Advocates，Practitioners，and Scholars，Irene Tinker（ed.）Persistent Inequalities：Women and World Development，Oxford：Oxford University Press. pp. 31.

❷ 马元曦等：《社会性别与发展译文集》，北京：生活·读书·新知三联书店，2000 年，第 70 页。

行动者从第三世界贫穷妇女的生活经历出发批判了西方主流的发展模式和"妇女参与发展"范式，并就发展模式如何实现妇女自己的发展阐述了观点。她们认为妇女本来就一直是发展进程中不可分割的组成部分，"妇女参与发展"范式倡导的那种参与只会有利于维持男女之间的不平等结构，这是因为"妇女所面临的问题不单在于她们缺乏对发展过程的参与，而在于造就并强化了不平等的制度本身需要依靠现存的性别等级，从而使妇女在阶级与性别互动的各个不同层面都处于从属地位"❶。

具体来说，"妇女与发展"范式把社会经济发展的宏观与微观层面联系起来，并将妇女视为理解这一关联的关键性行动者；而依靠改善妇女就业机会的短期项目收效甚微，因此必须同时加强妇女对政治与经济决策权的控制，立足于打破性别与阶级不平等的结构。更为重要的是该范式强调以妇女的自我组织作为分析与行动的关键，力主增强妇女作为能动者的权力，而不是将她们视作发展的问题或者被动的受害者。

鉴于提高妇女地位不能只依靠提高妇女收入，还需要对现存的发展结构进行重大变革，因此，"妇女与发展"范式力主转变不公平、不平等和不公正的制度、结构和关系，强调"妇女的声音必须进入发展决策"❷，让主流国际发展机构来倾听第三世界妇女的声音，并最终促成妇女的赋权。然而，该范式强烈的批判性和政治性诉求往往不为一些政府或者捐赠机构所接纳，从而也影响到其在发展项目中的适用范围和实际效果发挥。

（三）社会性别与发展（Gender and Development，GAD）

到20世纪80年代后半期，大多数发展理论家、政策制定者、国际捐赠机构等开始关注社会结构和社会关系，把性别的生产与再生产制度视为妇女受压迫的基础，对不同社会中男女两性性别角色的刻板印象提出质疑，而"社会性别与发展"范式就是在这样的背景下出台的，发展领域的工作重点由过去注重妇女的福利转变到关注两性权力关系，并寻求社会结构的变革方面。

---

❶ Lourdes Beneria and Gita Sen（1981）. Accumulation, Reproduction, and Women's Role in Economic Development：Boserup Revisited. Signs. Vol. 7, No. 2.

❷ Gita Sen and Caren Grown（1987）. Development, Crises and Alternative Visions：Third World Women's Perspectives, New York：Monthly Review Press. p. 82.

"社会性别与发展"范式澄清了发展领域中的一些误区和盲点❶：首先，妇女并未在发展过程中"缺席"，只不过她们融入发展的方式有别于男性；其次，妇女并不是一个同质性范畴，她们因阶级、种族、肤色和族裔等而被分割成不同的群体；再次，两性生活的全部内容都将作为发展的分析对象，避免只从妇女的生产与再生产来思考妇女的生活和地位，尤其是为妇女特别设立的项目有时会招致男性的不满乃至引发两性之间的社会冲突；最后，妇女并不是完全被动的牺牲品，而是社会发展和社会变迁中的能动性主体，通过改善妇女在经济、政治、教育和保健等方面的状况，能够提升妇女的社会地位。

"社会性别与发展"范式将解决妇女问题的途径从政治、法律等角度引入到影响发展中国家发展的战略当中，通过探究妇女从属于男性的社会关系与作用机制，将性别制度同家庭、社区、市场及国家等其他制度联系起来进行社会性别分析，审视发展进程中的性别关系，并着眼于改变妇女与男性在家庭内和社会上的不平等权力关系。此外，"社会性别与发展"范式还特别强调国家在实现性别平等中的关键性作用，也就是说，鉴于国家在多数国家都具有劳动力雇佣者（通常是最大的）和教育、保健、培训等社会资本分配者的双重角色，国家有义务承担起社会再生产的责任，而不再把人口再生产看作是妇女及其家庭的私人事务，应该为民众提供必要的社会福利和社会照料。

（四）妇女、环境与发展（Women, Environment and Development, WED）

20世纪70年代以来，在对西方国家以工业增长为主导的发展模式进行批判的背景下，"妇女、环境与发展"范式应运而生；在1992年联合国环境与发展大会之后，伴随着人们对日益严重的环境危机的警醒以及如何实现可持续发展的思考，这一范式增加了可持续发展内容，转变为"妇女、环境与可持续发展"。

1973年，由于石油生产国引发的石油危机以及萨赫勒干旱造成的大范围影响，工业化国家开始清楚地认识到它们可获得的能源资源其实是十分有限

---

❶ John Martinussen (1997). State, Society and Market: A Guide to Competing Theories of Development, London: Zed Books. pp. 307 – 308.

的，西方发展计划者开始认真考虑能否制订一个更系统的全球能源计划，尤其是针对木材燃料的供应，因为在当时来讲，木材是未来10年多数南方国家的唯一能源来源。为对付木材资源日益短缺的趋势，发展计划者制订了一个双重战略，在引进节柴炉具以减少消耗的同时开展大规模的绿化造林以增加木材供应。在这一战略中，由于妇女在地方和家庭经济中特有的生产者与再生产角色而深受其害，如由于环境的退化，妇女不得不到更远的地方去寻找水、燃料和饲料，她们被看作是环境危机的主要受害者。妇女在享有和控制资源方面的不利地位也限制了她们发挥自己的能力，特别是最贫穷的妇女、没有土地的家庭和以妇女为主要供养人的女户主家庭，这些妇女与家庭往往特别依赖森林和牧场这样的公共土地，而她们对这些资源并没有控制权，面对上述土地的退化与被破坏既忧心如焚，又无能为力。

与全球性的环境保护运动同步的是，印度妇女以抱住树木的方式，来阻止树木被砍伐，从而掀起了一场全国性的抱树运动。1973年4月，由于印度喜马拉雅山区原始森林被大量砍伐，使得当地妇女依赖原始森林的生计被剥夺，印度妇女承袭圣雄甘地的非暴力运动方式，由村民抱住大树来阻拦商业承包人的砍伐行为。抱树运动成功地向政府索赔到村民所受到的损失，并且得到政府承诺在15年内禁止砍伐该地区林木。到20世纪80年代，抱树运动已经发展成了上百个村民自治的基层社会网络，成功地保护了喜马拉雅山区周围5000平方千米的森林。

从20世纪80年代初期至中期，"妇女、环境与发展"范式正式为发展机构所采纳，如1984年，联合国环境计划署制订了一个大范围的计划以扩大妇女参与环境管理，西方更多的女林学家、农学家和水利管理专家被任命在一些国际援助的发展项目中任职，同时一些南方国家受过教育的城市妇女也有机会担任相关的专业工作。在1985年内罗毕会议之后，"妇女、环境与发展"范式被进一步的制度化，如1986年，联合国妇女发展秘书处指定联合国环境计划署为有关妇女与环境问题的主导机构；许多发展机构和非政府发展组织开始关注南方国家的妇女问题，并开始启动一些环境领域的妇女项目。

随着这一范式影响力的不断扩大，妇女在保护生物多样性中的作用也愈来愈得到重视，发展中国家贫穷妇女的受害者形象开始转变，而在有关可持续发展的新论辩中，妇女开始被推举为应付环境危机的当然人选。如 1991 年，在美国迈阿密成功地举行了两次全球性的妇女会议。第一个主题是"妇女与环境：生活中的伙伴"。与会妇女认为造成环境恶化的主要原因是工业与军事的污染，有毒废料和现存经济体系对人力与资源的不合理利用，要求制订以妇女为中心的、妇女管理的全面的卫生保健和生育计划，通过提高妇女的卫生、教育水准和社会、经济地位来阻止环境的恶化。第二个主题是"为了一个健康的星球"，来自 83 个国家的 1500 名妇女出席了这次大会，从妇女的观点出发，制定了在 21 世纪建设一个健康的星球而进行宣传和行动的计划，"妇女 21 世纪行动议程"就是这一会议的产物。

经过 30 多年实践，"妇女、环境与发展"范式已经从一个单纯与第三世界贫穷妇女有关的发展问题，成为全世界妇女所关心的共同论题。也就是说，妇女根据自身的经历来观察全世界所面临的环境危机与发展偏差，并对与此有关的经济理论问题和人口问题提出自己独到的见解，从而有助于全面理解人类的可持续发展方式。

第二节　社会性别分析方法与工具

一般来说，研究方法包括两个层面的含义，一个是方法论层面，也就是指导研究的理论体系，涉及研究的理论假设等，另一个是具体的研究方法层面，涉及研究的计划、策略、手段、工具和步骤等，社会性别分析方法也包括方法论基础与分析框架等内容。

一、社会性别分析的方法论基础

社会性别（Gender）原是语言学上表示阴阳的名词，20 世纪 70 年代之后，被女权主义者援用来区别生理性别（Sex）。最早发现性别的文化构成差异的是米德（Margaret Mead），米德在对三个原始部落的三种不同性别模式进行研究后，在其著作《三个原始部落的性别与气质》（1935）中第一次揭示了性别的文化构成，提出两性的差异不是生物性的，而是社会性的结论。1972 年，

奥克莉（Ann Oakley）在《性别、性属与社会》一书中把生理性别与社会性别区分为两个不同的概念。1975 年，卢宾（Gayle Rubin）在《女人交易——性政治经济学笔记》一文中提出性/社会性别制度概念，认为社会性别制度不是隶属于经济制度，而是与经济政治制度密切相关的，有自身动机机制的一种人类社会制度。1988 年，斯科特（Joan Scott）在《社会性别：一个有效的历史分析范畴》一文中对社会性别进行定义，即"组成以性别差异为基础的社会关系的成分，性别是区分权力关系的基本方式"❶，此后的女性研究开始脱离男女二元对立的思维模式，走向对性别关系和权力关系的探讨，即重新审视社会性别同家庭制度、劳动分工、风俗习惯以及民族国家之间错综复杂的关系。

（一）作为一种分析范畴的社会性别

作为社会分层中的一个最基本概念，社会性别与种族和阶级一样代表着一种最根本的权力关系，是阐释和分析社会现象的重要工具。20 世纪 90 年代以来，社会性别已成为社会科学研究包括发展领域中的基本概念，"（今天）任何评论者要对一篇文章提出全面的评论，都必须考虑到社会性别；同样，社会科学研究也必须思考社会性别怎样形成和影响了研究者所使用的数据材料"❷。

社会性别指的是社会形成的两性分工、社会习得的行为模式及对两性角色的期望与规范。由于男女两性在生理方面的差异，所有文化都基于这种生理差异而阐发出一系列的社会期望，比如哪些是适当的行为和活动，哪些是两性各自具有的权利、资源。与阶级/阶层、族群/种族概念一样，社会性别作为一个社会范畴大致奠定了一个人在生活中的机遇，影响其对经济、政治以及其他社会生活的参与。两性在经济、政治、教育、健康等社会方面的差异，与阶级、民族等诸种关系交叉重叠而长期不为人们所重视。如经济领域中的劳动分工使得妇女长期被束缚在家庭领域内，从事无偿的家务劳动，而女性在生产和再生产劳动中的贡献，一直被当作是父权制的附属品而难以得到公允的评价，形成两性在经济生活参与方面的明显差距，而这一切又从文化上强化了女性在智力

---

❶ 李银河主编：《妇女：最漫长的革命——当代西方女权主义理论精选》，北京：生活·读书·新知三联书店，1997 年，第 168 页。

❷ Carol Christ（1999）. The Amercian Universities and Women's Studies, in Women：Images and Realities, eds. by Amy Kesselman. Mayfield Publishing Company. p. 33.

和体力方面的劣势，成为巩固父权制统治的借口。

实际上，在不同的社会文化背景下，社会性别经常与族裔、种姓、阶级、民族、年龄和残疾状况等其他分层因素相互联系和交织在一起，它们环环相扣，构成并延续了在地方和全球体系中强大的统治网，并且不断地重新构造统治网和等级制，塑造了社会生活和社会关系的组织、意义、制度安排，以及不同层面上男性和女性的生活经历。

（二）社会性别分析法（Methodology for Gender – Based Analysis）

社会性别分析主要指的是一种以社会性别为视角，对两性的性别角色和性别关系进行分析的方法。社会性别分析把两性关系作为最基本的社会关系，因为从分析两性关系入手可以发现社会关系和社会制度的根源和本质，从而将社会性别理论变成强有力的政治、经济和社会文化的分析工具。

妇女在社会生活各个方面与男性不平等的现象存在已久，但社会性别分析法直到20世纪末才备受关注，特别是在第四次世界妇女大会的《北京行动纲领》中，重申在每一个重大关切领域中都要进行社会性别分析，"支持或加强促进两性平等和提高妇女地位的政策措施取得成功，则应在有关社会所有领域的一般政策中纳入性别观点，执行积极的措施，并在所有各级获得适当的体制和财政支持"❶。社会性别分析法要求考察女性与男性面对的不同的社会现实、生活期望和经济环境等，认识到一些妇女可能因性别因素而受到歧视，注意到法律以及社会公共政策对女性和男性的不同影响，从而分析法律和政策可能给女性带来的影响，特别是负面影响。

社会性别分析的独特之处在于从两性的角度看待社会性别关系是怎样在历史中被不断叙述和塑造的。也就是将两性问题和两性关系放到男女两性共同塑造的社会角色和权力结构中去理解，而不是将妇女孤立地割裂开来，因为在社会性别制度和性别结构中，不仅包括男女两性之间不平等的权利关系，同时也有对男女两性发展的不同限制和制约。因此，在涉及发展的决策、战略规划和预算中，不能把女性问题与男性问题截然分开，因为不论在公共领域还是在私人领域中，男性的生活与女性的生活是密切地联系在一起的，没有男性的参

---

❶ http：//www. wsic. ac. cn/international women movement literature/55343. htm.

与，要充分认识并有效改变妇女的屈从地位是不可能的。

社会性别分析就是要涵盖两性的角色、地位、需求以及相互的关系，将妇女问题纳入社会性别进行分析，因此它也经常被运用于发展领域。在发展领域中关注性别平等已成为一种很普遍的现象，可以把它作为历史记录的一个主题，这些记录经常描述发展政策和计划经历了从福利模式到注重公平，进而重视效率，最后以妇女的自我赋权为目标的一个演变过程。

二、社会性别分析框架

2004 年，英国乐施会出版的《社会性别分析框架指南》就是一套将社会性别视角纳入发展实践的操作工具，其中包括六个最负盛名的社会性别分析框架，如"哈佛框架""摩塞框架""朗维框架""以人为本的计划""妇女赋权框架""社会关系分析法"等。具体而言，它们大致可分为社会性别角色分析、社会性别关系和赋权关系三种类型。

（一）社会性别角色分析框架

社会性别角色分析就是比较两性在社会中充当的不同角色，认识他们之间从事的不同的活动以及各自不同的需求，其主要包括哈佛框架和摩塞框架。

1. 哈佛框架

1985 年，哈佛框架是由美国哈佛国际发展学院的研究人员与美国国际开发署（United States Agency for International Development，USAID）和妇女参与发展办公室合作开发而成的，由于当时正在推行将妇女纳入发展的效率模式，因此，哈佛框架受到发展领域的重视和欢迎。

哈佛框架是基于从微观层面（即社区和家庭）收集材料而开发出来的图表或模型。它的设计初衷是通过列出男女两性在社区中所从事的工作和所拥有的资源，来说明将资源分配给女性或者分配给男性都是有经济依据的，目的在于帮助计划人员设计更高效的项目并且提高总体生产率。

哈佛框架由四个主要部分组成。第一，活动图表。这个工具列出了所有的生产和再生产任务，并回答了"谁做什么"的问题。比如说需要收集性别、年龄、时间分配和活动地点等信息。第二，使用和支配图表——资源和收益。使用者要列出人们使用何种资源来完成活动图表中所列出的任务。比如说是女人还是男人有机会获得资源、谁支配资源的用途，谁控制一个家庭（或社区）从资源中获得收益。第三，影响因素。列出影响两性在劳动分工、使用和支配资源方面的差异因素，确定社会规范、文化习惯和宗教信仰等因素对妇女在发展项目和活动中的参与提供的什么样的机会或者限制。第四，周期分析一览表。运用按性别划分收集的数据，去审视一个项目的建议或者干预的领域，目的在于显示社会变化对男女的不同影响。

当然，哈佛框架最大的缺陷在于它是以一种静止的观点看待社区，没有考虑到随着时间的推移，外部和内部的因素可能会影响到同一个社区的性别关系。

2. 摩塞框架

在 20 世纪 80 年代，摩塞在英国伦敦大学的发展计划部参与设计一个有关社会性别的政策和计划方式。1986 年，当摩塞离开发展计划部后，发展计划部的社会性别政策及计划部研究并开发出一种方法——摩塞框架，它主要是用来帮助使用者运用发展战略，将社会性别列入各类干预措施中，挑战组织、社区及机构中的权力关系，现在该模型已被发展组织在多个发展项目中加以运用。

摩塞框架的中心内容包括五个层面。第一，识别和认定社会性别角色/三重角色。通过谁做什么的问题来描绘基于社会性别的劳动分工，如再生产、生产及社区管理活动。男人、女人、男孩和女孩都可能在某种程度上从事这三个领域的工作，但男人从事再生产工作的情况却少得多。在许多社会里，妇女和女孩在承担了很多生产性工作的同时，还承担着几乎所有的再生产工作。第二，社会性别需要评估。实用性社会性别需要包括水的供应、保健、挣钱养家的机会、住房及基本服务的提供、食物的分配等，这通常与生活条件的匮乏相联系。满足实用性社会性别需要不会对现存的性别分工或者妇女在社会中的从属地位构成威胁，虽然那些才是妇女实用性社会性别需要产生的原因，如基于社会性别的劳动分工等；家务劳动和照顾孩子的负担；各种制度化的歧视，比如偏袒男子的法律条文及法律制度；生育保健，以及限制妇女的生育选择权；男性的暴力措施等。战略性社会性别需要就是基于妇女在社会中所处的从属地位而提出的，目的在于改变存在于两性之间的权力不平等关系。它们与性别分

工、权力与控制有关，涉及的问题可以包括法律权力、家庭暴力、平等工资及妇女对自己身体的支配权等方面。第三，家庭内部对资源的支配及决策分析。谁支配什么？谁决定什么？怎样支配及怎样决定？如将家庭内部对资源的分配与决定如何分配的协调过程联系起来，在家里谁支配什么资源，谁拥有什么样的决策权？第四，平衡三重角色的计划。提醒使用者注意一个计划中的项目会不会加重妇女在某一角色上的负担并因此损害她们的其他角色。如果妇女必须平衡来自生产、再生产及社区责任三方面的不同要求，这些角色的需要会影响着妇女在其他角色中的参与，并限制女性参与某些活动，尤其是当参与某些活动会大量增加她们在某一特定角色中所需花费的时间。第五，区别不同的干预项目的目的。用来考察现在的项目、方案或政策的模式，帮助机构人员为将来的工作选择最为合适的方式。

摩塞框架的局限性在于三重角色的概念并未完全捕捉到男女之间的权力平衡关系，忽视了男性同样是受到社会性别规范的群体；强调男女各自进行的活动而不是关注两性之间的关系，没有突出其他形式的不平等；更重要的一点是实用性与战略性社会性别需要的划分缺乏充分的依据等。

国内学者运用摩塞框架分析了北京打工妹之家项目的运作❶，对打工妹进行社会性别需要评估，以讲座（婚恋、法律、人生等）、联欢活动、文化补习班以及小额贷款等形式在一定程度上满足了她们大部分的实用性和战略性社会性别需要，并借助《农家女百事通》杂志（"打工妹之家"栏目）以及其他一些媒体广泛宣传这一群体的实际情况，让大家了解并理解打工妹，进而关心帮助她们，如与各级妇联和其他妇女组织（如妇女法律服务中心）合作，帮助打工妹群体争取自己的权益和人身自由等。

（二）社会性别关系分析框架

社会性别关系分析旨在分析两性在资源、责任和权力分配方面存在的性别不平等，包括人与人之间、人与资源和各种活动之间的关系。由于社会关系是每个人在社会结构和等级制度内分配到的一个位置，决定着群体和个人能够获

---

❶ 龚燕灵：《运用摩塞框架的本地个案分析——北京"打工妹之家"项目》。参见坎迪达·马奇等：《社会性别分析框架指南》，社会性别意识资源小组译，香港：香港乐施会，2000年，第163～168页。

得的有形和无形资源，制造着错综复杂的不平等，社会关系分析实质上是一种制度分析，包括社会关系分析框架和社会性别分析框架。

1. 社会关系分析框架

1994 年，该分析框架是英国萨塞克斯大学发展研究所的卡比尔（Naila Kabeer）等人合作创立的，后来被许多国家的政府部门和非政府组织在发展项目中加以运用。卡比尔注意到以性别角色为中心的分析法"肢解社会性别关系"的缺陷，因此主张采用接近于生活世界的"表现所有组成部分如何相互联系地运作"方式，来形成"一幅男女之间种种冲突和合作的画面"❶。

社会性别关系分析框架包括以下四个方面的内容。第一，发展即为人类谋取更多的福利，而不仅仅是经济增长或生产力的提高。人类的福利关系到人的生存、安全和自主能力的所有方面，其中自主是指有能力全面地参与那些影响个人的选择和生活机会的个人或集体决定。因此，不应只从效率方面对发展干预进行评估，还应该考虑一个项目在争取人的生存、安全和尊严这些更为宽广的目标方面的表现。第二，社会关系。卡比尔用社会关系这一概念来描述各种结构性关系，这些关系给不同群体定位，并制造和再现制度化的差异，这些关系决定我们是谁，我们的角色和责任是什么，我们能提出什么样的权利要求，这些关系还决定我们的权利以及我们对自己生活和他人生活的控制程度。社会关系还决定群体和个人能够获得的有形和无形资源。贫穷源于人与人之间不平等的社会关系，而这一关系又决定了人与资源、权利要求和责任的不平等关系。特别是贫困妇女经常被排斥在正规的资源分配外，因而她们不得不依靠其他资源作为生存策略的要素。第三，制度分析。性别不平等背后的深层原因并不局限于家庭，它往往在各种制度中被再生产出来。这些制度包括国际社会、国家和市场，为了达到特定的社会或经济目标而制定的各种规则的框架。这些制度确保社会关系的产生、巩固和再生产，从而制造并维持了社会差异和社会不平等。第四，制度化的社会性别政策。包括社会性别盲点政策、具有社会性别意识的政策、社会性别中立政策和社会性别再分配政策等。

社会关系分析框架的局限性在于强调体制结构而不是个人的能动性，如对

---

❶ 坎迪达·马奇等：《社会性别分析框架指南》，社会性别意识资源小组译，香港：香港乐施会，2000 年，第 24 页。

妇女的关注可能被纳入对互动交叠的种种不平等现象的研究之中，从而令政治行动更难展开。此外，该框架的错综复杂程度也令许多行动者望而却步。

2. 社会性别分析框架

1993 年，帕克（Rani Parker）在为英国救助儿童基金会工作时设计了社会性别分析框架，并在为救世军世界服务办公室工作期间将这一框架写成了文字。社会性别分析框架旨在通过提供以社区为基础的技巧来识别和分析社会性别差异，从而分析判断发展干预对女人和男人的不同影响；并且鼓励社区成员自己来进行分析，让他们识别并建设性地挑战自身的社会性别观念。

社会性别分析框架的设计是基于以下假设：所有进行社会性别分析所需的知识存在于人们之中，他们的生活是分析的对象；社会性别分析不需要来自社区外的技术专家，他们的角色只是做协作者；只有接受社会性别分析的人们自己进行分析，才能最终影响他们自己的社会性别观念并达到改造的目的。具体说来，社会性别分析框架包括以下两个方面。第一，在社会的四个层面进行分析发展干预的影响，即女人、男人、家庭和社区。第二，观察以下四个方面的影响，即劳动、时间、资源（包括资源使用和支配）以及社会文化因素。

社会性别分析框架主要是作为一种参与式计划工具，是为进行社区层面的计划、设计、监督和评估而设计的，适用于指向改革的社会性别培训，还有就是为特定目的而设计的培训手册。它的局限性表现为以下几个方面，如需要出色的协作者，因为每个范畴涉及多个方面，有些因素可能会被遗漏；为了考虑随时间推移所发生的变化，需要小心重复地分析过程；未识别社区最脆弱的成员；且也不包括对宏观制度进行分析等。

（三）妇女赋权框架

1991 年，在非洲赞比亚卢萨卡市工作的社会性别和发展顾问朗维（Sarah Longwe）在《社会性别意识，第三世界发展项目中缺乏的要素》一书中，详细阐述了后来被称为"朗维框架"的内容。该框架在于帮助计划人员探究妇女赋权与平等在实践中的意义，从而批判性地评估发展项目在何种程度上支持妇女的赋权。朗维认为，妇女赋权就是使女人获得与男人同等的地位，平等参与发展过程，从而与男人在平等基础上控制各种生产条件。朗维感到很多分析只是关注经济、社会等传统部门，只考察单个领域如健康、教育中的性别平等，而忽略了发展过程中的平等问题，没有看到不同层面的平等问题。在朗维框架中，发展意味着让人们主宰自身的生活，摆脱贫困，而导致贫困的根源不是生产力不足，而是压迫和剥削原因。

具体而言，朗维框架主要包括两个主要内容。第一，赋权概念可用来评估推行特定的、促进平等的发展项目的可能性。如两性在资源支配、参与、觉悟、资源使用、福利（或者公平在增进，以及赋权的情况在加强等）五个不同层面是否平等。与注重较低层面的平等相比，注重较高层面平等的发展项目更有可能使干预措施有利于妇女赋权。如果发展项目仅仅着眼于福利层面，那么妇女很可能会发现这些项目无助于妇女赋权。第二，确认妇女问题的层面。朗维认为，评估发展项目针对妇女赋权的层面固然很重要，但鉴定项目目标与妇女发展的相关程度以及妇女问题是否得到确认也很重要。朗维对妇女问题的认定非常具体，包括所有涉及妇女社会或经济角色的平等以及两性在所有层面（福利、资源使用、觉悟、参与、资源支配）的平等问题。朗维指出对妇女问题的三个不同层面的认同：消极层面（项目目标没有提及妇女问题）、中立层面（项目目标识别出妇女问题，但是其关注点在于保证发展干预不会使妇女的状况进一步恶化）和积极层面（项目目标十分关注妇女问题，并着手提高妇女相对于男人的不利地位）。

朗维框架适用于发展项目的计划、监督和评估，可以帮助使用者了解某一个发展项目是否具备带来改革的潜力。局限性则在于它不是一个完整的框架，而且将不同层面作等级的划分有可能会让使用者产生赋权是线形发展的误解，特别是不能确认不同资源的相对重要性等。

从智利渔港的故事●中可以看到赋权妇女实际上是一个过程，而不是给予对象一件东西。也就是说，发展的宗旨是将关注妇女的福祉转化为凸显妇女的能动性和赋权妇女。赋权的过程是使妇女个体和群体的潜能和影响都能得到发掘、发展和发扬，如有的妇女从借小额贷款给家里挣钱开始到组织妇女合作社；有的则从摆脱性暴力重建生活开始，发展到动员更多的人防止性别暴力；还有的妇女是从被动当选开始，到主动发挥参政职能成为妇女们的代言人等。

● 坎迪达·马奇等：《社会性别分析框架指南》，社会性别意识资源小组译，北京：社会科学文献出版社，2004年，第134～138页。

三、基于赋权出发的参与式方法

赋权（Empower）概念的演化经历了一个复杂的过程。英国国际发展部（Department for International Development，DFID）认为，赋权是指"人们获得权力自由思考和行动、实践选择以及享有作为社会成员的全部平等权利"[1]。也就是说，赋权妇女是指以自上而下方式提高妇女个体或群体的意识并增强其挑战从属地位的能力，来改变社会性别权力关系的过程，主要活动包括增强弱势妇女获取知识、资源、网络及决策的机会，以便使她们能够控制自己的生活，自主决策与资源控制。在联合国出版的《妇女和赋权：参与和决策》[2]中，"赋权妇女指的是一种建立关于妇女状况、歧视以及权力和机会的意识；增强能力和发展技能；扩大参与和采取行动等相关因素的持续过程"。赋权妇女之所以与参与式联系在一起，就在于后者是一种挑战"以男性的权力、问题和经验为中心"[3]思考问题的方法。

（一）参与式方法（Participatory）的发展历程

从20世纪90年代以来，发展的话语经历了重大变化，参与式方法已成为诸如世界银行等国际组织承认的正统理论，这些组织要求自己的发展项目、研究和评估都要运用参与式方法，从而使得有关参与式方法的培训指南、手册和课程出现爆发性增长。

当然，参与式方法并非始于20世纪90年代。50年代的维柯斯项目和福克斯项目都是一种由外部机构发起，移交地方管理的社区治理模式，而这些由外界强加并由专家主导的研究和规划项目最终都遭受挫折，原因之一就是这些项目并没有征询当地人的看法。也就是说，当地人认为什么是最急切需要解决的问题以及他们拥有什么样的技巧都没有在考虑之列，这种状况使得后来的项目计划者重新考虑要用什么样的方法来收集数据、规划项目并且保证项目实施的后续效果等问题。

---

[1] Development in Practice，Volume 17，Number 4－5，August 2007. DFID 2000. p. 11.

[2] 冯媛：《赋权：让女性平等地支配与决策》，《中国妇女报》，2010年3月11日。

[3] 伊琳·吉特：《社区的迷思——参与式发展中的社会性别问题》，社会性别窗口小组译，北京：社会科学文献出版社，2004年，第6页。

20 世纪 60 年代前后，"给那些无声的人有说话的权利"和社会变革的想法逐渐汇聚成为一股驱动力，就为发展过程中的赋权确定了基本原则，即把个人和政治两个方面结合在一起，以恢复人的自尊和能动作用为目标，向社会不平等提出挑战，因此它本身具有鲜明的政治色彩，如"本地人不只是研究的对象，而且应是研究工作的各个阶段的参加者，从而成为自己的信息的生产者和主人"❶。也就是说，对于发展项目的目标人群来说，优先考虑的并且有用的是他们自己而不是其他任何局外人，包括各类专家等。于是，项目实施国的政府和非政府机构都着手创建更多的项目来"帮助扩大传统中未得到承认的声音"，这些项目常常明确提出其宗旨是要把对自然和社会资源的一部分控制权转交给那些从前没有控制权的人群，并提供方法和策略来增加社区内部对自身发展的决策能力。

到了 20 世纪 80 年代中期，在基层社区和非政府组织中出现了更多致力于探索非外来者导向的方法，新的研究方法和规划被不断运用于各种尝试当中，这些新方法跟先前确定的方法和原则结合起来，形成了"令人眼花缭乱的各种方法和称号缩写"❷，其核心是尊重理解当地人或当地的知识，以抗衡外来者或西方科学知识的霸权地位。

到了 20 世纪 90 年代初期，参与式方法引发了全球的广泛兴趣，成为良好或可持续发展的代名词，各类资助机构也开始把是否使用参与式方法作为拨款的条件。由于社会性别专家的不断参与和在参与式发展中融入赋权思想，让人们有能力去认识自身的真实处境，使他们能思考形成这种境况的因素，而且更关键的是，使他们能作出决策和采取行动来改善自己的处境，其最终目的是实现更公平和更持续的发展，因此，赋权的过程必须包括引导个人和群体认识到他们拥有决策的能力。

非洲津巴布韦媒体妇女协会的"通过广播发展计划"就是一个以参与式方法为乡村居民提供收听国家广播的项目❸。首先，该妇女协会在社区层面成

---

❶ 马元曦等主编：《社会性别与发展译文集》，北京：生活·读书·新知三联书店，2000 年，第 147 页。

❷ 马元曦等主编：《社会性别与发展译文集》，北京：生活·读书·新知三联书店，2000 年，第 135～136 页。

❸ ［英］安娜贝尔·斯莱伯尼：《性别、赋权和沟通：回顾与展望》，朱世达译，《国际社会科学杂志（中文版）》，2006 年第 2 期。

立以妇女为主体的听广播俱乐部，她们每星期听半小时的录音带，内容是关于妇女所面临的问题，从土地占有到决策以及资源分配的不平等现状，录音带是由广播员从所有俱乐部提供的录音带中编辑而成的，俱乐部随即录下妇女们听广播后的谈话内容；其次，妇女协会考虑到要通过其他渠道获取资源，比如说邀请相关的政府部长、商人或捐款机构的代表来回答妇女们所提出的问题。通过这种方法，该国建立了40多个妇女俱乐部，其做法延伸到成立类似的男子或者成人俱乐部。这是以发展为目的并基于当地条件和需求的项目，最终成为津巴布韦广播公司全民教育和发展频道日常节目的一部分。

（二）名目繁多的参与式方法

在20世纪90年代以前，发展被简单地看成基础设施、重大工程的开工和落成或自然资源的开发，意味着国内生产总值的增长，而社区群众，只是被当作人力资源或者是发展的受益者，并没有机会自下而上地参与发展计划制订、实施、监测和评估的全过程。

随着发展机构与社区发展项目数量的快速增长，各类基层发展机构对参与式方法的表述也日趋多样化，而参与式方法的传播过程就是一个不断创新的过程，具体的参与式方法如表1.1所示。

表1.1　20世纪80年代至90年代的一些参与式方法（以字母为序）

英文简称	英文全称	中文译名
AEA	Agroecosystems Analysis	农业生态系统分析法
BA	Beneficiary Assessment	受益评估法
DELTA	Development Education and Leadership Team in Action	发展教育和领导能力工作队在行动
D and D	Diagnosis and Design	诊断与设计法
DRP	Diagnostico Rural Participation	乡村参与者诊断法
FPR	Farmer Participatory Research	农民参与研究法
FSR	Farming Systems Research	农业系统研究法
GRAAP	Group Research Promotion	小组研究改进法
MARP	Accele Participatory Research	加速参与研究的方法
PALM	Participatory Analysis and Learning Methods	参与分析与参与学习的方法
PAR	Participatory Action Research	参与行动研究法

英文简称	英文全称	中文译名
PD	Process Documentation	文件编制程序
PRA	Participatory Rural Appraisal	参与乡村鉴定法
PRAP	Participatory Rural Appraisal and Planning	参与乡村鉴定法和计划法
PRM	Participatory Research Methods	参与研究法
PTD	Participatory Technology Development	参与技术发展法
RA	Rapid Appraisal	快速鉴定法
RAAKS	Rapid Assessment Agricultural Knowledge Systems	农业知识系统快速评估法
RAP	Rapid Assessment Procedures	快速评估步骤
RAT	Rapid Assessment Techniques	快速评估技术
RCA	Rapid Catchment Analysis	快速集聚分析
REA	Rapid Ethnographic Assessment	人种志快速评估法
RFSA	Rapid Food Security Assessment	快速粮食保证评估法
RMA	Rapid Multi – Perspective Appraisal	快速多方面鉴定法
ROA	Rapid Organizational Assessment	快速组织评估法
RRA	Rapid Rural Appraisal	快速农村鉴定法
JT	Joint Trek	联合拉车法
TFD	Theater for Development	发展的剧院
TFT	Training for Transformation	改革培训法

资料来源：马元曦主编：《社会性别与发展译文集》，北京：生活·读书·新知三联书店，2000年，第135~136页。

其实参与式方法在运用中，一直贯穿着两个基本原则，即吸纳目标人群参与调查并保留其参加后续行动的权利。也就是说，男性和女性应该为自身发展付出行动，他们自己可以作出最好的分析和评估自身的情况，因为它使得穷人成为行动者，而不仅仅是被动地接受政府的慷慨援助或非政府组织的关注。对新古典经济学的理论而言，它知道能提供什么样的东西来满足穷人的要求，但是穷人最知道他们自己需求什么，以及哪些资源和服务是可以获得的。参与式方法提供一个他们可以使用的数据收集和分析的工具，具体工具包括焦点小组讨论、关键人物访谈、参与观察以及各种形象化的表达手段，如季节性日程

表、趋势分析图、排序图和社区图等，通过以上方法使得当地人民自身积累并评价构成发展计划中心环节的信息。

（三）世界银行运用参与式方法的案例

从 20 世纪 90 年代开始，世界银行要求所有借款国家必须进行贫困评估。评估内容包括贫困的大致状况；政府关于贫困政策的评价；对有关公共支出、机构和保障体系的分析；减贫战略的筹划等。1993 年，世界银行正式使用参与乡村鉴定法（Participatory Rural Research，PRA）实施贫困评估。在 1994 年，世界银行国家层面的贫困评估报告只有 1/5 是结合了 PPA 资料作出的，而到了 1995 年，1/3 的贫困评估报告利用了 PRA 资料，而在 1996—1998 年所有世界银行贫困评估报告中有一半是 PRA 资料。其中最为著名的就是以"穷人的呼声"为名的系列丛书❶，它是为以贫困和发展为主题的《2000—2001 年世界发展报告》而作的，以前所未有的努力汇集了来自 60 个国家的 6 万多名贫困人口的观点、经历和渴望。

国际组织认为穷人的状况是与教育水平低、卫生条件差、缺乏能力和社会普遍脆弱联结在一起，20 世纪 90 年代末，世界银行的"穷人的呼声"项目采用 PRA 方法在 60 多个国家超过 6 万名的男性和妇女中收集他们的观点和经历，以了解他们对于自身状况的看法，所做的一切是为了向贫困发动全面进攻，使公正得到多方面的体现。一般说来，调查时间为 10 天 ~ 8 个月（大部分为 2 ~ 4 个月），样本大小为 10 ~ 100 个社区，每个 PPA 的成本在 4000 ~ 150 000 美元，通常由某一国的学术机构或者非政府组织实施，并由世界银行的专家承担顾问与咨询工作。

对目标人群来说，PRA 方法旨在赋权给弱势群体——妇女、少数民族、穷人、弱者、脆弱人群——并实现权力关系的转变，特别考虑到家庭和社区中权力分布的不均衡状况，把男性和妇女作为具有不同利益和经历的分析单位进

---

❶ 《世界银行发展丛书·穷人的呼声系列》包括三本书，涵盖了 6 万多穷人的经历以及世界银行"向贫困宣战"主题研究的成果。该系列三部曲丛书的第一本《谁倾听我们的声音》反映了世界银行参与式贫困评估项目中 50 个国家 4 万多穷人的呼声。第二本《呼唤变革》汇集了在 23 个国家进行的第二轮比较研究中收集的材料，反映了 1999 年在 23 个国家所做实地考察的 2 万多穷人的心声。第三本《在广袤的土地上》为贫困国家提供了地区发展模式和案例研究的成果。

行关注，从而有"启发男人和妇女之间，上层人物和穷人之间权力变迁过程的可能性"❶。项目的设计是把穷人视为真正的贫困问题专家，而反贫困战略的制订一定要基于贫困的男人、女人、儿童的经历以及他们的优先问题、观点和建议。也就是说，通过穷人自己的呼声来反映了他们生活的现实："穷人们如何看待贫困和幸福？他们的困难和最急迫的问题是什么？他们对于政府、市场和民间组织各项制度的体验是怎样的？家庭和社区内的性别关系如何？"❷对这些问题的答案非常重要，因为它们使得穷人成为行动者，而不仅仅是被动地接受政府的慷慨援助或者非政府组织的关注。

第三节　社会性别迷思与参与式的困境

在国际发展领域，社会性别、参与式和赋权等词汇无处不在，然而，围绕着它们的争论从来没有停止过，其实这也表明，人们已经对社会性别和参与式等概念的清晰表达表现出浓厚的兴趣。

一、社会性别迷思

在发展领域，从事性别与发展的项目宣传、规划、运作、管理和监测评估的专家们创造出了很多有关男性和女性行为、天性和禀赋的观点或模式，它们被统称为社会性别迷思，它们也许是变革过程中非常强大的工具，但是有时候也会带来风险和威胁，因此有必要重新审视和评估这些观点可能带来的影响，而要反思社会性别迷思就需要先从辨析社会性别概念入手。

（一）社会性别概念辨析

正如森（Gita Sen）指出的："在包罗万象的议题中，从宏观经济学到人权再到政治参与，妇女运动中的女权主义研究者和活动家已经成功地在演说和

---

❶　迪帕·纳拉扬等：《谁倾听我们的声音？》，付岩梅等译，北京：中国人民大学出版社，2001年，第16~17页。

❷　迪帕·纳拉扬等：《在广袤的土地上》，崔惠玲等译，北京：中国人民大学出版社，2004年，第4页。

实际的政策中带来了重要改变"❶，比如在发展领域中社会性别一词已经是无处不在。从普及观念的角度来说，这的确是一大胜利，然而词汇的使用频次和清晰度也很重要，频次标志着特定词语的优先使用和适用范围，关键词语的清晰度决定着政策是否以及如何被制订与执行。其实，社会性别一词在实际使用中已出现词义空洞化以及非政治化倾向，从而产生方向上的偏差问题。

1. 词义空洞引起的误解

在发展领域所有的词汇中，最令人困惑的或许就是"社会性别"这个词本身。尽管与社会性别相关联的术语随处可见，"社会性别的"或者"社会性别化"等，但是社会性别也在被随意和不恰当地滥用，却没有确切的含义，如"社会性别的发展""在社会性别基础上分类"和"做社会性别方面的工作"，显而易见，"社会性别……被普遍使用，而成为经常被误读的一个词汇"❷。

由于社会性别经常在许多不恰当的场合以不合时宜的方式出现，词汇里蕴含的细微的含义和具有争议性的思想常常被遗失，词汇产生混淆进而损害其所要表达的主旨。这种情况表明社会性别这个词汇正在逐渐地被侵蚀，从而衍生出许多理解上的歧义。"社会性别"一词本来指两性关系与两性结构，在发展领域引入社会性别范畴就是为了消除男性对项目的抵抗，因为女性状况与地位的改善离不开男性的支持与参与，但在许多发展项目中，它成了"女性"的代名词。性别研究很容易就变成女性的研究，其中既有具体项目参与者的直观感受"我们通常听协作者说着说着社会性别，但是实际上只关注妇女"；或者是学者的牢骚与抱怨："作为主流意识形态的性别意识，虽然强调的是'两性'，但其实屁股总坐在'女性'一边"❸。更大的争论还包括当英国乐施会试图将机构的重点从"社会性别主流化"转移到关注女性权利上时，这项工作遇到的最大挑战就是，批评者认为："这是'发展中的妇女（WID）'的倒退，

❶ Gite Sen（2006）. The Quest for Gender Equality, in P. Utting（ed.）Reclaiming Development Agendas: Knowledge, Power and International Policy Making. Basingstoke: Palgrave Macmillan and UN-RISD. p. 128.

❷ Janet Momsen（2004）. Gender and Development. London: Routledge. p. 2.

❸ 朱晓阳：《在参与式时代谈建构"性别主体"的困境》，《开放时代》，2005 年第 1 期。

也与'社会性别与发展（GAD）'不相关"，从而被指责为"我们正在忽视男性"❶，其实类似的讨论还在许多场合出现过。

然而这正是人们对社会性别一词的理解所产生的歧义，把社会性别理解为非男即女，而两性都可以成为社会性别关注的对象。用联合国在阐述社会性别主流化的话来说："主流化并非取代对目标具体、专门针对妇女的政策项目和具有积极意义的立法的需求；也不是废除对协调中心和妇女事务单位的需求。"❷也就是说，当男女有一方处在极其不利的位置时，主流化就会成为有性别区分的活动和平等权利行动。有性别区分的干预对象可以全部是女性，或男女都有，或全部是男性，使他们有能力参与发展活动，并从中获益。当然，这只是必要的临时措施，来消除过去性别歧视所带来的直接和间接的影响。也就是说，当女性处于不利位置时关注女性是无可厚非的，并非关注女性就是没有社会性别视角了，这本身就是社会性别主流化双头战略中的核心内涵之一。

2. 词义温和可能丧失政治性

斯密斯（Ines Smyth）认为社会性别一词的滥用，正好说明发展机构害怕使用女权主义的语言和思想，转而采用更安全和挑战性更小的表达方式。他认为，所有源自女权主义思想和实践的词汇已经在某种意义上丧失了自身的定位，从而导致大家使用社会性别的表达方式来作掩护，但是"由于'社会性别''主流化'及人权角色的不清晰，阻碍了两性平等目标的实现，用历史的眼光看，也导致了整个社会的性别不平等状况加剧"❸。也就是说，真正具体的女人和男人，全部都在"社会性别"这个温和的表达中消失了。正是通过社会性别这个中性词汇，社会性别的问题被"融化"到一般的不平等现象中去了，这样就很容易导致制度化进程的终止以及资源的进一步流失。

当然，社会性别的滥用或许是由于以下原因造成的——那些投身于女权主义工作的人分别在两个领域内工作：一个是女权主义运动，另一个是发展机构（包括非政府组织）。在发展机构内部"开展社会性别工作"往往会造成机构

---

❶ Ines Smyth. Discuss Gender：Text and Meaning in Development Agencies. Development in Practice. Volume 17，Number 4－5，August 2007.

❷ http：//www. un. org/chinese/esa/women/mainstreaming. htm.

❸ Ines Smyth. Discuss Gender：Text and Meaning in Development Agencies Development in Practice，Volume 17，Number 4－5，August 2007.

内部自身的争斗，因为女权主义式的词汇常常会引起负面的评价至少是尖锐的争论，人们转而使用"温和而可靠的"词汇，避而不用原本可以用女权主义式词汇清晰表达的意思，从而导致女权主义者针对某些字词出现明显的缄默。

社会性别在中国的传播也是如此，正如闵冬潮所表述的："把纷繁复杂的（复数）的女权主义理论简约化为可操作性的 Gender 理论，使 Gender 可以穿越不同女权主义理论所依附的意识形态元理论——如马克思主义、自由主义等——之间的分歧，而获得某种认同的基础。同时，也获得了一种清晰可辨的女权主义标准，赋予掌握 Gender 理论的人——被称为性别专家——某种知识权力。"❶

（二）发展领域的刻板印象（Stereotype）

女权主义者针对很多发展工作中性别角色的刻板印象，进行反刻板印象的创造工作，塑造了一系列传达某种特定信息的两性形象，如"男性酗酒，妇女诚实可靠；男性制造暴力，女性是受害者；男性比较懒惰，女性很勤劳等等"，这些统称为社会性别迷思的东西以特定的方式让人们了解女性和男性的所作所为，比如非洲妇女全权负责劳动生产，而懒惰的丈夫是靠妻子来养活的。发展人士希望能借此为妇女争取更多的资源，"我们比较能干，并且诚实可靠，请相信我们，给我们信贷吧！"

伊本（Rosalind Ibn）从个人的经历说明了社会性别迷思与发展政策思路之间的关系❷。从 1986 年至 2000 年，她本人供职于英国国际发展部，负责为国际发展部撰写五本小册子，描述英国政府在妇女和社会性别方面的政策立场和思路策略。如 1986 年，第一本小册子将妇女塑造成为纯粹的母亲的形象，强调妇女需要医疗志愿工作者的帮助，从而减少出生率；在 1989 年的版本中，妇女又被塑造成为发展的能动者；1992 年，妇女具有了生产、再生产和社区活动的三重角色；1995 年，妇女则被赋予了权利；2000 年，小册子的主题变成了妇女与贫困。也就是说，这五本小册子所塑造的妇女形象既体现了不同发展阶段的战略和重心，也与性别与发展领域中不同的政策模式和理论范式交相

---

❶ 闵冬潮：《Gender（社会性别）在中国的旅行片段》，《妇女研究论丛》，2003 年第 5 期。

❷ http：//genders. sysu. edu. cn/News/422 – Content – 422. html.

辉映。

当然，学术界和发展界已有人质疑这种基于良好动机出发的做法可能带来的偏差，也就是说反思社会性别迷思可能的后果。2003 年，温（Everjoice Win）在《既不贫困、无权也不是孕妇：那些在发展中被遗忘的非洲妇女》❶一文中，分析那种把不符合形象的非洲妇女排除在外的做法可能带来的后果。他说："我想让大家讨论到底发展中的妇女是什么样的？在我们书的封面上的妇女是谁？贫穷、懦弱、怀孕中的妇女、背着小孩或被小孩拽着的妇女、身负重担的妇女，为什么我们需要这种形象？为什么这种形象的妇女经久不衰？这种妇女形象已经主宰了发展中国家妇女的形象。是的，这些形象有利于募捐、使人们重视妇女的需求和权利。但是，代价是什么呢？当我们强调这种类型的妇女时，我们又忽视了哪些其他妇女呢？我们到底还需不需要这种形象？由于人们夸大了这些形象，使其成为了不容置疑的神话。"

类似的形象还包括"男性是暴力的肇事者而女性是受害者"，这些表述一方面可以让人们调动所需的各种资源，来反对基于性别的暴力，但是，这种刻板形象也许会起到相反的作用，如果说男性天生就鲁莽和性格暴躁，那么，作为女性就有责任在家庭矛盾激化时保持冷静，维护家庭的和谐，否则出现男性施暴的现象就是该女性咎由自取的结果，当然这一论断本身就是极其荒谬的。

二、参与式的困境

从 20 世纪 70 年代和 80 年代初开始，参与式已经成为一系列机构，从最小的非政府组织到世界银行都很熟悉的用语，它作为一种持续有效的方法已经在工作中得到正式承认。然而，正如科尔（Joanna Kerr）指出的："最近的几年中，一次可怕的社会性别疲劳症在政府部门和发展机构内部蔓延……可能其中的一种解释是对社会性别主流化概念的使用导致了人们对工具和方法的重视，而忽视了关注整个政治进程"❷，其实在发展领域当中，人们对参与式的种种质疑都是围绕着它究竟是一种方法还是它本身的目的就是赋权妇女而来

---

❶ Annalise Moser：《社会性别与指标综述报告》，2007 年 7 月。http：//www. bridge@ ids. ac. uk.

❷ Ines Smyth. Discuss Gender：Text and Meaning in Development Agencies Development in Practice. Volume 17，Number 4 - 5，August 2007.

的，这就是参与式的困境。

（一）泛泛而谈的参与式方法

20世纪90年代发展工作的特点可以用参与式、社会为本的行动和赋权等词来描述，在许多发展计划和项目中，参与式的定义十分含糊，特别是在实践中往往失去了它本身的意义，参与式成为泛泛之词，也就是说，任何参与式的做法都是好的，并无客观的取舍标准。一位萨尔瓦多政府高级官员这样说："如果我邀请30个非政府组织（Non-Governmental Organization，NGO）来帮我做决策，我将得到30种不同的建议和一场混战。"❶

在理论上说，赋予边缘人群权力的理想一直是许多发展项目的目标，通过参与式方式让那些在社会和经济生活中被边缘的人群获得技能和自信，能够分析自身的处境，参与制订跟他们生活有关的决策，最终实现社会的更公平和更可持续的发展。然而大多数研究表明很多参与式方法往往是把重点放在向社区做最低限度的咨询，如了解物资的匮乏，而不是寻找造成匮乏的原因，"参与式要达到目标，必须经过长久（挑战不平等）的过程，而不能只局限在搜集信息，记录图像和及时分析上"，如果是这样的话，将导致参与式"陷入为政治目的作出机械的决策"❷。

此外，对各种参与式培训手册和方法的狂热也使很多项目工作者和发展专家以为已成功地达成了社区的参与式发展，而没有意识到并非社区内的每个群体都有均等的机会接触参与式过程，往往是那些有权力，有能力公开发表见解的人的观点和需求更容易得到重视，因此，实施参与式方法也许能为贫困社区赋权，但更有可能制造出当地不同利益群体之间新的争端和冲突。而这一切并非发展项目的设计初衷或者是发展工作者所始料不及的，但它的确客观存在。

（二）不以赋权为导向的参与式

随着参与式方法的广泛运用，人们对其影响提出越来越多的疑问，其中不少问题争论的是：参与式只是一种获取信息以达到外部驱动发展目标的更有效

---

❶ 迪帕·纳拉扬等：《谁倾听我们的声音？》，付岩梅等译，北京：中国人民大学出版社，2001年，第131页。

❷ 伊琳·吉特：《社区的迷思——参与式发展中的社会性别问题》，社会性别窗口小组译，北京：社会科学文献出版社，2004年，第17页。

的方法呢，还是其自身就可看作一种目的，尤其是 PRA 的倡导者和工作人员，他们宣称赋权即他们的工作目标，即它能使一群人具备分析自身状况的能力，能使他们有自信来陈述，声明他们自己的优先选择，使他们能提出建议，提出要求，采取行动，并制定出可持续的和有效的发展计划。

从工具主义的角度来看，参与式是一种手段，用于获取更大的成本效益，更高的生活水平等，而赋权角度则把增加参与的过程视为一个重要的目的。与参与式直接相关的另一个词汇是权力，通过参与式旨在"赋权给弱势群体——妇女、少数民族、穷人、弱者、脆弱人群——并实现权力关系的转变"[1]，因此，赋权并不仅仅意味着邀请妇女参加会议，探讨土地和收入以及与此相关的决策结构，虽然参加讨论后妇女会觉得得到赋权，但是这并不能让她们享有更多的控制权，而且还可能引起反感，造成进一步去权的危险。更重要的是，参加讨论的妇女还需要分析产生压迫的原因和可行的行动计划来解决问题，否则不可能提高人们改变自己生活的能力。也就是说，"对压迫和权力的理解可以避免使赋权变为无意义，否则赋权一词就会遭到损害和贬抑"[2]。

国际发展界业已开发出一种涵盖经济、社会文化、家庭人际关系、法律、政治和心理六个维度的赋权指标，来衡量妇女是否被赋权。当然，赋权可能是一个十分缓慢的变化过程，来自印度的案例证明妇女赋权效果可能需要经过一个相当长的时段才能得到检验。据印度 2001 年人口普查的数据显示[3]，自1991 年以来，女性识字率水平明显提高，这个数据看上去有些不可思议，因为在 20 世纪八九十年代，许多针对印度妇女的成人扫盲计划最后被证明是失败的。有学者提出这样一个假设，就是当初那些参加了扫盲班的妇女可能现在还不识字，但是她们确保让自己的女儿和孙女去上学，从而降低了女性人口中的文盲率。也就是说，20 年前赋权女性文盲的效果，是通过她们子代或者孙代不断提高的教育水平来得到验证的。

---

[1]　伊琳·吉特：《社区的迷思——参与式发展中的社会性别问题》，社会性别窗口小组译，北京：社会科学文献出版社，2004 年，第 2 页。

[2]　伊琳·吉特：《社区的迷思——参与式发展中的社会性别问题》，社会性别窗口小组译，北京：社会科学文献出版社，2004 年，第 40 页。

[3]　Annalise Moser：《社会性别与指标综述报告》，2007 年 7 月。http：//www. bridge@ ids. ac. uk.

第二章

全球聚焦性别与发展

性别与发展之所以能融入全球知识体系，取决于以下三个方面因素的交叉与汇合，借助国际会议和妇女大会的窗口机会，性别议题出现在发展领域的所有方面和所有阶段；性别与发展会议确立的国际规范，为国际和国家的政策干预提供了参照和借鉴，并开创了支持性环境；国际组织、各国政府和非政府组织积极地介入发展领域，通过项目活动促进性别与发展实现跨国界的运作和实践。

第一节　全球会议中的性别与发展议题

20 世纪的最后十年是联合国各种发展大会密集召开的十年。有关环境、人权、人口、妇女、社会发展及粮食等发展主题的联合国大会、首脑会议和特别会议相继举行。而 1975—1995 年间召开的联合国四次世界妇女大会，提升了妇女的能见度，有关妇女生活和贡献的图景逐渐进入发展问题的国际论坛。正由于性别平等对于发展过程至关重要，联合国系统各种相关政策、方案和活动在性别与发展上形成交叉性主题，最终也促成了性别与发展日益紧密地结合在一起。

一、世界发展大会中的性别议题

自从 20 世纪 70 年代以来，在国际社会和国际组织的积极推动下，联合国召集的一系列发展大会开始把促进妇女参与发展当作解决世界经济、政治与社会危机的关键所在，因为"发展是一个复杂的过程，包括个体和社会自身的社会、经济、政治和文化完善，这一意义上的改进意味社会满足人们物质需要、情感需要和允许人们发挥创造力的能力应达到历史可接受的水平……如果不能公正地对待妇女，不让她们参与，发展也是不可能的"❶，特别是把性别平等提升到社会发展的战略高度。

（一）20 世纪 90 年代前漠视妇女的发展大会

20 世纪 70 年代，在重建国际经济新秩序的名义下，联合国大会和专门机构就发展的相关问题召开了一系列特别会议，如 1972 年斯德哥尔摩的人类环境会议，1974 年布加勒斯特的人口会议，1975 年利马的工业发展会议和 1976 年温哥华的环境会议等。

其间妇女问题并没有纳入国际发展政策的视野，因为妇女需要承担生育职责而被看作成本高昂不受欢迎的劳动力。可以说，这一阶段主流的发展大会较少触及妇女问题。唯一的例外是 1979 年在罗马举行的"世界土地改革和农村发展大会"。这次会议认为妇女在农业和非农业的社会经济生活中的重要作用是成功实施农村发展政策、规划和方案的先决条件，为此，它将农村妇女视为农村穷人中的特殊群体并试图将她们纳入主流发展之中。这次大会通过的《原则宣言》和《行动纲领》合在一起，后来成为广为人知的《农民宪章》。《行动纲领》共分为 12 个部分，其中的第 4 部分即"使妇女融入农村发展"，在勾勒政府应考虑的行动时，它围绕法律地位的平等、获取农村的服务、妇女的组织与参与、教育与就业机会四个方面提出 16 条具体建议。

（二）20 世纪 90 年代以后开始重视妇女的发展大会

1988 年，联合国经济社会理事会通过了《联合国妇女与发展中期计划》，

---

❶ 亚太妇女政治参与中心和联合国社会性别主题工作组：《让治理关注社会性别基础教程——参与者手册》，高小贤等译，2002 年，第 53 页。

两年后正式施行。1990 年，由联合国教科文组织、儿童基金会、开发计划署和世界银行发起和赞助的"世界全民教育大会"在泰国宗天举行，来自世界150 多个国家以及联合国系统各机构、20 个政府间组织和 150 多个非政府组织的约 1500 名代表、观察员及专家出席了会议。大会讨论并通过了《世界全民教育宣言》和实施宣言的《满足基本学习需要的行动纲领》，正式提出"全民教育"这一概念，认为普及初等教育、消除文盲及重视女童和妇女教育，与控制人口增长具有密切关系。

1990 年，联合国召开"联合国儿童问题首脑会议"，其中提到"普遍加强妇女的作用，确保她们的平等权利，将有利于全世界的儿童，必须在一开始就给予女孩同等待遇和机会"，因为"目前 1 亿以上儿童得不到基本教育，其中三分之二是女孩"❶。会议通过了《关于儿童生存、保护和发展的世界宣言》，制定了 2000 年之前改善儿童健康和教育等状况的具体指标，如减少目前存在于男女儿童之间的差距；减少一半的成人文盲，特别是女性文盲等。

1992 年，联合国召开"环境与发展大会"，大会通过的《21 世纪议程》成为全球促进社会、经济和环境可持续发展的一个蓝图。国际社会开始承认环境可持续性、减贫与性别平等之间的关联性，并确认了妇女在实现可持续发展中的重要作用。《21 世纪议程》共计 40 章中有 33 章提到妇女与可持续发展的关系。在题为"为妇女谋求可持续和公平发展的全球行动"的第 24 章中，提及建立农村银行系统以便促进并增加农村妇女获得信贷、农业投入物与工具的机会；在发展中与发达国家建立培训、研究与资源中心向妇女传播环境无害化技术等。

1993 年，联合国举行"世界人权大会"，在大会通过的《维也纳宣言》和《行动纲领》中指出，根除一切基于性别的歧视是国际社会的首要目标。妇女和女童的权利是普遍人权不可剥夺、不可分割的有机组成部分；在国际、国家和地区不同级别上，都要确保妇女平等、充分地全面参与政治、公民、经济、社会和文化生活。

1994 年，联合国在开罗举行"世界人口与发展大会"，把人人享有生殖健

---

❶ 联合国大会第四十届会议议程项目 151 号。

康视为人类共同奋斗的目标。会议通过了未来 20 年全球人口发展领域国际合作的指导性文件《行动纲领》，其中第四章题为"社会性别平等、公平和妇女赋权"，把提高妇女地位和赋予妇女权力视为解决人口可持续发展的关键；提出增强妇女权力和改善生育健康与权利是解决人口与发展问题的两大基石。

1995 年，在哥本哈根召开的"世界社会发展首脑会议"上，国际社会在消除贫困、促进就业和社会融合三个议题中都提出性别平等问题，确认男女平等和性别公平是消除贫困和促进社会发展的一个关键性因素。在其宣言的十大承诺中的第六条承诺涉及教育问题，要求各国"到 2000 年普及基础教育并使至少 80% 的小学学龄儿童完成小学教育，到 2005 年消除小学和中学教育中的性别歧视"，提出"成人文盲率——由各国决定适当的年龄组——至少减至 1990 年的一半，并将重点放在妇女识字方面"。

2000 年，在纽约召开的"联合国千年高峰会议"上，189 个国家首脑共同签署了综合历次发展主题的《千年宣言》，这是当时所有国家及主要发展机构都认可的一个全球发展蓝图，"我们深信，我们今天面临的主要挑战是确保全球化成为一股有利于全世界所有人民的积极力量。因为尽管全球化带来了巨大机遇，但它所产生的利益分配非常不均，各方付出的代价也不公平。我们认识到发展中国家和转型期经济国家为应付这一主要挑战而面临特殊的困难。因此，只有以我们人类共有的多样性为基础，通过广泛和持续的努力创造共同的未来，才能使全球化充分做到兼容并蓄，公平合理。这些努力还必须包括顾及发展中国家和转型期经济体的需要，并由这两者有效参与制订和执行全球性政策和措施"❶，其中的第三个目标即"促进社会性别平等和赋权妇女""把促进性别平等和对妇女进行赋权作为抗击贫困、饥饿和疾病和激励可持续发展的有效方法"。如今越来越多的发展组织和机构已经意识到，没有目标三的实现，其他目标的实现将是不可能或者说是要大打折扣的，对社会性别问题的关注无疑拓宽并加深了全球对人口、人权、环境、健康等各种发展问题的理解，"促进男女平等并赋予妇女权力"已成为联合国千年发展目标的重要组成部分。

---

❶ United Nations. United Nations Millennium Declaration. 2000.

2005 年，在纽约召开了世界首脑会议，各成员国国家元首和政府首脑重申了《联合国千年宣言》中对促进社会性别平等和增进妇女权力的承诺，"社会性别平等和促进与保护所有人充分享有所有人权和根本自由对于推进发展、和平与安全是必不可少的"，并再次作出承诺："积极推动将性别观点纳入政治、经济和社会各领域政策和方案的制定、执行、监测和评估工作，并进一步着力加强联合国系统在性别平等领域的能力。"

2014 年 3 月 8 日，为了确保性别平等和女性权益得到足够的重视，联合国呼吁"在千年发展目标后的 2015 年发展议程中都应该为性别平等设立独立发展目标"[1]，以促使国际社会持续改革影响性别平等的结构性障碍，而每年 3 月 8 日的国际妇女节，就是对实现千年发展目标关于妇女权益和性别平等目标的审查机会，为此，联合国还将 2014 年国际妇女节的主题定为"妇女的平等就是全人类的进步"。

二、联合国四次世界妇女大会中的发展议题

在女权主义运动和妇女组织的努力下，联合国开始召开世界性妇女大会来专门讨论妇女问题。在 1975 年、1980 年、1985 年和 1995 年先后召开的四次世界妇女大会中，确立了"平等、发展与和平"主题以及"就业、健康和教育"的次主题，每一次妇女大会都意味着对上述主题进行深化与广泛的讨论，从而督促成员国对上述领域的性别问题给予持续关注并将宣传倡导口号落到实处。

（一）墨西哥城第一次世界妇女大会

1972 年，联合国妇女地位委员会第 24 届会议决定将 1975 年定为国际妇女年，以便加紧采取行动促进男女平等，确保妇女能充分参与全面的发展，并在促进世界和平方面作出贡献，会议确定该年的重要活动之一是召开一次专门讨论妇女问题的世界性政府间会议。

1975 年，联合国第一次世界妇女大会在墨西哥城召开，来自 133 个国家

---

[1] 《联合国呼吁千年发展目标后 2015 年发展议程为性别平等设立独立发展目标》，国际在线，2014 年 3 月 8 日。

和地区的代表团，联合国各专门机构和有关组织的 1000 多名代表出席了会议。会议的重要成就是通过了《关于妇女的平等地位和她们对发展与和平的贡献的宣言》（以下简称《墨西哥宣言》）和《实现妇女年目标而制定的世界行动计划》（以下简称《世界行动计划》）。在《墨西哥宣言》中，男女平等被定义为："男女平等是指男女的人的尊严和价值的平等以及男女权利、机会和责任的平等"；而《世界行动计划》特别重视改善处境最为不利的妇女群体尤其是农村和都市贫民妇女的地位，因为"在许多国家，妇女占农业劳动力的较大部分。正因为如此，加上她们在农业生产、粮食准备、加工和销售方面发挥的重大作用，她们的劳动便成为一项重要的经济资源，虽然如此，如果考虑到在农村干活的人缺乏技术设备、教育和培训。那就可以发现在许多国家中，这个方面的妇女处于特别不利的地位"。会议决定将 1976—1985 年定为"联合国妇女十年：平等、发展与和平"，要求所有成员国在经济、文化、宗教、政治和司法领域给予妇女与男性同样的发展机会。

（二）哥本哈根第二次世界妇女大会

1980 年，联合国第二次世界妇女大会在哥本哈根召开，联合国 145 个成员国、联合国系统有关组织和机构的代表 2000 多人，非政府组织论坛的 8000 人与会。目的在于评估妇女十年后半期 1980—1985 年的行动纲领，在"平等、发展与和平"三大主题下，特别设立了三个次主题"就业、健康和教育"，把它们一同视为发展的重要组成部分。

哥本哈根会议通过了《联合国妇女十年：平等、发展与和平后半期行动纲领》（以下简称《后半期行动纲领》），描述了第一次世界妇女大会以来五年中全球化力量加剧的一些现象，并围绕就业、健康和教育三个经典主题进行了讨论。大会呼吁增强妇女对社会、经济和政治生活的有效参与，所在国也要采取行动以解决发展不足的问题和改革致使妇女处于次等地位的社会、经济结构，并促使妇女对加强世界和平作出较大贡献。《后半期行动纲领》提出的建议触及了妇女生产和生活的更多维度，也意识到大多数国家为了实现妇女十年的目标已作出了较大努力，但是还没有取得足够的进展从量或质上来有效地改善妇女的地位。哥本哈根《后半期行动纲领》的提出旨在改善和加强提高妇女地位的实际措施，并确保联合国第三个发展十年发展战略的拟订和实施能够

照顾到妇女人群的特殊需要。

（三）内罗毕第三次世界妇女大会

1985年，联合国第三次世界妇女大会在内罗毕举行，又名"审查和评价联合国妇女十年的成就世界会议"，157个联合国成员国的2000多名代表，联合国相关机构以及约700多个非政府组织代表以观察员身份列席了大会。

会议通过了关于20世纪末15年妇女发展蓝图的《提高妇女地位内罗毕前瞻性战略》（以下简称《内罗毕战略》），在平等、发展与和平的总目标下，为2000年以前实现男女平等、妇女参与发展及维护世界和平提出具有明确目标和措施的行动框架与指南。在内罗毕大会召开期间，非政府论坛围绕大会"平等、发展与和平"的主题和"就业、健康和教育"的次主题，展开了广泛的讨论与交流，就妇女的法律和经济地位、营养、农村发展、城市化、难民、家庭暴力、人口和计划生育、参与决策、裁军与和平等问题，共举办了1000多场讨论会。

在《内罗毕战略》的推动和影响下，世界妇女事业取得了前所未有的新进展。许多国家建立和加强了全国性妇女事务机构。如澳大利亚在国务院下设妇女办公室；在拉美，绝大多数国家成立了妇女局；亚太地区也相继成立了各类妇女机构，日本、韩国、泰国都设有部级的妇女事务代理，菲律宾设有妇女角色全国委员会，印度、马来西亚、马尔代夫、萨摩亚设有妇女问题顾问团，可以直接向总理反映有关问题；1989年，中国全国人大内务司法委员会成立了妇女儿童工作专门组，1990年，由国务院16个部委负责人和4个群众团体代表组成了"国务院妇女儿童工作委员会"。

（四）北京第四次世界妇女大会

1995年，联合国第四次世界妇女大会在北京召开，189个国家的政府代表，联合国系统各组织和专门机构，有关政府间和非政府组织的代表共15 000多人与会（其中政府代表近6000人，非政府组织代表约5300人）。

会议审查和评价了《内罗毕战略》的执行情况，制定和通过了旨在提高全球妇女地位的《北京宣言》和《北京行动纲领》，要求将社会性别意识贯穿于整个社会政策的制定、执行和评估的全过程中，并将实现性别平等当作社会政策的目标之一。《北京行动纲领》一以贯之地继续关注"平等、发展、和平、就业、健康和教育"等主题，并确定了提高妇女地位的 12 个重大关切领域，涉及女性接受教育、获得医疗保健的机会以及经济和政治参与；女性保护自己免遭暴力的能力；获得合法权利；女童；女性在冲突社会中的作用，以及女性在和平和安全方面的作用等。另外还包括教育与培训、保健及其他社会服务、获得土地、信贷、资本、技术、推广服务等生产性资源，对妇女无酬劳动的承认，减轻妇女劳动负担等。此次，北京世妇会也特别关注在全球化背景下凸显出来的一些新主题，如妇女的性与生殖健康、对妇女的暴力，环境退化对农村女孩和妇女的影响等。

为了回应全球化世界里不断涌现的各种挑战，涉及不同发展主题的国际政策框架每隔五年都要进行一次审查和评估活动以便推进后续行动。例如，2000年召开的第 23 届妇女问题联大特别会议即第四次世界妇女大会五周年大会上，就对全球化进程对履行国际承诺并实现世界妇女大会目标构成的新挑战表示了关注。20 年来，《北京行动纲领》依然是许多国家政府、非政府组织及其他机构衡量妇女进步的蓝本，但也面临着各国政府如何将其国际承诺化作现实的挑战。

三、全球化时代性别与发展面临的挑战

所有全球问题，包括经济发展、政治参与、教育公平和健康水平等都包含性别问题，不承认性别不平等，就无法化解全球化时代所面临的困境。2012年，世界银行在《社会性别平等与发展》中反复强调，"仅仅依靠经济发展本身远不足以缩短所有的性别差距，采取有针对性的政策和措施消除导致性别差距持续存在的根源是必不可少的"[1]。国际会议中形成的全球性决议或宣言，从不同的侧面都在影响各国政府在制定政策和安排项目时，把性别与发展问题放在相对重要的位置，但是这与真正据两性的需要来设计、实施和评估项目，并消除可能对其产生的不良影响还有相当的差距。也就是说，在全球化时代，性别与发展面临着巨大的挑战。

---

[1] World Bank Group. The World Development Report 2012：Gender Equality and Development. Washington DC：World Bank.

（一）性别平等服从经济增长的逻辑

20 世纪 90 年代之后，全球化的滚滚浪潮已势不可当。自那时以来召开的各种发展大会都对全球化的影响更为敏感，并从不同的角度给予了关注，《北京行动纲领》也不例外，"宏观和微观经济政策和方案包括结构调整方案并不总是考虑到它们对妇女和女童特别是贫穷妇女和女童的影响……全球的趋势深刻改变了家庭的生存策略和结构。农村向城市移徙在所有区域都大幅度增加"；以及"妇女特别容易受到经济情况和结构改革进程的影响，因为结构改革改变了就业的性质，有些情况导致丧失工作机会，甚至专业妇女和技能熟练的妇女。此外，许多妇女由于缺乏其他机会而进入非正规部门"。

伴随全球化进程的不断提速，农业的商业化、食物及其他农产品市场的自由化、不断扩大的劳动力迁移、城市化、土地与牲口等生产资源和教育与保健等社会服务的私有化等诸多全球趋势愈加明显，这些互相重叠的现象常常同国家与地方各级的应对之策交织在一起，这一切既为不同地方的经济增长提供了前所未有的契机，也为生活在其中的人们增加了史无前例的风险和不确定性。在现实发展中，性别平等往往要服从经济增长的逻辑，因为前者关注的是长远目标而不可能在短期实现的，或者认为经济增长了所有的社会问题包括性别问题也就迎刃而解了，其实不通过可持续的、渐进的努力来鼓励人们的观点和行为逐渐形成一个有机的转变而实现性别平等是不可能的。如托达罗（Michael Todaro）也说："发展不纯粹是一个经济现象。从最终意义上说，发展不仅仅包括人民生活的物质和经济方面，还包括其他更广泛的方面。因此，应该把发展看为包括整个经济和社会体制的重组和重整在内的多维过程。除了收入和产品的提高外，发展显然还包括制度、社会和管理结构的基本变化及人的态度，在许多情况下甚至还有人们的习惯和信仰的基本变化。"❶

据国际粮农组织的全球数据显示，妇女在所有发展中国家的农业劳动力人口中占比 43%，然而男女经营的农场存在 20%～30% 的产量差距，这主要不

---

❶ ［美］迈克尔·托达罗：《经济发展与第三世界》，印金强等译，北京：中国经济出版社，1992年，第 50 页。

是因为女性的能力问题，而是源自她们获取生产性资源上的不平等原因。假如妇女能像男性一样获得化肥、种子和工具等生产性资源，她们的农田收成有可能增加 20%～30%，发展中国家的农业总产值也会提高 2.5%～4%，从而使饥饿人数减少 1 亿～1.5 亿。

正因为性别平等也能促进经济增长，所以，2010 年联合国开发计划署发布的《亚太地区社会性别人类发展报告》称追求性别平等并不是最终目的，它是未来经济和社会发展不可或缺的一部分。亚太地区女性的低就业率每年使这一地区损失几十亿美元。据保守估计，在印度、印度尼西亚、马来西亚等国家，当女性的就业率水平提升到和发达国家相同时（70%），这些国家每年的国内生产总值将增长 2～4 个百分点。在中国，将近 70% 的女性拥有有偿工作，这一水平远远高出世界 53% 的平均水平。此外，在日本和韩国，女性只拥有 10% 的立法席位。在中国，女性人大代表数量从 1983 年起就在 21% 左右徘徊，而在农村地区，虽然女性占到了农村劳动力的 65%，但处于地区决策地位的女性人数比例只有 1%～2%。在整个亚太地区，女性仅拥有 7% 的土地，这一比例在世界大多数地区为 20%。报告认为，亚太地区正处于十字路口，但只要拥有更好的机构、更开放的思想以及更多的资源，"这一地区能够在推动性别平等上取得显著成就"❶。

（二）性别议题被边缘化

"二战"以后，世界上大多数国家和地区在法律上都明确规定了男女具有平等的政治权利，包括女性可以继承财产，取得子女监护权，控诉婚姻暴力，诉求离婚，女性还可以竞选从政，成为一国元首等。虽然女性有了选举权、工作权和受教育权，但是表面上的性别平等掩盖了实际的歧视，因为妇女在社会生活中的不平等地位却没有得到根本性的改善。也就是说，经济增长的逻辑中虽然已引入性别数据和性别变量，但它从未将性别差距、性别不平等以及特定政策的性别影响作为观察焦点，因此，对妇女财产权和教育权的歧视妨碍了妇女进入市场、获取收入和享有财富，而在占有和使用资源方面，性别差别更是妇女地位低下和交易权力受到压制的产物。在家庭与市场的关系中，权力关系

❶ http://www.chinadaily.com.cn/hqgj/2010-03/09/content_9560884.htm.

决定着工作的分配和利益的获得，妇女由于性别分工和花费在劳动力再生产方面的时间，往往被视为价格昂贵的人力资源被劳动市场排除在外。

其实联合国妇女十年的研究也表明，发展不仅没有改善，反而使广大第一世界的贫困妇女和第三世界妇女的社会经济地位变得更差，就是因为国与国之间经济与政治竞争的加剧，竞争的压力迫使所有的国家不得不将经济增长作为关系国家生死存亡的核心问题，对于就业市场来说，许多国家颁布的一整套以解决需求问题为目的的经济政策，主要是针对汽车、建筑等以男性为主的行业，并且大幅削减社会公共服务方面的开支，后果使得女性成为主要的受害者，因为她们大多在非正式行业中就业，而且还承担着无偿的家务劳动。

在目前有关全球化的重要争论中，很少涉及全球和地区的各种父权制体系和占统治地位的男性气质是如何制造了社会性别关系的讨论。由于没有将社会性别有意识和有系统地引入全球化的研究之中，其结果不仅造成了无法完整地理解妇女的权利是基本人权，也不能准确地认识社会性别不平等的产生根源，而且可能实际上损害了发展政策和实践。

一些国际多边经济组织从事的社会性别与宏观经济间关系的研讨仅限于在负责社会性别事务的部门内展开，与主要从事经济研究与分析的部门缺乏联系，也说明他们尚未将社会性别意识融入自己的总体目标、政策和纲领之中。总体而言，妇女活动家付出的大量心血并未能取得令人满意的效果。联合国发展筹资会议没有使社会性别意识贯穿于其所有关键领域，尤其是货币、财政和贸易三大体系。"蒙特雷共识"❶ 只是敦促加强联合国系统与所有其他财政、贸易和发展机构的协调，以支持全球范围内的经济增长、减贫和可持续发展，而没有提及要以有益于社会性别平等的方式对之加以推进。

在发展实践的层面上，社会性别主流化的优势地位导致了社会性别有关项目的预算缩减，包括改善妇女弱势地位的项目或支持妇女组织的项目，原因是

---

❶ 2002 年 3 月，联合国发展筹资国际会议的各国家元首或政府首脑就国际发展筹资达成共识，主要包括调动国内经济资源、增加私人国际投资、开放市场和确保公平的贸易体制、增加官方发展援助、解决发展中国家的债务困难和改善全球和区域金融结构、发展中国家在国际决策中的公正代表性等六方面内容。

人们认为没有必要再专门开展社会性别活动了，因为社会性别意识已经在各项活动中完全"主流化"了。

第二节　性别与发展的政策环境

对发展中的性别问题倾注了较多关注的不单有人权公约、各种国际会议文书、联大决议，还有联合国系统各实体单位的部门政策。在这些综合性政策和立法框架引领下，围绕性别与发展问题制定的国际政策成就显著，也为 21 世纪联合国系统和联合国各成员国进行性别与发展的政策干预奠定了坚实的基础。

一、联合国大会制定的人权宣言与公约❶

1945 年，自联合国诞生之日起就致力于提高妇女地位，促进男女平等，在长达 70 年的岁月里，联合国相继制定并通过了一系列法律文书，作为各成员国保障男女权利平等的法律参照，即利用国际立法框架来保护和促进妇女的各项合法权利受到重视并得到落实。

（一）《联合国宪章》

1945 年，联合国制定的《联合国宪章》，被认为是联合国的基本大法。它既确立了联合国的宗旨、原则和组织机构设置，又规定了成员国的责任、权利和义务，是处理国际关系、维护世界和平与安全的基本原则和方法。

1945 年 6 月 26 日，来自 50 个国家的代表在美国旧金山签署了《联合国宪章》，并于 1945 年 10 月 24 日起正式生效，标志着联合国正式成立。《联合国宪章》除了在序言中提道："重申基本人权，人格尊严与价值，以及男女与大小各国平等权利之信念"；还在以下章节提到男女平等的内容，如第一章写道："不分种族、性别、语言或宗教，增进并激励对于全体人类之人权及基本

---

❶ 本节内容除另有注明外，相关同容均来自联合国网站中文网页。http：//www.un.org/chinese/esa/women/protocol1.htm.

自由之尊重"在第三章第8条宣称："对于男女均得在其主要及辅助机关的平等条件下，充任任何职务，不得加以限制"等。

（二）《世界人权宣言》

1948年，联合国制定《世界人权宣言》，是战后联合国通过的第一个关于人权的专门性国际文件，是有组织的国际社会第一次就人权和基本自由作出的郑重宣言。

《世界人权宣言》阐明："人人有资格享有本宣言中所确立的一切权利与自由，不分种族、肤色、性别、语言、宗教、政治或其他见解、国籍或社会出身、财产、出生或其他身份等任何区别"，这是对《联合国宪章》人权条款的第一个比较全面的权威解释。第1、2、7、10、16、21、23、25、26条，均涉及男女平等问题。

此外，《世界人权宣言》还扩大了人权的主体。众所周知，人权概念最初提出时，不论在美国的《独立宣言》还是在法国的《人权宣言》中，使用的都是"Rights of Man"，不仅在字面上将人权的主体限定为"男人"，而且在法律上和事实上都将享受人权的主体限制为男性，而《世界人权宣言》则在历史上第一次提出了普遍性的"人权"概念，"Human rights"，将人权的主体确认为无差别的人，即"Human Being"。

（三）其他人权公约等

随后，联合国相继制定了数十个有关人权的公约、宣言、议定书和决议，使国际社会继《世界人权宣言》之后在人权问题上形成了一系列新的概念和准则。如1949年，通过《禁止贩卖人口及取缔意图营利使人卖淫的公约》；1952年，通过《妇女政治权利公约》；1957年，通过《已婚妇女国籍公约》；1962年，通过《关于婚姻的同意、结婚最低年龄及婚姻登的公约》；1966年，联大通过《公民及政治权利国际公约》和《经济、社会和文化权利国际公约》，后者强制规定，"妇女和男子必须享有三条基本的经济权利，如获得工作的权利，享有适当的生活标准的权利，以及获得社会保障和其他社会福利的权利"；1967年，联合国通过《消除对妇女歧视宣言》把对妇女的歧视定义为："基于性别而做的任何区别、排斥或限制，其影响或其目的均足以妨碍或否认妇女的人权和基本自由。"1968年，国际人权会议通过《德黑兰宣言》；

1977 年，联大通过《关于人权新概念决议》；1986 年，联大通过《发展权宣言》；1993 年联合国第二次世界人权大会通过《维也纳宣言》和《行动纲领》，首次承认对妇女权利的侵犯就是对人权的践踏。

（四）《消除对妇女一切形式歧视公约》

由于妇女在现实生活中仍一直未能享有与男性平等的各种权利，鉴于此，1979 年，联大通过了一个旨在促进和保护妇女权利的综合性议程——《消除对妇女一切形式歧视公约》（以下简称《消歧公约》），它是联合国关于妇女人权最重要最全面的法律文件，是国际妇女权利综合法案，又被称为"国际妇女权利宪章"。《消歧公约》指出"不平等关系的不可调和性并明确了维系这一关系的经济结构和社会结构"，要求各国采取积极的行动纠正社会文化中的性别偏见，消除社会团体、组织和个人对妇女的歧视。它把对妇女的歧视定义为："基于性别而做的任何区别、排斥或限制，其影响或其目的均足以妨碍或否认妇女的人权和基本自由"；明确规定了妇女在政治、经济、文化、社会及家庭生活中的基本权利以及缔约国消除这些歧视的国家行动，要求各成员要"在法律上和事实上承认男女平等的原则"。

1981 年，《消歧公约》正式生效。次年，联合国成立了消除对妇女歧视委员会，要求各国政府承担义务并采取一切措施，包括立法来保证妇女在与男子平等的基础上行使和享有人权与基本自由。公约还进一步明确表示，只通过法律是不够的，各国政府必须确保妇女事实上能行使法律所赋予的权利。1982 年，联合国成立了消除对妇女歧视委员会，以检查和监测各国政府执行《消歧公约》的情况。

《消歧公约》通过后很快就得到了联合国各成员国的普遍回应，在哥本哈根第二次世界妇女大会期间，举行了《消歧公约》的签字仪式，到 2012 年，批准加入的国家已达到了 186 个（中国于 1980 年加入），缔约各国受其条款的约束，承诺至少每四年提交一份履行公约情况的国别报告。1993 年，联合国大会第 48 届会议还通过了《消除对妇女的暴力行为宣言》，要求"在法律上和事实上承认男女平等的原则"，这是对《消歧公约》的补充，有助于消除对妇女的暴力行为。

（五）《发展权利宣言》

1986 年，联合国第 41/128 号决议通过《发展权利宣言》，正式确认"发展权利是一项不可剥夺的人权，发展机会均等是国家和组成国家的个人权利"。发展权利包括两个方面的内容：第一，"它意味着充分实现民族自决权，包括对他们的一切自然资源与财富有行使充分的、不可剥夺的主权"；"实现发展权利需要充分尊重有关各国按联合国宪章建立友好关系和合作的国际法原则"，并且"在行使其权利和履行义务时应着眼于促进基于主权平等、相互依赖、各国互利与合作的新国际经济秩序"。第二，它意味着每个个人都有参与发展的权利，具体到这种权利实现的指标应该是，保证工作权利和组织工会及工人协会的权利；促进充分就业，消除失业和就业不足；为所有人创造公正、有利的工作和条件，包括改善卫生的安全条件；保证公平的劳动报酬；消除饥饿、营养不良和贫困；保证公平合理的收入分配；实现最高健康水平；扫除文盲，保证享受免费初级义务教育的权利以及为所有人提供充足的住房和社区服务等。也就是说，发展不仅意味着经济增长，还意味着人人享有公正和平等的权利。

二、联合国专门机构制定涉及妇女的特定文书

20 世纪 70 年代以后，联合国一些专门机构如妇女地位委员会、国际劳工组织、世界银行、世界卫生组织、人口基金会等许多国际组织不断加大推进男女协调发展的力度，都把缩小就业、政治、教育和健康等各个领域的性别差距，作为考察一个国家或地区人权状况和发展程度的重要指标。这些专门机构也制定了一系列保护妇女组织自由、雇佣自由、社会政策、工作条件、社会保障、行业关系及劳动管理等方面的公约和建议书，并为各成员国所广泛遵守。

（一）《妇女政治权利公约》

1946 年，负责促进人权的联合国经济及社会理事会就妇女地位问题在人权委员会下设立了专门的小组委员会，并在该委员会的基础上正式成立了"联合国妇女地位委员会"（以下简称"妇地会"，Commission on the Status of Women），其职责主要是负责监测妇女的境况，并促进妇女的经济、政治及社会等各项权利得到提升。妇地会的工作促成了一些宣言及公约的诞生。如

1952 年，通过的《妇女政治权利公约》（1954 年 7 月 7 日生效）就是承诺给予妇女与男子相同的政治权利，帮助尚未获得选举权的妇女获得这一权利，并且防止已获得选举权的妇女被剥夺这一权利。

（二）《工作中的基本原则和权利宣言》

1944 年，国际劳工组织在费城召开第 26 届国际劳工大会，通过的《关于国际劳工组织的目标和宗旨的宣言》认为，持久和平只能建立在社会正义的基础上，为此确立了国际劳工组织活动的十项原则，如达到充分就业和提高生活标准；使工人受雇于最能发挥其技能与特长、能作出最大贡献的职业等。1998 年，国际劳工组织在日内瓦召开第 86 届国际劳工大会，通过的《工作中的基本原则和权利宣言》确定了 8 个核心公约，这 8 个公约对工作中的基本人权至关重要，要求本组织各成员国全部予以批准和实施，推动这些公约中所规定的基本权利得到落实。这 8 个核心公约是：1930 年的《强迫劳动公约》（第 29 号）；1948 年的《结社自由和保护组织权利公约》（第 87 号）；1949 年的《组织和集体谈判权利公约》（第 98 号）；1951 年的《男女工人同工同酬的公约》（第 100 号）；1952 年的《孕产妇保护公约》（第 105 号）；1958 年的《关于就业及职业歧视公约》（第 111 号）；1973 年的《最低就业年龄公约》（第 138 号）；1999 年的《最恶劣形式童工劳动公约》（第 182 号）。如 2011 年 6 月国际劳工组织通过的《家庭工人体面劳动公约》就旨在改善全球近 1 亿家庭工人的工作条件，公约明确规定家庭工人应当享有正常的工作时间、产假、失业保险和年假等权利，目的在于"使家庭工作变成体面工作，并认可这种被忽视的工作……家庭工人应当有权利、有声音和有渠道地享有体面的生活"❶。

1983 年，中国正式恢复在国际劳工组织内的活动，迄今为止，中国批准了 25 项国际劳工公约，其中包括国际劳工组织的 4 个核心公约，即《同工同酬公约》《最低就业年龄公约》《禁止童工劳动公约》和《就业和职业歧视公约》。

（三）《取缔教育歧视公约》

1960 年 12 月，联合国教育、科学及文化组织大会在巴黎举行第 11 届会

---

❶ http：//www. un. org/chinese/News/fullstorynews. asp？ newsID = 15769，2011 – 06 – 20.

议，大会回顾世界人权宣言确认的不歧视原则并宣告人人都有受教育的权利（《世界人权宣言》第26条第1款指出："人人都有受教育的权利，教育应当免费，至少在初级和基本阶段应如此。初级教育应属义务性质。"），为促进各国间的合作，以促进人人的人权都受到普遍尊重，并且教育机会平等，认为联合国教育、科学及文化组织在尊重各国的不同教育制度的同时，不但有义务禁止任何形式的教育歧视，而且有义务促进人人在教育上的机会平等和待遇平等。会议最后通过了《取缔教育歧视公约》，并于1962年5月正式实施。《公约》包括19条，如第4条（甲）写道："使初级教育免费并成为义务性质；使各种形式的中等教育普遍设立，并对一切人开放；使高等教育根据个人成绩，对一切人平等开放；保证人人遵守法定的入学义务。"

第三节　性别与发展的机构与项目

性别与发展的思想已经渗透到联合国系统、其他国际发展机构及各国政府制定的政策和实施的项目之中，影响着世界各个角落妇女的日常工作和生活。《北京行动纲领》确立的12个关切领域分别是❶："妇女与贫困；妇女的教育与培训；妇女与保健；对妇女的暴力；妇女与武装冲突；妇女与经济；妇女参与权力与决策；提高妇女地位的机制；妇女的人权；妇女与媒体；妇女与环境和女童。"国际机构与组织既包括联合国内部和下属机构，多边与双边机构以及非政府组织等外部机构针对以上关切领域大量的发展项目进行干预性的行动研究。

一、性别与发展的组织与机构

从事性别与发展的组织与机构包括三种类型，它们是联合国系统内的附属机构和专门机构，国际双边发展援助机构和国际妇女的非政府组织，它们性质不同，从事活动的领域、方式和作用也各不同。

---

❶ 王淑贤：《〈行动纲领〉中12个重大领域简介》，《妇女研究论丛》，1996年第2期。

（一）联合国系统内的组织与机构

就实践意义而言，联合国是实施发展的关键性机制，首先它是国际合作的重要平台，提供一种全球的观点，并在这个观点内进行内部机制的合作；其次它的发展目标、战略、宣言、行动纲领为全球发展提供了国际规范、标准和思路；再次它的发展战略为发展活动建立了一种环境、框架甚至一种包罗万象的总括；最后它确立优先发展项目，通过协调资源配置，援助发展中国家的社会建设与社会发展。

1. 提高妇女地位的专门机构

联合国最早提出建立国家一级提高妇女地位机制的建议，把建立国家机制看成是在国家一级实施性别平等决议的重要手段。早在 1945 年，联合国经济社会理事会就在人权委员会之下设立了一个专门关注妇女地位问题的小组委员会。1946 年，在该小组委员会的基础上，联合国经济与社会理事会设立了一个由 15 个成员国组成的"妇女地位委员会"及其常设机构"联合国提高妇女地位司"，专门研究有关妇女权利的紧迫问题，审议妇女在政治、经济、社会、教育等方面权利与地位的状况，提出建议并制定促进提高妇女地位的措施。"妇地会"成立之初主要以保护妇女权利为重点，到"联合国妇女十年"开启之后转向了以提高妇女地位为重心。该委员会在筹备和召开联合国四次世界妇女大会和监督历次大会行动纲领的执行上都起到了关键性作用。

1960 年以来，联合国系统内部还设立了专门关注妇女发展的机构。如1975 年，在多米尼加共和国首府圣多明戈设立的"联合国提高妇女地位国际研究与培训所"，与政府、民间社团和联合国系统合作，致力于研究、培训和信息传播活动，对妇女的家庭劳动进行量化、评价明细概念框架和方法，并认同其在国民核算体系中所作出的贡献。同时，该所还就妇女如何获取资源，例如非洲、亚洲和拉丁美洲的妇女如何获得存款和水等问题进行指导研究，并针对上述地区妇女如何在国家、区域和国际层面参与政治活动进行研究。此外，该研究所还通过建立网络和不间断的有关性别的信息传播，在非政府组织和政府之间建立了一个互动对话的平台，并就信息和通信技术的使用，增强妇女力量，终止性别暴力中男性的角色等有针对性的话题进行讨论，从而使不同利益人群能够展开对话。值得一提的是，研究所还把相关文件、研究材料、人力资

源、项目报告、培训计划等网页综合起来，建立了一个有关性别研究的数据库，既方便数据的储存也有利于各类资料的查找工作，从而深化该领域中的相关研究工作。

1976 年，联合国创立的"联合国妇女发展基金会"（以下简称"妇女基金"，United Nations Development Fund for Women，UNDFW），就是为了响应 1975 年墨西哥城第一次世界妇女大会成立妇女组织的号召，原名为"联合国妇女十年自愿基金会"，旨在为发展中国家的妇女发展项目提供财政与技术援助。1984 年，联合国大会通过第 39/125 号决议，决定将妇发基金作为一个与联合国开发署维持自主联系的独立实体，从组织架构上确立了妇发基金的合法地位，即定位在为促进妇女人权、政治权利和经济保障的创新项目和政策提供经济和技术资助。如今，联合国妇女发展基金已成为一个遍布 100 多个国家有14 个主管区域的机构，它还建立了一个遍布非洲、阿拉伯国家、亚太地区、中欧和东欧、拉丁美洲和加勒比海等地区的性别咨询顾问和专家网络。

2010 年 7 月，联合国大会决定（A/RES/64/289）建立一个促进两性平等和妇女赋权的实体机构——"联合国妇女署"（Unite Nations Women，UNW），2011 年 1 月开始正式运行。该实体是由四个世界性机构和办公室合并而成的，它们是联合国妇女发展基金、提高妇女地位司、性别问题和提高妇女地位特别顾问办公室、联合国提高妇女地位国际研究与培训所，成为联合国大家庭内促进社会性别平等和妇女赋权的召集者。联合国妇女署将在《联合国宪章》《北京行动纲要》和联合国大会第 23 届特别会议成果，以及支持、论述和推动两性平等和妇女赋权的相关联合国文书、标准和决议的框架内开展工作。妇女署通过开展支持规范制定工作和其他业务活动，为所有区域发展程度不同的所有会员国提供关于两性平等、妇女赋权和妇女权利以及社会性别主流化的顾问咨询与技术支持服务。

2. 关注性别与发展的其他部门

1995 年以后，联合国及其下属组织和专门机构纷纷承诺，将在更大政策背景下制定本组织实行性别主流化的部门政策或战略，并进而在发展干预中付诸实践，如在自己的主管领域中关注性别平等和解决妇女面临的特殊问题。

这些部门包括作为联合国六个机构之一的联合国经济与社会理事会（Economic and Social Council，ECOSOC），也有联合国的下属组织，如联合国开发计划署（United Nations Development Program，UNDP）、联合国环境规划署（United Nations Environment Program，UNEP）、联合国贸易和发展会议（United Nations Conference on Trade and Development，UNCTAD）、联合国人口基金（United Nations Population Fund，UNFPA）、联合国儿童基金会（United Nations Children's Fund，UNICEF）、联合国难民事务高级专员公署（Office of the United Nations High Commissioner for Refugees，UNHCR）、联合国欧洲经济委员会（United Nations Economic Commission for Europe，UNECE）、世界粮食计划署（World Food Program，WFP）以及亚洲及太平洋经济社会委员会（Economic and Social Commission for Asia and the Pacific，ESCAP）等。

联合国专门机构就是联合国体系内在特定的专门领域从事国际活动的组织。依据《联合国宪章》第57条，当前与联合国发生关系的政府间国际组织有17个，它们通过联合国经济与社会理事会的协调机构同联合国合作并开展彼此之间的合作。这些国际组织无论在组织上还是在活动上都是独立的，它们不是联合国的附属机构，是根据协定与联合国建立特殊法律关系的合作机构。它们是国际劳工组织（International Labour Organization，ILO）、联合国粮食及农业组织（Food and Agriculture Organization of the United Nations，FAO）、联合国教育、科学及文化组织（United Nations Educational，Scientific and Cultural Organization，UNESCO）、世界卫生组织（World Health Organization，WHO）、国际货币基金组织（International Monetary Fund，IMF）、国际开发协会（International Development Association，IDA）、国际复兴开发银行（世界银行）（International Bank for Reconstruction and Development，IBRD）、国际金融公司（International Finance Corporation，IFC）、国际农业发展基金会（International Fund for Agricultural Development，IFAD）、联合国工业发展组织（United Nations Industrial Development Organization，UNIDO）和世界贸易组织（World Trade Organization，WTO）等。

1976年，国际劳工组织推出了"基本需要方式战略"（Basic Needs Approach，BNA），旨在帮助妇女更有效地满足家庭成员的最基本的需要（衣、食、住等），同时，制定这个战略的初衷也在于减轻妇女的工作负担，以使她们在经济上更加独立，更积极地参与社区发展活动。为了使联合国系统内的各个组织和专门机构更协调一致且系统化地使社会性别融入其各项活动的主流，1997 年，经社理事会作出"将社会性别观点纳入联合国系统所有政策和方案主流"的决定，并对社会性别主流化这个概念和核心原则做了全面澄清。自此以后，社会性别主流化和赋权妇女成为联合国系统各种相关政策、方案和活动的交叉性主题。联合国系统内的各个组织机构也都承诺要实行社会性别分析，把社会性别作为一个交叉性问题纳入其政策和方案之中。例如，世界银行在 2002 年和 2006 年分别出台了"将社会性别融入世界银行工作的行动战略"和"作为聪明经济学的社会性别平等：世界银行的社会性别行动计划（2007—2010 年）"。

联合国设在罗马的三个涉农机构，国际农业发展基金（IFAD）、粮食及农业组织（FAO）和世界粮食计划署（World Food Program，WFP）都是联合国系统在农村和农业领域促进社会性别平等的引领者。为了推进社会性别主流化，2000 年以来，这三个机构都从各自比较优势出发，先后出台了几个相关政策和战略，以应对农村妇女面临的诸多挑战（见表 2.1）。

表 2.1❶　联合国三个涉农机构的社会性别政策/战略简表

发展机构名称	年份	政策/战略
国际农业发展基金	2003	社会性别行动计划（2003—2006）
		在 IFAD 活动中使社会性别观点主流化
	2005	促成变化：在 IFAD 实施《北京行动纲领》的方法
	2008	IFAD 工作中的社会性别主流化框架
	2012	在 IFAD 关于社会性别和妇女赋权的政策
联合国粮食及农业组织	2002	社会性别与发展行动计划（2002—2007）
	2008	社会性别与发展行动计划（2008—2013）
	2012	FAO 关于社会性别平等的政策

❶　资料来源：http：//www.ifad.org/operations/policy/policydocs.htm. http：//www.fao.org/about/en/. http：//www.wfp.org/policy-resources.

发展机构名称	年份	政策/战略
世界粮食计划署	2003	WFP 社会性别政策（2003—2008）：增强对妇女确保食物保障的承诺
	2009	WFP 社会性别政策：在关注食物和营养挑战中促进社会性别平等和赋权妇女
	2010	WFP 社会性别政策：协同行动计划（2010—2011）

以上三个机构的政策干预各具特色，相辅相成，它们也轮流牵头或者联合开展一些专项活动。如通过对相关政策、方案和项目的监测和评估来寻找差距和障碍，从而作出新的承诺并设定新的议程；资助开展以政策为取向的研究；就一些被忽视甚至具有敏感性的问题在国际和国家层面开展政策对话；为国家层面提供政策咨询和技术援助；收集、分析并传播社会性别问题的相关知识和信息以及发布相关的政策报告等。

（二）国际双边发展援助机构

国际双边发展机构是指世界各国或地区政府指定的专门负责利用官方资金向发展中国家提供发展援助的机构。双边发展机构分官方和非官方机构。官方机构指的是那些由政府设置的援助机构；非官方机构主要是指那些慈善性和自助性民间组织，它们是由教会、民间各界人士自发组织起来的，如芬兰国际救济与发展机构（Finnish International Relief and Development Agency，FIRDA）。

双边发展机构的资金来自各国的官方发展援助。发达国家均设有专门负责对外提供发展援助的机构，如英国国际发展部（Department for International Development，DFID）、美国国际开发署（United States Agency for International Development，USAID）、加拿大国际开发署（Canadian International Development Agency，CIDA）、日本国际合作署（Japan International Cooperation Agency，JICA）和日本海外经济协力银行（Japan Bank for International Cooperation，JBIC）、德国联邦经济合作与发展部（BMZ）支持下的德国技术合作公司（GTZ）和德国复兴发展银行（KFW）、澳大利亚国际发展署（Australian AID，AUSAID）、加拿大国际发展署（Canadian International Development Agency，CIDA）、新西兰国际发展署（New Zealand Agency for International Development，

NZAID)、瑞典国际开发合作署（Swedish International Development Agency, SIDA）、挪威国际合作署（Norwegian Agency for Development Cooperation, NORAD）等，它们均代表本国政府为发展中国家提供必要发展资金和技术援助。

总的来说，国际双边发展机构均有自己的援助重点，如美国发展援助的重点在拉美和中东地区，英国将南亚和非洲的英联邦国家视为援助的主要对象，法国主要援助非洲讲法语的国家，日本则将大部分援助给予东南亚各国，而石油输出国组织的成员国将援助款的80%以上赠予阿拉伯国家等。

（三）国际妇女非政府组织

非政府组织主要指在民间社会中产生的，与国家、政府机构相区别的，旨在维护公民的自由和基本权利，推进公益事业发展而非以营利为目的的正式组织，主要有工会、妇女组织、人权组织和环保组织等。

随着妇女运动的深入发展，国际妇女组织不断出现，如1888年成立的"国际妇女理事会"（International Council of Women, ICW）；1910年成立的"世界女童子军协会"（World Association of Girl Guides and Girl Scouts, WAGGGS）；1919年成立的"国际妇女争取和平和自由委员会"（Women's International League for Peace and Freedom, WILPF）曾用名为"国际妇女争取永久和平委员会"（1915）；1919年成立的"国际大学妇女联合会"（International Federation of University Women, IFUW）；1928年成立的"美洲妇女委员会"（Inter – American Commission of Women, IACW）；1930年成立的"国际商业与职业妇女联合会"（International Federation of Business and Professional Women, IFBPW）；1933年成立的"世界乡村妇女协会"（Associated Country Women of the World, ACWW）等。

在"二战"以后，大批的妇女组织纷纷成立。如1945年成立的"国际民主妇女联合会"（Women International Democratic Federation, WIDF）；1946年成立的"国际妇女同盟"（International Alliance of Women, IAW）前身是"国际妇女选举同盟"（1904）；1974年成立的"泛非妇女组织"（The PAN African Women's Organization, PAWO）前身是"全非妇女会议"（1962）；1978年成立的"社会党妇女国际"（Socialist International Women, SIW）曾用名"国际社

会民主党妇女理事会"（1955）。

到了20世纪90年代，国际妇女组织对联合国有关环境、人权、人口、健康、贫困等一系列高峰会议的政策辩论和纲领性文件产生显著影响。如"妇女环境与发展组织"（Women's Environment and Development Organization，WEDO）、"妇女全球领导中心"（Center for Women's Global Leadership，CWGL）、"国际妇女健康联盟"（International Women's Health Coalition，IWHC）等都利用多边机构协调政策会议的召开期间，广泛接触各与会代表团及其拥有决策权的领导人物，阐述自己的见解，使其关注性别与发展议题并为最后的协议据理力争。如2002年举行的联合国发展筹资会议为国家元首、内阁部长、世界银行、国际货币基金组织、世界贸易组织等国际组织和私营商业、公民社会的代表等众多利益相关者搭建了"平台"，供他们共同商讨包括体系问题在内的为发展中国家提供资金的途径，即货币、财政和贸易体系对于发展的作用。在联合国经社理事会享有顾问地位的妇女非政府组织的代表及时抓住这一不可多得的机遇，同通常难以接触的各个国际组织的代表展开直接对话，使女权主义经济学家提出的编制社会性别预算的设想最终得以载入该年度的"蒙特雷共识"文件。

此外，在第三世界国家也成立和发起了自己的非政府组织，如1984年成立的"新时代妇女发展选择"（Development Alternatives with Women for a New Era，DAWN）就是致力于揭示四个互为关联的全球危机——饥荒、债务、军事化和原教旨主义——对发展中国家贫困妇女的负面影响，并宣扬其替代性的发展战略。1985年，"新时代妇女发展选择"组织在内罗毕第三次世界妇女大会的非政府组织论坛上举办了多场研讨会，大力宣扬自己的立场和主张，自那时起，该组织就一直活跃在地方、区域和全球层面，现在其网络已遍布亚非拉的很多国家和地区。

二、性别与发展的行动项目

自20世纪70年代中叶以来，联合国发展机构、国际双边发展援助组织及国际妇女非政府组织在"平等、发展与和平"的主题下从事性别与发展项目；特别是在1995年以后，发展机构主要围绕《北京行动纲领》确立的12个关切

领域开展性别与发展的行动项目，以致最后"任何一个计划如果不包括环境板块（板块这一比喻也成为时尚语言，是十分实用的，因为它将发展视同由叶板—环境、妇女、基本需要、制度支撑、教育、减贫等组成的安装着许多窗户的一座大厦），就不会受到认真对待，也就是说，不会得到拨款"❶。当然，实施这些项目极大地改善了妇女的物质境况，并部分地实现了性别平等的目标。

（一）联合国发展机构的多边项目

"二战"前的国际援助是在盟国之间进行的，大多出于军事和战略上的直接目的，而战后国际援助主要是从发达国家流向发展中国家，是在帮助发展中国家发展经济的名义下进行的。联合国为这种国际间资金的转移起了非常重要的作用。联合国开发计划署旨在开展对第三世界的技术援助活动，是当前国际上提供多边技术援助的最大机构，其80%的资金用于年人均国民生产总值不足600美元的最不发达国家。联合国为改善世界各国的贫富不均状况，自1961年起相继提出了四个联合国发展十年战略，在1981年开始的第三个发展十年战略中，根据第25届联合国大会通过的第2626号决议，提出发达国家应每年拿出其国民生产总值的0.7%，用于对发展中国家的发展援助，以缓和日益扩大的南北差距。

"二战"以后，国际组织和一些发展中国家发出"多边倡议"：国际援助应充分考虑发展中国家国情，增加受援国自主权和参与权，以扩大援助效果。多边主义有利于援助管理、降低捐助国偏好的风险并使资金流向与国家发展优先项目相对应，在某种意义上，多边援助的发展正是多边主义推动和援助方式改革的产物。多边援助一般是由援助国政府将资金或物资提供给国际组织，再由国际组织向发展中国家提供援助。多边援助缓解了国际援助中"附带了不能反映国内改革趋势的条件"，特别是在对捐助国的购买项目挂钩问题上得以妥善解决。多边项目的资金来自多边组织成员国的捐款、认缴的股本、优惠贷款及在国际资金市场借款或业务收益等，按照它们制订的援助计划向发展中

---

❶ ［瑞士］吉尔贝·李斯特：《发展的迷思——一个西方信仰的历史》，陆象淦译，北京：社会科学文献出版社，2011年，第179页。

家或地区提供援助。

多边援助机构包括世界银行、国际货币基金组织、联合国开发计划署等。1970年，世界银行开始设立妇女参与发展顾问一职，在20世纪80年代中将其扩展成为一个的独立办公室，该办公室的工作重点之一就是"安全母亲活动"项目，目的在于通过"增进孕产妇健康有助于妇女更有效地参与发展"❶，而世界卫生组织也同样以此方向作为自己的工作重点。

在1986年和1987年，联合国开发计划署和世界银行分别启动了"妇女参与发展"项目，并于1989年发布《妇女参与发展项目评估指南》，把投资妇女作为促进经济增长，消除贫困，促进家庭福利及降低人口增长的有效手段。20世纪90年代初，世界银行的"妇女参与发展部"已有6名专职人员，也就是说，世界银行以体制化方式将性别问题纳入其发展政策和项目工作中。此后，随着"妇女参与发展"范式转向"社会性别与发展"范式，世界银行的性别与发展项目也都依托该办公室在机构的框架内运作。

1990年以后，联合国在全面推进第四个发展十年战略的基础上确立了优先发展项目，如消除贫困和参与草根运动；治理环境与自然资源管理；治理发展；促进妇女发展；技术采用和转让；发展中国家的技术合作等。联合国开发计划署据此确立了自己的援助重点，如消除贫困（占39%）、政府管理（占32%）、环境保护和自然资源（占21%）等。

1999年，国际劳工组织用"社会性别平等局"取代"女工问题特别顾问办公室"，该局直接对总干事负责，在劳工组织范围内为社会性别主流化提供支持，并确保计划和活动在社会性别平等方面具有互补性和连贯性。此外，国际劳工组织还设立了社会性别问题专家和社会性别小组，与"社会性别平等局"一起形成跨部门的社会性别网络，通过定期举行会议，协调有关社会性别问题的不同计划与活动，并确认需要优先关注的问题。

（二）国际双边发展援助项目

在国际社会的推动下，作为国际政治行为主体的援助国和受援国政府，也都对性别与发展作出了各种政治承诺。双边国际发展机构也在国家层面致力于

---

❶ 王政等主编：《社会性别研究选译》，北京：生活·读书·新知三联书店，1998年，第184页。

同所在国政府和非政府组织开展各种合作项目，而以国家为基础的发展模式又为性别与发展奠定了坚实的组织基础。

发达国家向发展中国家及其所属机构、社会团体以提供资金、物资、设备、技术或资料等方式，帮助发展中国家发展经济和提高社会和福利。如技术援助是指技术先进的国家和多边机构向技术落后的国家在智力、技能、资料、咨询、工艺和培训等方面提供的各项资助活动；项目援助是援助国政府将援助资金或物资直接用于受援国某一具体建设目标的援助上面，多数项目援助是通过项目承包机构提供物资和服务的方式以及提供技术专家指导和培训来实施的。如澳大利亚国际发展署主要负责管理澳大利亚政府对外援助计划，内容主要包括以下方面：卫生、教育、环境、农村发展和治理等，所有的援助活动都强调要保护环境和促进两性平等。到目前为止，澳发署在中国的项目有双边援助、澳大利亚发展奖学金、粮食援助、人道主义和紧急援助，以及小型活动项目，如通过修路，提供清洁饮用水，进行医疗和卫生培训，创收培训和实现减贫目标等。

20 世纪 80 年代以前，国际双边援助的管理与评估工作远远不如多边援助。进入 80 年代以后，援助国加强了同受援国有关项目某些具体问题的联系与合作，并注重项目评估，有时甚至参与项目管理，以此来提高援助的效益。

2012 年，在全球金融危机日益加深的背景下，以卢森堡、瑞典、丹麦、挪威为代表的 25 个国家组成的国际发展援助会中有 16 个国家削减了官方发展援助资金，"实际减少了 12.8%，减至 260 亿美元左右，以现值美元计算，来自发援会国家的官方发展援助净流量总额达 1259 亿美元，少于 2011 年的 1340 亿美元"❶，因此，针对第三世界国家的发展项目也面临着大幅萎缩的局面。与该年度各发达国家缩减对外援助预算相比，更为严重的是，许多原先对发展中国家的援助承诺其实并没有兑现，如 2009 年，德国原定由联邦发展援助给中国的 4700 万欧元发展援助款，没有被纳入联邦预算；英国国际发展部原计划在 2009—2010 财政年度向中国援助的 3000 万英镑，到了 2010—2011 财政年度被削减为 2000 万英镑；2011 年，总部设在瑞士的"全球基金"（The

---

❶ http：//www.un.org/zh/millenniumgoals/pdf/MDG%20Gap%202013_ Chinese.pdf.

Global Fund to Fight AIDS，Tuberculosis and Malaria）冻结了"上亿美元的用于疟疾、结核、艾滋病防控的对华援助资金"[❶]，从而直接影响到以上机构项目办公室的正常运转，包括许多驻外办公室纷纷关停，缩减乃至取消了相应的后续项目活动。

（三）国际非政府组织的发展项目

目前国际非政府组织比较活跃的有美国福特基金会（Ford Foundation）、香港乐施会（Oxfam Hong Kong）、西班牙国际计划（Plan International）、国际行动援助（Action Aid）、世界宣明会（World Vision）、英国救助儿童会（Save the Children）、无国界卫生组织（Health Unlimited）和世界自然基金会（World Wide Fund for Nature）等。

以福特基金会为例，1936 年，由福特（Henry Ford）在纽约成立，以研究美国国内外重大问题，如教育、艺术、科技、人权、国际安全等方面课题为宗旨，以出资创办研究机构、颁发奖学金、向国外派遣专家、捐款、捐赠图书仪器等方式，向国内外有关组织、研究单位提供资助，以影响美国社会生活、文化教育事业和政府的内外政策。福特基金会的宗旨是寻求强化民主价值观，减少贫困和不公，促进国际合作和提高人类的成就。它关注的八大重点领域包括：环境与发展、性与生殖健康、公共政策与政府治理、法律和权利、教育、国际关系、小额信贷[❷]和公民社会。

改革开放以后，福特基金会开始与我国政府合作，1987 年在北京成立项目办公室，开始捐助中国教育、贫困大学生、扶贫开发、计生、环境保护等领域，截至 2011 年，福特基金会已累积向中国各机构团体捐助 2.5 亿美元[❸]。如始于 2001 年终于 2010 年的福特国际奖学金项目就是福特基金会历史上最大的一个项目，主要面向贫困人群、少数民族、妇女及残疾人申请者，为他们提供赴美继续攻读硕士、博士学位的机会，以便学成回国后继续服务于本国的相关

---

❶ http：//news. xinhuanet. com/gongyi/2011 – 08/02/c_ 121760260. htm.

❷ 1979 年，尤努斯（Muhammad Yunus）在孟加拉国的吉大港创立乡村银行，他通过提供小额资本（平均 60～70 美元）帮助穷人，把每 5 个借款人编成一个小组，每个组员对其他组员的借款都负有责任，并且规定是每周而不是每年偿还借款。乡村银行的小额贷款模式也成为发展中国家帮助穷人摆脱贫困值得借鉴的手段，被联合国以及许多非政府组织运用到扶贫发展项目中。

❸ 徐赫：《最慷慨的基金会》，《中国慈善家》，2011 年第 3 期。

领域，10 年内共资助了中国内地 343 人完成学业。

1942 年，乐施会（Oxfam）由米福特（Theodore Richard Milford）在英国牛津成立，曾用名为"英国牛津饥荒救治委员会"，1963 年，在加拿大成立了第一家海外分会，1965 年起改为现名。目前该组织的分会分布在大洋洲、亚洲、欧洲和北美洲 4 大洲的 9 个国家，包括新西兰、澳大利亚、中国香港地区、荷兰、比利时、英国、西班牙、美国、加拿大等，是一个由不同国家的乐施会共同参与，并提供这些组织之间协同工作机会的国际性民间团体网络机构，主要工作内容是在世界范围内救助弱势群体。1976 年，香港乐施会发起成立，并在 20 世纪 70 年代末到 80 年代后期，在东南亚诸国、中国和非洲的埃塞俄比亚等国家和地区开展人道主义救援和发展项目等。1988 年，香港乐施会正式成为香港的独立发展及救援机构，先后在全球超过 60 个国家推行扶贫及救灾工作，开展综合发展、紧急援助、教育、卫生和水利等项目，帮助贫穷人改善生活，自力更生。从 1987 年起，香港乐施会便致力在中国内地推行扶贫发展及防灾救灾工作，项目内容包括社区发展、农村综合发展、增收活动、小型基本建设、卫生服务、教育、能力建设及政策倡议等。

由于"贫困女性化现象持久、负担分布不均、威胁着妇女进步以及人类持续发展的目标"❶，因此，国际非政府组织都把消除女性贫困，倡导性别平等发展作为工作的出发点，因此农村妇女或者城市贫困妇女一直都是各类发展项目的目标人群，这些项目涉及与妇女发展相关的农业技能培训、增加收入的新技能、社区综合发展与妇女需求、针对农村妇女的小额信贷、妇女生育健康与医疗救助、妇女能力建设以及妇女移民与维权等内容。

---

❶ 马元曦：《社会性别与发展译文集》，北京：生活·读书·新知三联书店，2000 年，第 33 页。

第三章
经济领域中的性别差距

2014 年 10 月 28 日，世界经济论坛发布《2014 年全球性别差距报告》称，女性和男性在经济平等方面存在的显著差异仅消除了 60%，并根据过去 9 年的性别差距报告预测，劳动力市场实现真正的性别平等还需要 81 年，即 2095 年才能实现男女就业的终极平等。女权主义把性别要素引入劳动力的供给与需求分析当中，区分出生产劳动和再生产劳动，生产劳动中的职业隔离，妇女再生产劳动的无偿化，而全球劳动力转移带来的家务劳动的跨国转移制造了妇女内部的裂痕。综观不同性别群体的个人生命周期，无论是在进入劳动市场前的人力资本积累阶段，还是在劳动市场中的职位获得、工资谈判和劳动保护方面，乃至退出劳动市场后的社会福利环节等，女性几乎都处于社会的边缘位置，从而使得这一性别的社会地位处于明显的下降当中。

第一节　性别分工与职业隔离

"性别分工范畴的使用为分析整个社会劳动活动中沿性别轴线产生的社会关系提供了方法"[1]，在生产劳动中，性别分工是最基本的形式之一。性别分

---

[1]　李银河主编：《妇女：最漫长的革命——当代西方女权主义理论精选》，北京：生活·读书·新知三联书店，1997 年，第 86 页。

工既指家庭领域中男性从事经济活动和保卫工作，女性从事抚养孩子、照料病人、打扫卫生和准备食物等；也指生产劳动领域中职业的水平与垂直隔离，使得男女两性在就业领域和薪酬水平等方面出现巨大差距。

一、家庭领域中的性别分工

维持一个家庭生存的生产劳动是由两性来承担的，男性从事为家庭提供足够的衣食住等生存条件的生产劳动；女性承担生育繁衍、儿童养护和家务负担等再生产活动，"妇女居家生活以及做母亲的思想和男人负有养家糊口责任的思想在家庭内部就被有机地结合起来"❶。当然，女性也从事生产劳动，她们的收入是家庭经济的来源之一，而男性则较少从事再生产劳动。

（一）生产（Production）劳动

两性最初的劳动分工是基于生理差别基础上的自然分工。在采集狩猎时期，生产劳动指的是满足家庭生存的物质活动，形成与两性生理条件相匹配的任务划分，如男性从事狩猎、捕鱼、防御、打仗和搬运重物等工作；女性通常承担采集野果、编织、修补和捕获小动物等任务。

对于许多发展中国家的妇女来说，主要从事的生产劳动就是田间地头的农业生产，从选种、拔草、间苗、施肥到收获和加工等。如果贫困家庭的男人要外出从事采矿、建筑或长途买卖时，妇女就得独立承担起农业生产的全部活计。据国际粮农组织数据显示，在所有发展中国家的农业劳动力中妇女占43%，亚洲的日、韩、泰三国妇女占农业部门就业者人数的半数，而在南亚和西亚以及北非等区域，在农业部门以外就业的妇女所占的比例只有20%；2007年，"妇女在撒哈拉以南的非洲和南亚各国的农业人口中所占的比例分别达到了68%和61%"❷；在非洲一些地区，国内80%的农作物是由妇女种植的，几乎所有妇女和许多女孩甚至女童都参加劳动，可以说，农业劳动的女性化是一个十分普遍的现象。

---

❶ ［英］F. 艾略特：《家庭：变革还是继续？》，何世念等译，北京：中国人民大学出版社，1992年，第136页。

❷ 胡玉坤：《农村妇女问题——应对全球化挑战的国际政策干预》，《中国农业大学学报（社会科学版）》，2012年第3期。

当然，生产劳动也指生产用于消费和贸易的商品及服务（受雇于他人及个体经营），两性都可能参加此类工作，但他们的具体工作及责任却往往不同。如中世纪的犹太妇女不仅经营零售业做零售店的老板，她们也从事"借贷业，借钱、贷款、付钱、收钱、抵押和收保证金等"❶，这些都是家庭经济的来源之一；而在东南亚等有女性贸易传统的国家中，妇女在贸易雇员中也往往占据较高的比例。

以 1851 年的英国社会为例，在 600 万成年女性中有 300 万人需要为生计而工作，❷ 但是社会又拒绝女性进入正式的职业场所，于是，她们只能长期就业于非熟练的、非行会、报酬很差的服务业和血汗行业中，如"18% 受雇于家内服务业，16.3% 在成衣业和鞋业，1.9% 在家庭教师业，1.2% 在丝织业，其余的是制造业部门工人、营业员、小商店店主和房东等"❸。

从 19 世纪 90 年代开始，印度妇女与男性一样从事运煤、黄麻加工和茶园劳作等生产劳动，以孟加拉❹为例，"女矿工超过 1.5 万，其中 9000 名在矿坑中运煤，占井下劳力的 34.5%，井上的女工也占同样的比例。在黄麻工业中，女工占工人总数的 15%。1890—1925 年，黄麻业女工从 1.2 万增至 5.5 万。1890—1930 年，茶园中的女工则超过 50%。从全国来看，女工占工人总数的比例，1927 年为 7%，1937 年为 14.2%"❺。

"二战"期间，由于成千上万的美国男子参加军队，妇女便成为美国国内最主要的人力资源来源。民用部门雇用了大量的女性劳动者担任宾馆、商店的服务员、办公楼中的电梯操作人员、电报员和传递员等工作，而国防工业中也吸纳了 200 万的妇女就业，使得美国劳动大军中的女性的比例从 1940 年的 25% 增加到 1944 年的 35%，1945 年已高达 38%，战后这一就业比例最高的年

---

❶ 张淑清：《中世纪欧洲犹太妇女在经济领域中的地位及作用》，《烟台大学学报》，2008 年第 1 期。

❷ Pat Hudson（1990）. Women's Work and The Family Economy in Historical Perspective. Manchester University. p. 125.

❸ Sally Alexander（1994），Becoming a Women and other Essays in 19th and 20th Century Feminist History. Britain Mackays of Chatham P. L. C, Kent. pp. 15 – 16.

❹ 1947 年前属于印度的一个邦，印巴分治后属于巴基斯坦，称为东巴基斯坦，1971 年独立建国。

❺ 刘黎：《印度妇女地位变迁的历史考察》，《人民论坛》，2013 年 1 月 23 日。

份是2004年，该年度"妇女外出就业人数达到60%"❶。

（二）再生产（Reproduction）劳动

人类学已有的资料显示，在3/4以上的社会里，妇女大多从事碾米、担水、做饭、储存食物、做衣服、缝补衣服、织布、编席子、编筐、采集食物（如采摘坚果、草莓、根茎等）和制作陶器等工作，"所有这类工作都可在离家很近的地方去做，并可使孩子不离左右"❷，这是基于人类幼态持续所形成的适应性做法。大多数社会，尤其是早期生产力不发达的社会里，女性的工作范围之所以要与生育活动密切相关，是因为那些工作必须与带孩子的工作相适应。如果妇女从事离家很远且时间很长的工作，带着孩子出门就会有许多不便甚至有潜在的危险。不仅如此，妇女带着孩子从事的劳动，还必须是那些允许她们在工作过程中经常被打断的工作，因为女性照料低龄幼童的工作本身是十分琐碎的。

在很多社会，通常由妇女承担的那些生孩子、带孩子、做饭、洗衣、搞卫生、挑水、拾柴、购物等劳动很少被当作真正意义上的"工作"。在贫穷的社区里，再生产的工作绝大部分是劳动密集型的，如世界上大部分的人工运水和运送燃料的工作都是由妇女完成的，这些非常耗费时间的工作有时候也交给未成年的女孩来承担。在多数发展中国家的农村生活中，妇女通常还需要养殖家畜以获得肉类、奶制品和肥料；采集野果，在庭院中种植蔬菜，赚取收入来购买医药和生活日用品等。

随着妇女在种植业中的人数和承担工作的种类不断上升，有时候也很难把妇女的再生产劳动与生产劳动截然分开，但是人们习惯于将妇女的劳动即便是有市场价值的生产劳动也看作是再生产劳动的延伸。宝森（Laurel Bossen）在《中国妇女与农村发展：云南禄村六十年的变迁》❸一书中传神地记录了一位农村妇女一个上午的劳动密集型活动。这个妇女给菜园子施肥和浇水的同时要

---

❶ Mark Mather（2007）. Closing the Male – Female Labor Force Gap. Population Reference Bureau. http：//www. prb. org/Articles/2007/Closing the Male Female Labor Force Gap. aspx？p = 1.

❷ ［美］W. 古德：《家庭》，魏章玲译，北京：社会科学文献出版社，1986年，第103~104页。

❸ ［加］宝森：《中国妇女与农村发展：云南禄村六十年的变迁》，胡玉坤译，南京：江苏人民出版社，2005年。

顺带摘菜，在收拾家人吃的蔬菜的同时要料理和摘取猪饲料，在煮猪食之后要紧接着为家人做饭，吃饭之后就要忙碌着喂猪，等等。其实妇女的再生产劳动往往是同生产劳动杂糅在一起的，但前者的价值因隐含在后者之中而被贬低和忽视了。

（三）进退维谷的性别角色

由于男性角色是作为"职业男性"而存在的，经济的个体化是和男性角色相互联系在一起的，成为父亲并不会妨碍男性的职业生涯，对于男性来说，父亲角色和职业、经济独立和家庭生活并不矛盾，"个体化强化了男子的角色行为"❶。但是对于女性来说，选择生产性角色就面临着一个难题，女人要生孩子和抚育孩子，母亲身份使她们在劳动市场中失去优势，"她自己不照料孩子和家务，就无人代替她。存活下来的孩子，他们不可能很好地成长"❷，这也就意味着，如果已婚女性要承担起家庭照料和从劳动力市场上挣取薪水的双重任务的话，就会导致妇女的角色紧张。

在印度北部的茶园里，妇女们按计件方式采摘茶叶，她们每天要工作七八个小时才能挣够一天的工资。通常妇女要在早上 4 点或 5 点就起床，先是为家人做早饭，然后到茶园工作 7～8 个小时，其间她还要外出打水和拾柴，顺便再做一顿晚饭，而"孩子们经常是被带到田里，最小的孩子背在母亲的背上"❸。同样在印度，一个群体的社会和经济地位越低，就越需要妇女扮演挣钱的角色，但是挣钱的压力并没有把她们从再生产劳动中解放出来，妇女们每天的工作包括擦地板、擦墙、清扫院子，取两次水，砍柴，做饭，照顾孩子们的洗洗涮涮；清洗牛群以及给田野劳动的男人送饭；妇女们要在男人和孩子吃完晚饭就寝后很长时间才能结束一天的工作，这样算下来，"妇女一天得工作18 个小时"❶。

---

❶ Ulrich Beck（1992）. Risk Society：Towards a New Modernity, trans. Califarnia：Sage Publication. pp. 112 – 113.

❷ ［英］约翰斯·图亚特·穆勒：《妇女的屈从地位》，汪溪译，北京：商务印书馆，1996 年，第300 页。

❸ ［丹麦］埃丝特·博斯拉普：《妇女在经济发展中的角色》，陈慧平译，南京：译林出版社，2010 年，第63 页。

❶ 迪帕·纳拉扬等：《在广袤的土地上》，崔惠玲等译，北京：中国人民大学出版社，2004 年，第179 页。

随着越来越多的妇女进入生产领域获得经济收入，但她们本人作为再生产劳动主要承担者的家庭角色并未改变，当她们抱怨工作太辛苦时，政府和企业的反应通常并不是着手改善妇女们的状况，而是告诉操劳过度的妇女辞去工作，干脆回家去当全职妈妈，或者只做兼职，这也就意味着妇女将失去晋升以及加薪的机会，甚至在企业缩减就业岗位时被打发到失业队伍当中。

二、职业市场中的性别隔离

职业是人们的经济身份，是获取社会资源和社会地位的基础。劳动分工中的性别隔离表现为水平和垂直两个方面，前者是以求职者的生理性别为基础，把两性分隔在不同的职业领域，后者也同样以生理性别为理由，把两性分隔在同一领域的不同位置，造成两性职位、收入、就业稳定性的极大不同，特别是女性大量沉淀在非正式行业中，成为劳动力大军的蓄水池。

（一）劳动力市场中的水平隔离

职业的水平隔离指的是不同的性别集中在不同的行业上，通常表现为男女对不同职业的选择，即男女在某一职业中的构成比例与其在全部劳动力人口中的比例是不一致的。

1. 农业劳动力的性别替代

乔根森（Dell Jogenson）的"农业剩余"模型和托达罗（Michael Todaro）的"预期收入"模型都试图解释只要有劳动力在不同部门间的流动，就会发生劳动力的替代和置换现象，但他们都没有注意到这种流动常常伴随着不同性别劳动力之间的替代。1913 年，列宁在分析 1902 年的奥地利和德国两种生产部门的劳动力结构时，就注意到了农业的女性化现象——"奥地利和德国的农业已经主要由妇女来经营了"，因此，他说："工业吸收了强劳动力，而把比较弱的劳动力留给了农业""生产规模愈小，劳动力的成分就愈差，妇女在农业从业人员的总人数中所占的比重就愈大"❶。

其实，农业女性化也是工业化过程中一个较为普遍的现象，特别是在以小农经营方式运作的地区就是如此。如 1980 年，韩国男女农民的性别比例几乎

---

❶ 《列宁全集》（第 23 卷），中央编译局编译，北京：人民出版社，1990 年，第 280～283 页。

是相等的，到 2005 年，女性农民的比例达到 51.2%，数量超过了男性农民；2002 年，越南妇女占农业劳动力总数的 54%；而在印度尼西亚则有超过 60% 的女性从事农业生产劳动。

从 20 世纪 90 年代开始，我国女性在农业劳动人口中的比例就超过了一半，2006 年，这一比例提高到了 61.3%；而在一些农业大省，女性所占比例更高，如山东省农村妇女比例达到 65%，福建省甚至高达 70% 以上。由于妇女大量沉淀在低收益的种植业中，致使农村两性之间的收入差距不断拉大。第一、第二、第三期和第四期中国妇女社会地位调查表明，在 1990—2010 年，尽管在业女性的经济收入有了较大幅度增长，但与男性收入的差距却明显拉大。如 2010 年的数据显示，在中低收入和低收入人群组别中，都是女性占比高于男性，如低收入组中，女性占 65.7%，比男性高出 31.4 个百分点；而在中等收入、中高收入和高收入人群组别中，都是女性的占比低于男性，如高收入组中，女性仅占 24.4%，比男性低了 51.2 个百分点（如图 3.1 所示），这无疑是当代中国农村妇女经济地位不断下降的现实反映。

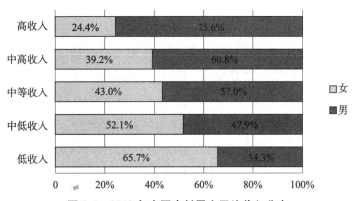

图 3.1　2010 年中国农村男女平均收入分布

资料来源：国家统计局社会科技和文化产业统计司：《中国社会中的女人和男人——事实和数据》（2010 年国家统计局报告），2012 年。

2. 男性工作与女性工作

职业水平隔离的表现之一就是存在明显的"男性工作"和"女性工作"。在 19 世纪的英国，男人被认为是家庭的赡养者，期望能通过工作得到较高的收入，他们凭借个人的手艺，成为工匠师傅，也可以加入行会组织来保护自己

的利益；而大部分女性没有获得特别的工作技能，这其中既有女性的父母不愿意投资女儿的教育与培训，也有男性的工会组织和行业习惯排斥女性直接进入某一行业，或者收其为学徒进行技能培训。最后的结果就是，女性几乎被排除在所有高工资的行业之外，大量集中在棉纺织业等少数几个行业中；而男性由于掌握了必要的技能训练，几乎垄断了机器制造业、银行、金融等报酬优厚的行业。有时即使两性同处一个行业中，如出口加工企业等，男性也是其中的核心，而女性只是助手和辅助工。也就是说，女性在职业结构体系中是处于最低层次的，这些岗位在经济衰退时期是最容易受到影响的，因此，女性劳动力往往是劳动力市场的后备军和蓄水池。

以美国妇女的就业市场为例，她们早期主要集中在低端的服务业和劳动密集型产品的出口加工业当中，从事与再生产劳动性质十分相近的工作，如担任文秘、护士、保育员等，这些职位在社会上缺乏声望，技术含量也不高。1870年，美国女性就业前十位的工作包括保姆、农业季节工、裁缝和缝纫工、女帽商、教师、棉纺织工、洗衣工、毛纺织工、农民及护士；1900年，美国未婚女性大多从事秘书、教师、图书管理员、护士等职业，约占女性劳动力总数的1/6；1970年，美国前十位的"女性工作"是秘书、打字员、文员、教师、缝纫工、护士、保姆、商品零售员、女服务员及收银员。也就是说，从1870—1970的100年间，美国妇女所主要从事的工作只是由过去的农业与纺织业转向了现代社会里的办公室工作；直至20世纪80年代中期，大量的妇女还集中于文职人员、办事员、秘书、商品零售员、销售人员、托儿所教师、出纳、护士和女招待等职业。如1983年，"美国99%的秘书、76%的托儿所与幼儿园老师、94%的出纳和75%的食品服务行业工人都是女性"❶，其实这些工作都是家务劳动的延伸，不仅薪资水平低且晋升空间有限，社会声望等级也十分低下。

20世纪80年代中期，印度政府颁布了扶持计算机软件发展的政策，1991/1992年度至2001/2002年度的关键10年之间，印度软件业的年均增长率达到45%，到了2004年，这一数字更高达50%，印度已成为仅次于美国的"世界软件超级大国"。班加罗尔、海得拉巴和马得拉斯市形成了印度软件生产

---

❶　姚桂桂：《试论美国贫困女性化——20世纪后期的一个历史考察》，《妇女研究论丛》，2010年第3期。

基地的金三角，拥有软件及服务企业近 3000 家，从业人数超过 50 万人，排名前十家的软件及服务企业的人员规模多在万人以上，最大的企业已接近 4 万人，企业盈利均在 20% 以上，而"2003 年，印度妇女只占该国软件工业 27% 的职位，且大多从事低端的数据录入等工作"❶。也就是说，新技术领域的出现并没有改变妇女就业率低的状况，特别是其中两性的垂直隔离现象就十分显著。

（二）劳动力市场的垂直隔离

劳动力市场的垂直隔离主要表现为男性占据高级别、高收入职业，女性则多集中于同一工作领域的低级别和低收入职业，具体表现为在所有职业中，具有较高的技术、责任、地位和收入的职业上，存在女性所占比例相对于男性不断下降的趋势。例如日本女性就业的水平隔离正在消除，社会上将近 50% 的职业性和技术性工作都由女性承担，但"立法官、高级官员和企业管理层中仅有 9% 为女性"❷。当然，要消除劳动力市场的垂直隔离有相当的难度，不仅在于各方对同工同酬的理解很难统一，再加上大量的女性劳动力事实上是在非正式部门就业的就业结构，也是造成薪资水平巨大差距的原因。

1. 性别工资

自英国工业革命开始，劳动力市场中女性劳动者的平均工资低于男性的问题就进入了经济学家的视野，从工场作坊时代的斯密（Adam Smith），到后工业化时代的贝克尔（Gary Becker），都曾试图对劳动市场中的性别工资加以理论解释。也就是说，维持女性的低工资状态是基于这样的认识出发的，两性对家庭承担不同的责任和义务决定了他们不同的工资标准，女性的责任是照料儿女，从事家务劳动，不用独立承担经济责任，因此，她们的最低工资只要能维持她们本人的生存即可；而男性要供养其本人、妻子和一定数量的孩子，他的工资即使在最激烈的竞争状态下，也要保证高于同一工种同一职位女性的工资水平。而通常情况下，女性工资只是男性的 1/3 或 1/2，最高的也只有男性的 2/3。也就是说，通过劳动力市场对女性劳动力的技术限制，人为地增加女性劳动力的供给限制，就能使女性劳动力持续处于低工资状态。

---

❶ 安娜贝尔·斯莱伯尼：《性别、赋权和沟通：回顾与展望》，朱世达译，《国际社会科学杂志（中文版）》，2006 年 2 期。

❷ 王悠然编译：《日本劳动力市场性别差异过大》，《中国社会科学报》，2014 年 6 月 11 日第 606 期。

以美国的情况为例。随着女性接受学校教育的年限逐年提高，越来越多的美国女性进入原先专属男性的职业领域，如1950—1960年间，"妇女在药剂师行业只占这个行业的8%，到了80年代，妇女人数超过了32%"[1]，但是女性劳动力面临的工作场所同工不同酬的问题也越发凸显出来了。1963年，肯尼迪政府签署了《同工同酬法》，女性获得了平等就业的法律权利，但是美国女性致力于争取工作场所的同工同酬待遇，至今也没有实现。根据美国妇女政策研究所的一份报告显示，"男女平均年薪的比例是2009年全职女性赚取了77.0%，2008年为77.1%，比2007年的77.8%更低，这意味着男女工资的差距是22.9个百分点"[2]，这一数据也得到美国劳工部、人口普查局和妇女政策研究所的联合调查报告《24/7华尔街》的佐证："长期以来最受美国大学毕业生追捧的十大行业正是男女薪酬平等方面表现最差的，特别是在某些行业中，女性赚取的薪金只是男性收入的62.2%。"具体数据如表3.1所示。

表3.1 2009年美国十大行业中职业女性与男性的薪酬水平差距

行业	女性收入占男性收入的百分比（%）	女性收入每周中位数（美元）	男性收入每周中位数（美元）
零售业	79.5	504	634
批发业	79.3	648	817
公共行政管理	78.5	783	998
信息	75.8	756	997
公用事业	75.8	780	1029
耐用品	74.9	655	875
非耐用品	73.8	577	782
医疗保健和社会援助	71.8	648	902
专业技术服务	65.9	872	1324
金融和保险	62.2	738	1186

资料来源：根据中工网，2011－05－03数据整理。

---

[1] Barbara Reskin and Patricial A. Roos（2000）. Job Queues, Gender Queues: Explaining Women's Inroads into Male Occupations. Philadelphia: Temple University Press. p. 120.

[2] http://www.chinagender.org, 2011－05－03.

根据 2009 年美国就业市场的数据显示，57% 大学毕业生是女性，女性员工人数分布在以上十大行业中，然而，她们的晋升机会却很少，男性仍然在所有行业中占据高位。如在 2010 年财富 500 强企业中，只有 15.7% 的女性在董事会有席位，即使是合格当选的女性中，有 10% 以上的并没有担任董事会职务；在公共行政管理行业包括政府的行政、立法和司法部门的职位中，女性赚取的薪金也比男性的要少，只占男性收入的 78.5%；而在医疗、卫生保健和社会援助等行业中，尽管女性从业人数超过 1000 万人，远远高于男性就业人数的 290 万人，但是男性仍然占据着高薪职位，女性收入只是男性收入的 71.8%，因为在从业人员中大约有 70% 的医生是男性，而女性医生大约只占从业人员中的 30%。

　　再以我国数据为例，1949 年以后中国女性不管在就业人数还是就业层次与结构上都有了很大的进步，然而，男女在业者的收入差距也在不断扩大。据第一、第二、第三期和第四期中国妇女地位调查显示，1990 年，城镇在业女性的收入为男性的 77.5%，1999 年，这个数字下降到 70.1%，到 2010 年，城镇女性的收入仅为男性的 67.3%；以 2010 年为例，在高收入、中高收入、中等收入人群中，男性占比分别高出女性 38.2%、28.8% 和 16%，而在中低收入和低收入人群中，女性占比分别要比男性多出 9.2% 和 19.6%。具体数据如图 3.2 所示。

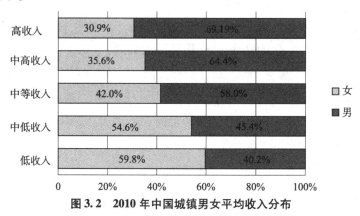

图 3.2　2010 年中国城镇男女平均收入分布

资料来源：国家统计局人口与社会科技统计司：《中国社会中的女人和男人——事实和数据》（2010 年国家统计局报告），2012 年。

2. 女性非正式就业成为劳动力大军的蓄水池

在联合国千年发展目标中，具体目标二强调要"实现充分和有效就业，使所有人包括妇女和年轻人享有体面的工作"；目标三的一个监测指标是："妇女特别容易受到经济情况和结构改革进程的影响，因为结构改革改变了就业的性质，有些情况导致工作机会丧失，甚至威胁到专业妇女和技能熟练的妇女。此外，许多妇女由于缺乏其他机会而进入非正规部门"❶，也就是说，全球化时代女性劳动力承担着巨大的就业压力和同样巨大的失业风险。

"二战"以后，大多数国家的妇女获得了就业机会，却没有享有和男性一样的晋升机会，妇女在整个劳动力中的比例增长并没有改变妇女处在各行业等级的最底层现实。比如跨国公司把妇女当作廉价劳动力资源使用，他们为男人提供劳动培训，却不为女工提供任何培训；只要证明有利可图，跨国公司可以随时解雇女工。当经济危机来临时，在劳动力供大于求，非农有偿就业成为一种相对短缺的资源的情况下，女性就业率就会大幅下降，因为妇女总是最先被解雇，被排挤出正式的就业岗位。

与男性相比，女性更容易从正规就业滑向非正规就业中的临时工作，而这类工作往往缺乏员工津贴和劳动保护等必要措施，处于机动性的劳动队伍当中。其中既有妇女因为家务、育儿、护理等再生产劳动拖累的原因，只能选择兼职工作的钟点工、短期合同工等非正规就业形式；也有发展中国家，本来正式就业岗位就十分有限，而非正式工作占了非农产业总数的 1/2 ~ 3/4 等原因。在以下地区非正式工作的高占比分别是，北非地区 48%，拉美 51%，亚洲 65% 以及非洲撒哈拉地区 72%。以拉美地区为例，每 10 个工作中就有 7 个是非正式工作，在该地区就业的女性中约 80% 没有司法和社会安全保护，近 38% 的女性劳动者没有任何的社会安全保险。

根据全球政策研究网络（Women in Employment Informal：Global Organization，WEIGO）的"非正式就业中的妇女：全球化与组织化"报告显示❷，在

❶ United Nations. United Nations Millennium Declaration. 2000. http：//www. un. org/millennium/declaration/ares552e. htm.

❷ 塞西利亚·塔科里：《城市化、社会性别和城市贫困——城镇有薪工作和家务劳动》，张洁译，http：//www. ynpra. com/Article. asp？ id = 435.

2009 年 1～6 月间发生的经济危机中，亚非拉国家中的 10 个国家的 14 个城市中心区从事家政服务者、街道小贩和拾荒者都受到了不小的冲击。由于原材料、煤气、用电和交通等成本的增加，政府取消物价补助，减少社会服务项目威胁并伤害家庭中的妇女和孩子的生存问题，因此，为了增加家庭的收入以应对生存危机，妇女从事无酬劳动和有酬劳动的时间大为增加。以家政服务人员为例，一方面，她们要想改善家庭收入入不敷出的现状，就需要尽可能多地到几个家庭去做工，而她们延长的工作时间，并没有为她们带来更多的收入，因为这个行业不断涌入的新增人员本身就加剧了家政服务业的竞争，使得这一行业的平均工资不断下降，从而增加了妇女挣取现金收入的风险和不确定性；另一方面，为了应对日益减少的社会服务项目，她们就得增加家庭再生产劳动时间来尽可能地弥补损失，从而加剧了妇女们的精神压力和心理问题。

第二节　再生产劳动无偿化与社会化

再生产劳动是维持一个家庭必不可少的活动，家务劳动无疑具有价值，但是对它的价格计算上则存在盲点，它变成了无偿和低价值的。作为家务劳动的出路，再生产劳动的社会化把它从无偿中解放出来，而家务劳动的市场化结果最终是由第三世界国家的女性来托底的。也就是说，第三世界国家女性走出自己的家庭，成为第一世界国家家庭的仆佣，最终形成女性群体内部新的断裂局面。

一、再生产劳动无偿化

再生产劳动在传统经济学理论上是只有使用价值而无交换价值的无酬劳动，母亲和家庭主妇的工作并未被视为经济活动，家务劳动没有包括在有效的社会劳动体系之内，在大多数国家，家务劳动是"国民生产总值"中看不见的项目，家务劳动无偿化现象使得妇女对经济的贡献被低估也被忽视了。

（一）女性创造了家务劳动的价值

贝克尔（Gary Becker）在《生活中的经济学》一书中主张，在统计国内

生产总值时，应该把家务劳动的贡献也算在里面，因为家务劳动是维持家庭的正常生产和生活的手段和基本方式，家庭成员特别是母亲和妻子通过劳动为家庭成员所提供的服务和物品应该成为国家整体生产的重要部分。也就是说，家庭不仅是社会中的一个消费单位，而且更重要的是一个生产单位，它可以生产出极有价值的商品及服务，如抚养儿童、烧茶煮饭、收拾住所、照顾病人和护理老人等。在家庭生产单位里，家务劳动的生产者使家庭所必需的服务和产品在家庭内部被生产出来，大大地节约了家庭的支出成本，如家庭主妇从事家务劳动后，减少了家庭必不可少的开支，如托儿费、保姆费、保洁费和洗衣费等，从而间接地增加了家庭的收入并转化为家庭的财富。

正因为如此，家务劳动不仅有经济价值，其价格还可以进行量化估算。如美国薪水网列出了一名全职母亲在日常生活中扮演的十大角色，分别为清洁工、厨师、幼儿园教师、洗衣工、汽车司机、设备管理者、看门人、计算机操作者、首席执行官和心理医生，并且声称："假如这些工作全部由专业人士来担任，雇主大约需支付他们 13.8095 万美元的年薪"❶。也就是说，现在一个全职母亲一年就为一个家庭节省了不菲的支出，间接地为这个家庭创造出了相应的财富。

吉布森－格雷汉姆（Gibson－Graham）在《资本主义的终结——关于政治经济学的女性主义批判》一书中，认为家庭不仅是生产的场所，同时也是分配和消费的场所，更是与剩余价值的创造与占有、剥削有关的场所，"家庭是能够凭借自身的力量形成一个自治的生产场所，其中各种阶级活动都会出现"❷。也就是说，通过往家庭中"添加剥削和阶级的内容"，就能把这些被遮蔽的、难以察觉的方面清楚揭示出来，如单身母亲每周平均劳动时间是 75 小时，而与异性同居母亲的劳动时间却是 85 小时，原因是后一类家庭的家务负担更沉重，女性需要创造更多的剩余劳动才能满足家庭成员的需求，其中就包括丈夫对妻子剩余劳动的享用，因为她不只是承担了她那一份义务，她为他们共同生存需要付出更多体力上和精神上的努力。

---

❶ http：//www.sznews.com/epaper/szwb/content/2007–05/04/content_ 1097085.htm.

❷ ［美］J. K. 吉布森－格雷汉姆：《资本主义的终结——关于政治经济学的女性主义批判》，陈冬生译，北京：社会科学文献出版社，2002 年，第 83 页。

（二）两性家务劳动时间差异大

20 世纪 80 年代以来，女性在工资、教育和职业等方面都有着长足的进步，与男性的差距也在不断缩小，然而，即使两性的其他条件相同，女性的家务劳动时间依旧大大超过男性，包括在男女平等水平很高的北欧四国中，男性的家务劳动时间也不及女性的 1/2。由此引发了学者们从"性别角色观念、时间可及、资源多寡、权力关系以及经济理性"等视角来解释这一现象。❶

据 2014 年我国台湾、香港地区与日本的调查数据显示，女性平均每天做家务劳动的时间分别为 2.3、2.4 与 3.8 小时，而男性平均每天的家务劳动时间仅为 0.7、1.4 与 0.5 小时。❷ 澳大利亚日前发布的数据也显示，澳大利亚女性平均每天都要无偿劳动 5 个小时，包括花在家务劳动和采购等事务上的时间共 311 分钟，相比之下，澳大利亚男性每天花在家庭事务上的时间只有 172 分钟，平均不到 3 小时。❸ 在世界许多国家，女性在家务劳动中都要花费大量的时间和精力，有时这种无偿劳动的时间甚至比男性的工作时间还要长，"一名美国全职母亲每星期做家务的时间平均为 92 小时，相当于每周加班 52 个小时"❹（美国实行每周 5 天每天 8 小时的工作制）。

与日本和韩国的男性相比，中国男性从事家务劳动的参与度较高，越来越多的丈夫参与到再生产劳动中，也从事更多的家务活计，但是无论从家庭结构、城乡居住或者不同时期的数据来看，我国女性从事家务劳动的时间还是要大大多于男性的。据 2008 年国家统计局的时间利用调查显示，妇女每天的有酬劳动时间为 4 小时 23 分钟，比男性少 1 小时 37 分钟；女性的无酬劳动时间为 3 小时 54 分，而男性仅为 1 小时 31 分，前者比后者多 2 小时 23 分钟。这在农村居民中尤其明显，农村女性的无酬劳动时间比男性要多 2 小时 41 分钟，而城市的相应数字为 1 小时 42 分钟。在 2010 年，国内城乡在业女性工作日用于家务劳动的时间分别为 102 和 143 分钟，为男性的 2 ~ 3 倍。在工作日，女性的总劳动时间为 574 分钟，男性为 537 分钟；在休息日，女性的休闲时间

---

❶ 杨菊华：《传续与策略：1990—2010 年中国家务分工的性别差异》，《学术研究》，2014 年第 2 期。

❷ 转引自於嘉：《性别观念、现代化与女性的家务劳动时间》，《社会》，2014 年第 2 期。

❸ 《经合组织调查显示澳女性无偿干家务时间最多》，环球网，2014 年 3 月 7 日。

❹ http：//www.sznews.com/epaper/szwb/content/2007 – 05/04/content_ 1097085.htm.

为 240 分钟，男性为 297 分钟。也就是说，女性从事的是劳动力密集型工作且从事更多的家务劳动，导致女性群体出现明显的时间短缺现象。在 1990—2010 年的 20 年间，国内两性每天的家务劳动时间都出现了明显的下降趋势，男性由不足 150 分钟下降到了略高于 50 分钟，女性由 275 分钟下降到 180 分钟，结果女性的家务劳动时间还是要高出男性 2 倍以上（如图 3.3 所示）。

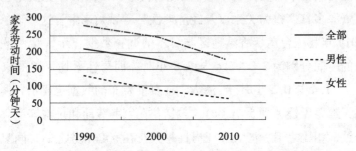

图 3.3　1990—2010 年中国两性家务劳动时间的变动趋势

资料来源：杨菊华：《传续与策略：1990—2010 年中国家务分工的性别差异》，《学术研究》，2014 年第 2 期。

二、再生产劳动的社会化

随着妇女外出就业人数的增加，女性绝对收入的提高可以有效帮助她们减少家务劳动时间，这表明随着女性自身经济能力的提升，她们可以通过购买市场中的家务劳动替代品来减轻自身的家务负担。因此，家务劳动的社会化为部分女性提供了减少角色紧张的出路，但是家务劳动社会化后也意味着这项工作是由第三世界国家的移民女性来承担，从而制造出妇女内部新的裂痕。如何解决这个难题呢？如果照料家庭的责任成为男性、女性以及社会的集体责任，而不完全落在妇女肩上的话，那么，通过男性参与承担家务劳动，能够有效地减轻女性的家务负担，可能是未来较好的破解方法。

（一）对家务劳动使用价值进行价格测量

2014 年，联合国赤贫和人权问题特别报告员塞普尔韦达（Sepulveda）在"三八国际妇女节"到来前夕发出呼吁，"要求各国政府以及全世界男性对女性为无偿家务劳动所付出的努力予以更多的重视"❶。他认为为促进人权、社会公平以及可持续发展，人们不能对女性所从事的无偿家务劳动视而不见，应通过采取具体步骤来承认女性所从事的无偿工作的价值，减少并重新分配家务劳动的负担。

由于女性家务劳动的价格难以货币化，女性家务劳动的贡献难以评估，家务贡献难以得到合理补偿，导致家务劳动被严重低价值化。那么，对妇女的缝补浆洗、育儿做饭的使用价值的价格应如何计算呢？苏联经济学家认为，若用其他方式代替女性的家务劳动，全社会要付出约相当于每年雇佣 1 亿名拿工资的工人，其报酬为一年 1500 亿卢布，约合人民币 12 000 亿元的代价（以 2014年俄罗斯卢布与人民币的汇率为例）。10 多年前，国内也有经济学家做过类似的测算，"如果将家务劳动转化为固定工资支付，每年为 420 亿元人民币"❷。其实无论家务劳动的报酬如何计算，其计算结果都不能真正体现家务劳动的价值，因为家务劳动不仅有劳动强度和服务质量，更有亲属之间的情感和精神的投入，而后一部分是无法量化的。

学术界对女性家务劳动应该计入国民财富并无疑问。分歧在于有人认为要承认女性在再生产领域的贡献就要对家务劳动实行明码标价，即让妇女的家务劳动"有偿化"，当然，是由政府而不是个人来给家庭主妇付费，"妇女在家里不仅通过劳动力的再生产为资本提供必要的服务，而且通过家务创造剩余价值"❸；也有学者明确反对把"家务劳动有偿化"❶，理由是对家务劳动进行付费会助长资本主义对所有产品和服务明码标价的商品化趋向，使夫妻关系、母子关系和父子关系都完全商品化，最后的结果将导致人的异化，特别是家务劳动有偿化的后果是使妇女与世隔绝，它不会刺激妇女去做"男人工作"，也不会刺激男人去做"女人工作"，从而使劳动分工完全定型化和固定化。

---

❶ 《"国际妇女节"：人权专家呼吁不再忽视女性无偿家务劳动的价值》，联合国新闻，2014 年 3月 7 日。

❷ 李银河：《女性权力的崛起》，北京：文化艺术出版社，2003 年，第 156～157 页。

❸ Mariarosa Dalla Costa and Selma James eds.（1973）. The Power of Women and the Subversion of the Community. Bristol：England：Falling Wall Press. p. 78.

❶ Carol Lopate（1974）. Pay for Housework？Social Policy，No. 3. p. 28.

（二）家务劳动的社会化

恩格斯在《家庭、私有制与国家的起源》中提出妇女解放的三个先决条件，其中第三条就是家务劳动的社会化，"只有在消除了资本主义对男女双方的剥削并把私人的家务劳动变成一种公共的行业以后，男女的真正平等才能实现"❶；国内学者也承袭了这一看法，"把家庭劳动社会化认为是促进两性平等的出路"❷。那么由谁来从事这些必不可少的家务劳动呢？恩格斯并没有给出答案。现实的情况是由移民或者其他低社会地位的女性承担起了这部分劳动。由于第三世界国家向第一世界国家移民过程中形成的劳动力跨国流动，使得南北/东西国家的女性在国际家政市场中分别扮演起雇主/女主人和佣工/女仆的角色，引发了人们对第一世界国家和第三世界国家分别扮演传统男性和女性角色的关注。也就是说，第一世界国家的家庭妇女、第三世界国家发达地区的妇女与第三世界国家的移民妇女和不发达地区的贫穷妇女之间出现了巨大鸿沟，"那种曾经只是限于地区内、为女权主义者所批评的劳动分工，套用一句时髦的话，已经全球化了"❸。

1. 中产阶级妇女的高就业率催生对家政服务的需求

以新自由主义理论为思想基础的全球化通过促进资本、贸易、信息等在世界各地的广泛流动和产业结构的跨国重组，一定程度上带动了女性就业率的提高，使中产阶级妇女在从事职业活动和接受教育方面拥有了更多的机会和选择。另外，女性就业率上升的背后也是家庭面临巨大生存压力的结果。因为随着新自由主义全球化的推进，国有财产私有化，国家对教育、卫生、食品和住房补贴等公共事业的投入大幅减少，政府回避了在社会福利中理应担负的责任，特别是削减了卫生保健和社会服务方面的费用，于是，对儿童和老年人照顾的公共责任转变成为个体家庭的私人问题，特别是在公共服务严重匮乏的许多地方，妇女充当了事实上的"社会安全阀"，因为她们必须承担照顾儿童和老人的成本和责任。

---

❶ ［德］恩格斯：《家庭、私有制和国家的起源》，北京：人民出版社，1972 年，第 452 页。

❷ 郑丹丹：《家务劳动社会化促进两性平等》，《中国社会科学报》，2013 年 3 月 1 日。

❸ Barbara Ehrenreich & Arlie R. Hochschild（eds）（2000）. Global Woman：Nannies, Maids, and Sex Workers in the New Economy. New York：Metropolitan Books. p. 12.

根据世界劳工组织在金融危机爆发前的 2007 年发布的报告称，当年全球妇女的就业率处于历史的最高点，她们在劳动大军中的比例超过 40%，且拥有 28% 的行政职位，从事科学家、工程师、医生、企业高级管理人员等传统的男性职业的女性人数也在显著增加。由于大量妇女的外出就业和高收入国家或地区国民生活水平的提高，因此，这些国家和地区就把抚养小孩、照顾老人、清洁和缝纫方面的家庭再生产劳动市场化，产生了对家政服务业的巨大需求。也就是说，"雇佣家务劳动（的出现）是用阶级的关系解决家务劳动中性别分工和家务劳动社会化不足的问题"❶。

安德森（Bridget Anderson）指出，"越来越多的欧洲家庭依赖移民劳工从事不能外包的基本生活和再生产的劳动"❷。如 1999 年，美国雇用家政服务人员的家庭比 1995 年增加了 53%；2000 年以来，西班牙一直将每年大约 50% 的移民配额直接发给家政工作者。据国际劳工组织的统计数据显示，沙特阿拉伯全国由家庭雇聘的外籍佣人达 100 万以上，香港雇用的外籍佣人达 20 万，马来西亚也有外籍家庭用工 15.5 万人；而在新加坡，平均每 7 户即有 1 户雇用 1 名入户居住的保姆；在阿联酋，平均每户雇用 3 个佣人。

那么，中国内地家庭的雇用情况怎么样呢？在 20 世纪 90 年代末，中国国产电视连续剧《田教授家的二十八个保姆》❸ 曾在上海、北京等许多城市的有线电视台播出过，这部轻喜剧关注的是上海一个小康家庭的内部生活，讲述了田家多次寻找家政工人的故事。根据严海蓉对国务院人口普查办公室出版的 2000 年全国人口普查数据的分析，认为当年北京市城区总户数为 260 万，如果假定雇保姆的家庭比例是 5.7% 的话，就应该有 14.8 万名保姆。而 2003 年北京 8 个城区约有 20 万户家庭雇用了保姆，如果每户雇用 1 名的话，当年在北京就至少有 20 万名保姆从事家政服务。为了适应雇主的需求，国内的家政服务范围也日益扩大，除了能帮忙打理家务、照顾老人和孩子的住家保姆、钟点工、保洁员之外，还出现了能提供专业服务的月嫂、育婴师等职业，其实这

---

❶ 严海蓉：《"知识分子负担"与家务劳动——劳心与劳力、性别与阶级之一》，《开放时代》，2010 年第 6 期。

❷ Bridget Anderson. Servants and Slaves：Europe's Domestic Workers. Race & Class. Vol. 39，No. 1，1997. p. 37.

❸ 吴培民：《田教授家的二十八个保姆》，上海电影制片厂，1999 年。

些就是属于女性再生产角色的延伸，只不过家务劳动社会化后不再是由家庭成员中的母亲或妻子无偿提供的，具有明码标价的市场价钱。从我国大城市的雇佣情况来说，在居民家庭中充当保姆的可能是雇主的农村亲戚、城市下岗职工、年长的邻居或者是更常见的进城务工的农民工等。

2. 第三世界国家妇女充当家政工作者

1792 年，沃斯通克拉夫特（Mary Wollstonecraft）在《为女权辩护》一书中，提出"妇女是不能被强迫限制在家务上的"❶ 观点，因为家务劳动会限制妇女获得与男性同等的教育，从而造成她们与男性的差别。她认为妇女只有在教育、就业和政治方面享有与男人同样的待遇，才能在身体、精神和公民的意义上获得自由。当然，沃斯通克拉夫特所说的是中产阶级妇女，并不包括劳动阶层的妇女。

其实正如前所述，当代女性从事家务劳动的时间整体上处于下降趋势，但还是远远多于男性的家务劳动时间，这已是一个世界性的现象。也就是说，妇女外出从事有现金收入的生产劳动，并不会必然带来对家庭所负职责更为平等的分配。实际上，不管由无薪家庭成员承担，还是挣钱雇请家佣，人类再生产劳动的重任从来都是由妇女来承担的，只不过是原本由中产阶级女性承担的工作现在转嫁到了第三世界国家的妇女身上，一句话，家务劳动的社会化也摆脱不了家务劳动的女性化的标签。

对于发达国家和发展中国家的发达地区而言，家政工作所包括的内容不仅涉及制作家庭便餐、家居保洁、衣物洗涤、园艺等以器物服务为主的一般家务，还涉及看护婴幼儿、护理老年人、照顾病人、护理产妇与新生儿，此外还包括家庭教育、家庭理财、家庭秘书、家庭安全员、陪伴、管家等内容。这类再生产劳动的市场需求缺口大，职业声望等级低，没有上升空间，吸引不了第一世界国家或者第三世界发达地区的民众来就业，最后由第三世界国家外来劳工或者是外籍新娘填补起这一真空的就业领域。由于绝大多数妇女都在自己的家中干着同样的工作再加上雇主提供食宿的便利，使得移民妇女扎堆地进入这一低门槛的服务行业。

---

❶ ［英］玛丽·沃斯通克拉夫特：《为女权辩护》，王蓁译，北京：商务印书馆，1995 年，第 12 页。

在过去的两个世纪里，雇佣家政工人成了一个重要的全球现象，在北美和欧洲从事家政服务的跨国移民妇女人数都在不断增加。许多发展中国家的女性纷纷前往发达国家做家务劳动，扮演家政工作者的角色。如菲律宾训练有素跨国务工的女佣已经成为国际劳务市场的一个品牌。1974年，菲律宾政府制定《劳工法案》促使海外务工成为一项官方计划，现在菲律宾有750万合法海外工人分布在全球186个国家，另外还有170万非法劳工，其中至少有50%是女性。拉美也有760万人常年在国外从事家庭佣工的工作。

现在这些南半球国家的妇女把自己家庭的孩子和老人留在家乡，前往北半球国家做保姆来照顾当地的孩子和老人的服务已被纳入"全球服务链"当中。整个链条由5个环节构成：美国的男性很可能会把照顾孩子和年迈的父母的抚养权移交给自己的妻子，这是服务链中的第一个环节；妻子可以把自己的孩子转交给雇佣的菲律宾保姆照顾，这是服务链中的第二个环节；保姆可以把自己的孩子留给她在菲律宾城市里生活的母亲照顾，成为第三环；而保姆的母亲用收到的外汇雇佣当地的保姆来照顾孩子，这是第四环；当地菲律宾保姆可能来自更遥远的农村，就把自己的孩子留给农村的大女儿照顾，这是服务链的最后一环。于是，"我们可以看到并不是简单地从北到南流动资金，而是从南到北贴心的照顾"[1]。

此外，在第三世界国家内部的城乡之间也存在着巨大的贫富差异，到富人家庭内工作也成为国内流动人口，特别是农村妇女们就业的主要选择。如2004年，南非的家政服务就是黑人妇女就业的第二大行业，吸纳了约75.5万人就业，占了农村进城人口的很大比例，越南和坦桑尼亚等国的情况也大抵如此。

第三节　贫困的女性面孔与福利女性化

《北京行动纲领》中提道："当今世界上10亿多人生活在令人无法接受的贫穷状况下，其中大多数是妇女，多数是在发展中国家……除经济因素以外，

---

❶　[美] Arlie Hochschild：《从性别到种族、阶级和全球化——女性研究丰富和深刻了美国社会学发展》，王莹译，《中国社会科学报》，2011年8月23日。

造成妇女贫穷的原因还有僵化的社会认定的性别角色，妇女获得权力、教育、培训和生产资源的机会有限以及其他所出现的导致家庭不稳定的诸因素"❶，其实女性贫困后果引发了其他的连锁反应，如社会福利系统负荷加重，社会性别歧视延续，妇女易受伤害和妇女社会地位的进一步降低等。

一、贫困的女性面孔

1950年以来，越来越多的已婚女性进入劳动力市场，从事服务行业和劳动密集型工作，她们在职业结构体系中处于较低层次，形成劳动力市场的性别隔离状况。由于女性工资水平普遍低于男性，低工资就业、兼职工作和临时工作的常规化等都大大加剧了女性的贫困面与贫困程度。1978年，帕尔斯（Diana Pearce）对贫困的女性化现象进行了概念化与系统化探讨❷。其指出，在贫穷人口当中，女性的人数要远远多于男性，或者说女性比男性更容易陷于贫穷的境地；而且由低收入或贫困的妇女和孩子组成的女户主家庭占据了贫困人口中的大部分，且代际固化十分明显。其实，在贫困的女性化背后有着十分深刻的经济、政治和社会文化等方面的原因。

（一）贫困概念的性别属性

传统经济学认为，应该以经济收入、生理消耗量等物质指标来识别及监测贫困，如贫困就是生活必需品的缺乏，贫困是指收入较少而无力供养自身及家庭的一种低级的生活程度等。于是，每人每天所需的最低热量就成为最低贫困线，只用计算一下收入在这个贫困线之下的人数就能识别出谁是贫困人口并且掌握贫困人口所占的比例。目前通行的做法是采用世界银行提出的国际贫困线标准，即"缺少达到最低生活水准的能力"来定义贫困。

随着人们对贫困原因认识的不断深化，贫困的内涵得以不断拓展，从个人经济收入和消费方面延伸到了个人其他方面的基本需要，如尊严和自主权等。也就是说，贫困应该被定义为能力不足而不是收入低下。贫困的核心概念是能

---

❶　转引自马元曦等：《社会性别与发展译文集》，北京：读书·生活·新知三联书店，2000年，第32～33页。

❷　转引自姚桂桂：《试论美国"贫困女性化"——20世纪后期的一个历史考察》，《妇女研究论丛》，2010年第3期。

力、权力和福利的被剥夺，贫困不只是收入的贫困，而是一个多维度的现象。联合国开发计划署也认为贫困远不止是人们通常所认为的收入不足（收入贫困）的问题，相反，贫困实质上是人类发展所必需的最基本的机会和选择权的缺乏，也就是说，机会被剥夺与排斥。在 2010 年的《人类发展报告》中，开发计划署首次提出了多维贫困指数，用来衡量人类在健康、教育和生活标准方面遭受的剥夺程度。按照该指标来衡量，2014 年，在全球 91 个发展中国家中有近 15 亿人口生活在贫困之中，并正在遭受健康、教育和生活水平方面的多重剥夺，虽然全球贫困人口的总数正在逐年减少，但仍有近 8 亿人一旦遭受冲击便会面临着重新陷入贫困的风险。

当然，即使是在一个贫困社区中，也不是人人都是贫困的。通常情况下"单身母亲、孤儿、儿童，拥有大家庭的男子、无业的年轻人、年轻母亲、临时工和嫁给无责任心或酗酒丈夫的妇女（才是）最脆弱的人"❶，其中妇女常常因为有养育孩子的责任而被认为是最脆弱的人群。在印度的一些地区，有家的妇女往往只吃其他人吃剩的东西，在食物短缺期间，妇女们实际上根本没有什么东西可吃。在菲律宾，妇女们说："当食物变得稀缺时，我们一天只吃一顿饭，而让我们的孩子和丈夫一天吃三顿饭。"❷ 而限制妇女接触某类资源或者失去对资源的控制权，以及其他的文化准则和法律约束往往会增加妇女的脆弱性。如在孟加拉国的农村，妇女们非常关心园地的土地所有权，因为这种所有权向她们提供了获得借款的担保品和典押品。只要拥有一小块园地，妇女们就能有很多获取收入的选择，包括饲养家禽和从事家庭园艺和手工业等，从而让自己和家人免于堕入绝境。

（二）贫困女性的三种类型

莫格哈登（Valentine Moghadam）在《贫困女性化？——有关概念和趋势的笔记》❸ 一文中分析了"贫困以女性面孔"出现的原因，其实也可以理解为

---

❶ 迪帕·纳拉扬等：《谁倾听我们的声音?》，付岩梅等译，北京：中国人民大学出版社，2001年，第 71 页。

❷ 迪帕·纳拉扬等：《谁倾听我们的声音?》，付岩梅等译，北京：中国人民大学出版社，2001年，第 72 页。

❸ 马元曦等：《社会性别与发展译文集》，北京：生活·读书·新知三联书店，2000 年，第 31 ~ 62 页。

是对贫困女性不同类型的划分。贫困女性主要分为以下三种类型：第一，以女性为户主的单亲家庭。对男性来说，贫困常常是由于失业，而找到工作一般是有效的补救办法，但是对于妇女来说，即使参加全日制工作，也往往会处于贫困之中，因为她们既要照顾孩子，还要挣钱来养活自己及孩子；第二，家庭以及社会在资源和权利方面对女性形成制度性歧视与排斥；第三，前社会主义国家实行市场转型后出现的以女性为主的"新穷人"。

1. 以女性为户主的家庭

在大多数发展中国家，绝大多数女性户主家庭中的户主为寡妇、离婚或与丈夫分居的妇女。也就是说，如果丧夫或者离婚降临到某个家庭，那么，挣钱机会更少的妇女，就得独自担负起养护儿女的责任，这些妇女没人帮助，生活可怜。"妇女担负着更多的责任，因为她们扮演着双重角色，管理家务和创造收入"❶。为什么大多数女性主导的家庭都属于生活水平的最低阶层？因为离婚或者单身妇女本身的经济社会脆弱性，加剧了由此带来的贫困，成为妇女们面临的最大风险。

与发展中国家以离婚或者丧偶为主的女户主家庭不同的是，美国女户主家庭的女性大多是未婚女性，约有 10% 的单身母亲独立抚育孩子，而每 5 个单身母亲就有 3 个生活在贫困边缘。20 世纪 60 年代之后，由于社会文化的激烈变迁促成了美国家庭结构发生巨大变化，以妇女为户主的单身母亲家庭数量大幅增长。自 20 世纪 70 年代中期以来，美国贫困人口一直在人口中占比 15% 左右，其中妇女一直占贫困人口中的大多数，为 56% ~57%。到了 20 世纪 80 年代中期，美国全部贫困人口中几乎一半属于不同年龄阶段的以妇女为户主的家庭成员，比 1959 年增长了 21%。以 1984 年为例，以妇女为户主的家庭占全部白人家庭的 16%，西班牙裔家庭的 25%，黑人家庭的 53%，其中白人、西班牙裔和黑人女户主家庭的贫困发生率分别是 27.1%、53% ~54% 和 51.7%。在 1980—1990 年的 10 年间，美国单身母亲家庭从 580 万户增至 770 万户，到 2009 年，美国贫困家庭数量为 880 万，其中女户主家庭为 440 万户，占了贫困家庭总数的 50%。也就是说，自 20 世纪 80 年代以来，以女性为户主的家庭居高不下的贫困比例就没有得到有效下降，到了2011年女性的贫困率为14.6%，高于男性的10.9%，40%的女性户主家庭处于贫困状态。

美国女户主家庭增多的原因，除了人口的自然变化，如出生率、死亡率以及预期寿命外，还有婚姻状况等原因外。单亲母亲们必须将大量时间与精力花在照顾子女身上，更由于受教育程度低，同工不同酬的现实，使她们中的大多数在就业市场上处于劣势地位，工资收入远远低于男性，根本不可能靠自己的能力使自己与子女脱离贫困，从而使得贫困固化，在两代人之间形成传递。也就是说，早年生育、由未受完整教育的妇女抚养孩子的家庭的特点是贫困代代相传，不单只她一人承受贫穷，甚至她的下一代亦会因缺乏社会支持而继续处于贫穷状态当中。

2. 对妇女的制度性排斥

家庭中的性别关系是很复杂的，在不同地区有不同的情况，一些社区经济生活的普遍提高影响到妇女的地位，而有些社区中不平等的地位关系依然存在，家庭之外的制度安排也决定了贫困最有可能光顾女性。

作为社会排斥的标志，歧视和隔离对人们的生活质量有极其深刻的负面影响。社会排斥和贫困之间的关系主要表现在两个方面：第一，贫困导致社会歧视，使被歧视的人处于社会制度的边缘而不受重视，这反过来又进一步加剧了他们的贫困；第二，尽管社会排斥并非总能导致经济上的贫困，但它总是妨碍人们获取一定的社会资源，从而导致人们享有的社会福利减少。

与男性相比，女性更难从国家和社区获得资源和服务，从而导致家庭内部资源和机会分配中的性别不平等。在许多国家，妇女与男人相比明显处于不利地位，妇女更难得到土地、信贷、资本和收入高的工作，她们处于不利地位，更易陷于贫困，无论是否贫困，妇女在得到房屋和农业方面的资源和服务方面受到更大的限制。在拉美，女性担当着孕育后代的责任，这多少限制了女性参与教育、娱乐和劳动力市场的机会，从而部分地削弱了她们的社会和政治地位。

其实对妇女的制度性排斥还表现在：第一，对土地、资金、信息和新技术等生产资料的占有、使用和控制力上，女性不及男性；第二，在政治权力分配上，女性处在相对被剥夺状态，不管是在家庭还是在社会，女性的决策权极为

性别与发展

有限，从而阻碍了女性获取资源和政治资本以克服贫困；第三，在法律制度上，女性行使基本公民权利受到限制，她们处在相对脆弱的无保障状态。例如，世界银行对智利、哥伦比亚、厄瓜多尔、洪都拉斯、墨西哥、秘鲁等国土地制度的研究表明，一些拉美国家在保护女性权益方面存在着制度性缺陷。尽管与20世纪80年代相比，拉美实行的土地制度改革对女性权益有所保护，但由于女性对其在土地中的正当权益缺乏了解，在土地授权过程中也没有发言权，甚至一些法律条文中也存在性别偏见，从而阻碍女性从土地收益中获得利益。

3. 转型国家中新增的女性穷人

世界银行的"穷人的呼声系列"报告显示❶，从1990—1994年，在俄罗斯、爱沙尼亚和其他的苏东地区，政治混乱，经济衰退，比如俄罗斯生产下降50%，独联体中的另一些国家下降得更多，而东欧国家也普遍下降18%～20%。伴随生产急剧下降的是普通民众直线下降的生活水平，1994年，俄罗斯60%居民实际收入水平低于1989年。据欧盟1995年3月调查显示，东欧和独联体等27个转型国家中，只有捷克、爱沙尼亚、斯洛文尼亚、阿尔巴尼亚4国人民生活水平比上年有所改善。1997年，有1/4的俄罗斯居民生活在贫困线下，1998年的贫困人口仍占人口总数的20%以上，通货膨胀率高达75%，1999年仍有21%的俄罗斯居民月收入低于30美元，全国拖欠工资、退休金和军饷逾1200亿卢布。

由于国有制成分缩小、私有制成分扩大，性别之间的工资差距加大，失业、实际工资降低及社会福利制度的崩溃均导致转型国家大部分的农村和小城镇人口迅速陷入贫困，在这些新穷人中妇女占了绝大多数。许多妇女是家庭生计的主要承担者，由于老板不再提供日托中心和学校这样的服务，女工尤其是单亲母亲就得承担照料年幼孩子的额外负担。与妇女承担主要家务劳动和看护工作不同的是，她们还要为家庭收入投入更多的时间和精力，因为她们的有薪收入已成为城市家庭摆脱贫困的重要来源，而她们还得承受经济危机和经济结构调整所带来的就业岗位萎缩和就业机会不足的风险和危机。

---

❶ 迪帕·纳拉扬等：《在广袤的土地上》，崔惠玲等译，北京：中国人民大学出版社，2004年，第351～352页。

134

二、社会福利的女性化

在所有国家，由于性别分工，女性要承担大量的家务劳动的负担，导致很多女性只能从事兼职工作，这就减少了女性可以用来从事有偿工作的时间，因此，她们挣的钱从单位时间上来说是少于男性的，当然，从总量上来说也是低于男性的。据 2010 年中国老年贫困数据显示，以劳动收入或离退休金、养老金为生活来源的女性为 41.5%，比男性低 24 个百分点，对她们一辈子的收入产生消极影响，"加剧了女性对男性工资和社会福利的依赖"❶，而且 56.3% 的60 岁以上女性的生活来源为家庭成员供养或领取低保，比男性的比例高出 1倍，因此，社会福利的女性化特质也十分显著。由于妇女不大可能进入正规的劳动力市场，所以，她们难以获得工作保障以及享受包括卫生保健在内的各种福利，而她们只要是醒着的时候几乎都在劳动，但是再生产劳动的无偿化使得她们的劳动得不到承认，也得不到社会福利方面的保障。

（一）福利国家并不对妇女格外友好

1941 年"福利国家"这个词首度出现在英国，此后，不断有学者对其概念进行界定，其实社会福利就是"通过给其公民提供服务或收入对他们的福利有所影响的政府活动"❷。也就是说，福利国家是一种向其公民提供最低水平的制度化给付，以满足他们基本的经济与社会需求的制度，其核心是国家/政府在保障社会公平与正义中负有不可推卸的重要责任，其中也包括性别方面的平等。

对于男性和女性来说，他们所面对的国家福利是不同的，特别是在不同国家，相关的就业政策和劳动法案都在不同程度上影响着两性参与劳动力市场的机会以及在劳动力市场上所受到的待遇。税收政策、家庭政策、社会项目的给付结构等都可以成为福利国家施加影响的工具。以社会项目的筹资为例，社会保险通常需要稳定的就业和较长的供款时间。较男性而言，女性的工作更容易

---

❶ 刘继同：《妇女与福利：女性主义福利理论评介》，《妇女研究论丛》，2003 年第 4 期。

❷ ［美］戴安娜·M. 迪尼托：《社会福利：政治与公共政策》（第五版），何敬等译，北京：中国人民大学出版社，2007 年，第 5~6 页。

中断，而且很多女性从事的是非全日制的兼职工作，这使得相当一部分女性很难获得相应的保险待遇。

由于美国贫困妇女人数众多，因此"超过 90% 领取贫苦家庭临时补贴的家庭是单身母亲家庭，而且妇女几乎构成了 2/3 的社会保障对象"❶。表面上看起来，美国政府对贫困妇女很照顾，或者说福利政策很青睐妇女，其实并非如此。广义上的美国社会福利计划包含社会保险、现金补贴及实物补贴，但直接针对贫困的单亲母亲的项目仅有"抚养未成年子女家庭援助计划"（Aid to Families with Dependent Children，AFDC）的现金补贴，以及食品券、学校免费或降价午餐及医疗救助等实物补贴，而社会保险，包括社会保障、医疗照顾及失业保险，由于与工资挂钩，需由被保险人及其雇主定期缴纳一定的保险金方能在一定时候领取，因此，这对于一个没有稳定的全职工作，不可能缴纳保险金的单亲母亲来说，实际上并没有多大意义。而 20 世纪后期，美国政府大幅削减了现金、实物补贴以及医疗救助，专门针对单亲母亲的"抚养未成年子女家庭援助计划"早在 1996 年就被国会的"困难家庭临时救助"（Temporary Assistance for Needy Families）计划代替，根据联邦法律的规定，受助人必须在两年内找到工作，而且终身领受救助的时间也不得超过 5 年。

（二）家庭友好计划

在一个由性别差异驱动的社会里，社会福利很少能够在实践层面平等运作，因此社会福利要及时和有效地回应女性的需要就有不小的难度。而北欧的瑞典、丹麦、挪威、芬兰等国从普遍主义出发覆盖全部人口的社会保障体系则是一项有益尝试，即无论其公民在年龄、性别、种族和宗教等方面有什么差异，均能平等地享受制度性的福利给付机会，其中税收政策方面的家庭友好计划意义深远。如在瑞典，"丈夫因第二职业或加班等原因获得第二笔收入，其税额高达收入的 68%，但是如果妻子就业获得这笔收入，税率只有 37%；丹麦的数字分别是 66% 和 44%；挪威是 56% 和 35%"❷。这其实就是完全考虑到妇女家务劳动的实际付出，从鼓励妇女就业的角度来承认妇女的再生产劳动

---

❶ 刘继同：《妇女与福利：女性主义福利理论评介》，《妇女研究论丛》，2003 年第 4 期。
❷ 陈乙南：《北欧普遍主义福利国家的经验和启示》，《学理论》，2009 年第 13 期。

价值。

当然，家庭友好计划除了提高北欧妇女的劳动力参与率，促进女性持续进入劳动力市场外，还使得丈夫和妻子既能共担家庭再生产劳动，又都能胜任全日制（或兼职）工作，如今家庭主妇一词在北欧国家或多或少已经消失。以家庭津贴为例，早期它是通过男性就业者以家庭为单位发放的，后来，传统的性别关系模式受到挑战，这在一定程度上促成了若干有利于女性的社会政策出台，例如北欧国家出台了包含日托服务的家庭友好计划，帮助女性平衡工作和家庭的矛盾，扩展了公众对再生产任务（诸如照顾老人和孩子）的责任，特别是挪威实行的全福利政策的家庭友好计划就是以对妇女友善而闻名于世。

北欧国家实行具有性别敏感的社会福利政策在提高劳动生产率，增强社会处理各种问题的能力，均衡公民个人和家庭的生活条件等方面均是相当成功的，这些国家妇女在政治上的地位多年来一直都处于世界前五名当中。当然，近年来也有多名独立学者对此提出不同看法，[1] 认为"家庭友好计划对劳动人口性别平等的削弱效果远远大于其提升效果"。

---

[1] ［英］凯瑟琳·哈基姆：《女权主义者对性别平等的十二个误读》，张肖雯译，《中国社会科学报》，2013 年 1 月 13 日。

第四章

政治领域中的性别差距

世界经济论坛发布的《2014 年全球性别差距报告》显示，女性和男性在政治参与方面仍存在显著差异，性别差距仅消除了 21%。而女性的政治参与主要分为以下两种类型，妇女占人口和选民比例多少的间接参政和女性在决策机构议会和内阁中代表比例的直接参政。现在全世界政坛先后涌现出 30 多位女性首脑，而女部长、女议员等高级领导人亦有相当数量。在 21 世纪的国际政坛，女性领导人的执政与广大女性群体的无权状况并存，说明扩大女性的政治参与，缩小政治生活中的性别差距仍然任重道远。

第一节　公私领域中的性别权利

北京世界妇女大会上有一个非常有名的口号是，"分一半家务给男性，分一半权利给女性"，这实际上是要求打破公私截然二分的领域，打破社会文化对两性角色刻板印象的划分，使男女平等地从事生产劳动，平等地分担再生产任务，赋予妇女以必要的时间和手段去发展其政治才能，以便实现性别平等。

一、从自然分工衍生出来的公私领域

男女两性在生理上的区别可以从生物学上获得证明，两性外生殖器官的不

同是两性生理上最显著的区别。从青春期发育开始，男女两性在生理上的区别更是日渐分明：男子出现遗精和女子出现月经；至性发育成熟，两性器官的不同构造更是决定了两性在性生活与生育功能上的分工与合作；女性所具有的怀孕和分娩功能使女性在人口再生产方面的作用得到强化等。其实除了生理构造不同外，男女两性在体能和体力方面也存在明显的区别，这是形成诸如劳动的性别分工和公私领域划分的生物基础。

（一）基于人口再生产的自然分工

人类最初的分工是男女两性之间为了生育子女而发生的分工，两性在人类生殖中的功能分化是大多数社会人口再生产的基本方式。恩格斯说："最初的分工是男女之间为了生育子女而发生的分工"●，分工的范围可大可小，可以"限于性器官，也可以扩展到第二性征，或者相反，对整个有机体和社会产生影响"❷。这种分工与人类的生理构造结合得如此紧密，以致与人口再生产方式有关的活动在两性之间都被视为天生如此的。

由于两性不同的生理特性，生育过程中女性的作用表现得十分明显和直接，特别是怀孕、分娩和哺乳等生理现象，基本与男性的生理功能无关，男性也就被有意无意地排除在这一过程之外。其实生命的孕育过程离不开男性的参与，从新生命开始形成起，男性就与新生命建立起了生理上的父子关系和情感上的依存关系。

古德评价说："若要断言是生理因素决定了妇女的任务是照看孩子和家庭（或者说婴儿必须由母亲抚育），这在逻辑上来说是不恰当的。'妇女'与'照看孩子和家庭'这两者之间并没有生物因素上的联系，但肯定有着强有力的社会联系。"❸ 虽然护理产妇和照料婴儿的事情并不复杂，但是再生产劳动分配给了女性，因而它就成了女性的工作，而男性在从事再生产任务时，就意味着被削弱了支配权，这也是男性不愿从事再生产劳动的原因之一。

● ［德］恩格斯：《家庭、私有制和国家的起源》，《马克思恩格斯选集》（第4卷），北京：人民出版社，1972年，第61页。

❷ ［法］涂尔干：《社会分工论》，渠东译，北京：读书·生活·新知三联书店，2000年，第20～24页。

❸ ［美］威廉·古德：《家庭》，魏章玲译，北京：社会科学文献出版社，1986年，第37页。

(二) 从养育功能分化出来的公私领域

通常男性的活动领域在家庭外部，他们从事有收益的经济活动、政治活动和军事活动，女性的活动在家庭内部，她们生儿育女、料理家务。随着男女两性的自然分工得到进一步的强化，就逐渐演化出公共领域与私人领域。也就是说，将公私领域截然二分，根据性别角色的不同，将男性与公共领域联系在一起，将女性与私人领域联系在一起。之所以把"女性和男性在私人领域和公共领域中区分开来，并把他们分别置于私人生活与公共世界中，这种分离的方式是一个复杂的问题，但是，形成这一复杂现实的基础是人们相信女性的本质属性就是恰当地从属于男性，她们合适的位置是在私人的家庭领域。男人则适当地存在于两个领域中，并统治着两个领域"❶。在公私领域的二元对立中，公共领域代表着理性、克制、秩序与和谐，而私人领域代表着伦理、情感、无序与混乱，因而公共领域在本质上优越于私人领域，并制约着私人领域。

公共领域与私人领域二分的结果就是，女性从一开始就基于一种自然分工而远离了公共关系，在工业革命之前，女性尤其是中上层的女性，唯一的经历就是成为妻子和家庭主妇，她们一生中可做的事情就是让自己保持对男性的魅力，充当客厅里的装饰物；而在中下层家庭中的女性则要承担细致而繁重的劳动，从操持家务到教养子女，如充当无偿的管家、护士和孩子的家庭教师……这种状况被固化成为一种让女性将其自身全部奉献给家庭的社会观念，"男人的工作……你不应该去完成，你的位置在家庭，你的劳动就是你对家庭的责任，你的兴趣存在于你的家庭利益中，不要投入于别的，财富积累这样的服务看起来是你自愿的，但是你的耻辱！去寻找丈夫，没有丈夫，你会受累；有丈夫家庭，你回家去，管理家庭使它舒适"❷。于是，女性成为私人领域的劳动者，而男性则成为公共领域的主宰者，这种观念导致了女性在公共领域中的缺席，从而影响其政治参与和主张自己的政治权利，"公共/私人两分法削弱了妇女的公民资格。它抑制可依赖的言论和源自自决的对话，因而阻碍妇女成功

---

❶ Carole Pateman (1989). The Disorder of Women. Stanford, CA: Stanford University Press. p. 120.

❷ Sally Alexander (1994). Becoming a Women and other Essays: in 19th and 20th Century Feminist History, Britain Mackays of Chatham P. L. C, Kent. p. 12.

地参与民主生活"❶。

二、公私领域中的父权制

在家庭中，男性占统治地位的物质基础和意识形态赋予了男性控制资源、决定妇女、儿童和其他男人命运的权力；当国家取代父亲和丈夫的男性权力并利用地区和国家层面的政治、经济和宗教制度来塑造性别意识形态和价值观时，私人领域的父权制就演化为公共领域的父权制。

（一）私人领域中的父权制

1861 年，梅因（Henry Maine）在《古代法》中把罗马的"家父权"当作考察原始父权的典型，根据古罗马的家长法，梅因将家庭内部关系定义如下："年龄最大的父亲在家庭里具有至高无上的权威，他的权力决定家庭成员的生死，他拥有子女和子女们的房产，就像他拥有他的奴隶一样，在古代男权制家庭里，一个家庭由有生命或无生命的财产组成，它们是，妻子、子女、奴隶、土地和日用品，全部被置于最年长的男人专横的掌管之下。"❷

在 19 世纪的西方法律中，已婚妇女在法律上没有地位，她的丈夫被视为她在社会生活中的代表。如法国 1804 年颁布的《法国民法典》（《拿破仑民法典》）中，就是基于"夫应保护其妻，妻应顺从其夫"的原则。其中明确规定："亲权由父单独行使……已婚妇女不能订立契约，如果没有丈夫的参与或者书面同意，不得为赠与、转让、抵押和取得行为"❸等条款。法典第 1421 条规定："共同财产由夫一人管理之。夫得不经妻的同意而出卖或让与共同财产，或以之抵押"；法典第 1428 条前两款规定："妻的一切个人财产由夫管理之。属于妻的一切动产诉讼及占有诉讼，夫得单独提起之"，这些规定使妻子不仅失去对个人财产和共同财产的管理处分权，同时还失去了财产方面的诉讼权。也就是说，法国妻子在法律上处于受丈夫"保护"的地位，妻子的权利能力和行为能力受到丈夫极大的限制。

---

❶ ［加］丽贝卡·库克：《妇女的人权——国家和国际的视角》，黄列译，北京：社会科学出版社，2001 年，第 108 页。

❷ ［英］梅因：《古代法》，沈景一译，北京：商务印书馆，1959 年，第 146 页。

❸ 马育民译：《法国民法典》，北京：北京大学出版社，1982 年。

1990 年，沃尔比（Sylvia Walby）在《父权制理论》❶ 一书中认为，父权制是一种男人支配、压迫和剥削女性的社会结构和实践体系，其运作由六种既独立又相互作用的结构组成。它们是：第一，家庭内的生产关系。这种生产关系表现为妇女承担家务劳动和生育儿女，而丈夫无偿占有这些劳动。第二，有酬工作。女性被排斥在某些类型的有酬工作之外，只能停留在收入较低、低熟练程度的工作中。第三，父权制国家。国家在其政策和优先权上对父权利益有系统化的偏好。第四，男性暴力。男性暴力是一种系统化和模式化的行为，女性在日常行为中遭受男性暴力，但国家却以不干涉的方法宽恕了这种行为。第五，性行为中的父权关系。这种关系体现中社会生活中的强迫异性恋和实施性的双重标准。第六，父权的文化制度。媒体、宗教和教育的制度和实践制造出在父权凝视下的女性，从而直接和间接地影响了女性的自我认同和社会行为。

沃尔比还对父权制作了具体的分类，一种是发生在男性家长控制的家庭内的私人父权制，它将女性排除在公共生活之外；另一种是集体形式的公共父权制，也就是说，虽然女性可以涉足公共领域，但仍然被隔离在财富、权利和荣誉之外，具体表现为经济、政治、教育以及文化方面的弱势地位。

（二）公共领域的父权制

由于家庭是构成政治社会的"基本单位"，或者说，国家是由非政治性的小社会构成的，而国家被看作是由家长之间彼此订立契约的结果，因此，公共领域中的父权制就由私人领域中的父权制转化而成，从而强化了女性的从属地位和被支配身份。如就业合同把女性限定在低工资、少收益和较少发展机会的位置上，就是资本与父权制相互勾连在职业领域中制造出来的职业隔离，具体表现为男女两性的工资差别和女性承担全部或者绝大部分家务劳动。

1961 年，哈贝马斯（Juergen Habermas）在《公共领域的结构转型》一书中，认为 20 世纪的女性获得了公民权已有可能改善自己的社会地位并享受福利国家的待遇，但是现代公共领域存在着"将女性又一次从被男性统治的世界中排挤出去的行为"❷，这样的"排挤"结果就是迫使女性继续停留在私人

❶ Sylvia Walby（1990）. Theorizing Patriarchy. Oxford：Black Well.
❷ ［德］哈贝马斯：《公共领域的结构转型》，曹卫东等译，上海：学林出版社，1999 年，第 7 页。

领域，同时也对资产阶级公共领域产生了某种维护作用。其实，公共领域一直是公私混淆的，还保留着私人领域父权制的某些特征，这就导致了公众对于参与公共领域活动的女性进行评价时，参照的并不是唯一的公民身份及其标准，同时还以私人领域的、家庭角色的标准对其评判，目的就在于排斥女性而维护男性在这一领域中的霸权，所以，在经济、科技高速发展的当今社会中，大部分两性心目中理想的女性是要同时扮演"漂亮的女子、可爱的妻子、尽职的母亲以及成功的职业妇女等四种不同的角色"❶，这种角色紧张和角色冲突已给大部分职业妇女带来不小的困扰。2012 年，印度首枚洲际弹道导弹"烈火－5"成功试射，使该导弹项目的带头人印度女导弹专家特西·托马斯被印度当地媒体誉为"导弹之母"。她在接受法新社采访时表示，自己在家中仍是贤妻良母，虽然如何平衡分配用于家庭和工作上的时间确实有些困难，因为"在印度文化中，人们普遍认为女性应该操持家务，这对我来说确实是个挑战……我在尽力平衡工作和家庭的关系"❷。

此外，在乡村社会里，尽管两性都参加社区的群体性活动及服务（如庆典和庆祝活动，在婚礼、分娩、葬礼时提供帮助等），但是在这些社区中仍然由父权制在主宰着两性的群体性活动。摩塞就将社区工作分为两种不同的类型，❸第一类是女性再生产角色延伸的服务性质的工作，如准备茶点并在厨房提供其他的服务，主要由妇女志愿承担，且无报酬；第二类是社区政治，通常是由男人来承担的，他们参加有组织的、正规的，往往是在国家政治框架内的政治活动，这类工作通常是有薪水的，或者通过地位和权力的提高而间接获得益处的。世界银行"穷人的呼声系列"丛书中揭示道，在受访的一半村子里，男人们感到他们至少能跟村领导、宗教组织的领导和邻里协会的会长说上话。然而，如果妇女们想发表意见，却往往被忽视，也就是说，为社区做决策仍然是男人们的权利和职责，妇女的作用仅仅是接受和执行，只有在雅加达的郊区哈拉潘爪哇，妇女们说她们参加社区会议，并且在需要的时候发表了意

---

❶ 熊秉纯：《客厅即工厂——台湾的阶级、性别和卫星工厂体系》，蔡一平译，重庆：重庆大学出版社，2010 年，第 53 页。

❷ 环球网，http：//world. huanqiu. com/exclusive/2012 - 04/2663990. html。

❸ 坎迪·达马奇：《社会性别分析框架指南》，社会性别资源小组译，北京：社会科学文献出版社，2004 年，第 76 页。

见，即便如此，她们也说地方政府官员往往把妇女们的话当作耳边风，如"在东努沙登加拉，一位贫困妇女在公共会议上的发言被视为无礼之举，受到男性的谴责"❶。

第二节　政治参与中的性别政治

耶律纳克（Georg Jellineck）认为公民的基本权利可以根据他们与国家的关系进行分类❷：第一类权利属于"消极状态"的权利，是"自由权"，可称为"防卫性权利"；第二类属于"积极状态"的权利，反映了个人参与国家的运作过程，可称为"参与权"；第三类权利要求国家作出肯定的行动，属于"肯定状态的权利"，可称为"权利债券"；第四类权利是要求国家予以担保的那些权利，可称为"权利保障权"；最后，作为权利的基础，"平等权"是寻求国家以同样的方式对待全体个人，并且国家应保证每个人将得到平等对待。妇女参政主要是指妇女群体参与对国家和社会公共事务的管理。妇女参政表现为民主参与和权力参与两个层面。所谓民主参与，是指妇女享有公民的选举权和被选举权，即女性通过选举、游说和建议等方式向权力机构反映自己的主张和声音，影响公共政策的决策。所谓权力参与，是指女性进入国家政府权力机构管理公共事务，参与决策过程。相比于民主参与来说，妇女的权力参与之路就走得更为艰难了。

一、民主参与（间接参与）

数个世纪以来，大部分男性反对妇女参政，认为妇女的领域是在家里，政治领域应留给男性，因此，争取参与国家政治生活，跻身于政治舞台就一直是女权运动的首要目标。如 1920 年，美国通过了第 19 条宪法修正案，明确规定，"合众国或任何一州不得因性别关系而否定或剥夺合众国公民之投票权"，

---

❶ 迪帕·纳拉扬等：《在广袤的土地上》，崔惠玲等译，北京：中国人民大学出版社，2004 年，第205 页。

❷ 韩大元主编：《外国宪法》，北京：中国人民大学出版社，2000 年，第93 页。

同年，美国妇女才获得了全国范围内的选举权。

（一）妇女获得法律承认的独立人格

西方妇女要想获得民主参与的权利，她们就必须先获得法律承认的独立人格。也就是说，妇女只有在享有遗嘱、财产、婚姻、监护权、诉讼等方面的民事权利后，才能谈她们作为公民身份的政治参与权问题。

1804 年，法国颁布的《拿破仑民法典》在第 391、393、980、1124 等条中，认为女性没有缔约能力和遗嘱执行能力，因而限制女性的监护权和诉讼权，包括独立的财产权。妇女的财产权是由男性监护或者代理的，而且妇女在家庭财产方面的管理、赠与等法律行为中也要受夫权的限制，女性也没有财产的继承权。

再如 19 世纪初，瑞典妇女在法律上还须接受父亲或丈夫的监护，未婚女子和儿童一样，是家庭的次要成员，属于智力发育尚不健全的人，没有监护人的同意，她们不得结婚，不得自行处理自己的财产；已婚女子则终身被置于丈夫的监护之下，即使丈夫死后也不能对自己的子女享有监护权。1842 年，瑞典通过了男女两性接受相同初等教育的法令，规定女孩可以进入学校接受教育，这就为瑞典妇女在文化智力上的提高创造了最基本的条件。到了 1845 年，瑞典妇女获得了与男子平等的财产继承权。

从 1839 年起，英国颁布了一系列立法，[1] 如《幼儿监护法》规定母亲可以监护 7 岁以下的儿童；1853 年的《妇女财产法》和 1870 年的《已婚妇女财产法》规定了妇女的财产权，如"已婚妇女因从事任何职业、工作或手工艺，或者因独自经营而得到的工资收入，她因凭借文学、艺术或科学技术获得的现金和财产，以及用这类工资、收入、现金或财产投资所得全部利息，都应被视为和确认是她独自拥有和处理的财产"，该法保证了妇女拥有财产权，使妇女可以不依靠丈夫的荫护而生活；在 1875 年英国制定的《婚姻及离婚法》中，规定离婚是合法的，妇女有权提出离婚等。

在 19 世纪的前半叶，已婚的美国妇女被看作是"民法上的死亡"，结婚后，妻子丧失独立的法律人格，丈夫对妻子的财产享有所有权，妻子无权拥有

---

[1] 潘迎华：《19 世纪英国的政治民主化与女权运动》，《史学月刊》，2000 年第 4 期。

任何财产。也就是说，已婚妇女被看作是她们丈夫的一部分，而丈夫是家庭所有权利的代表，因此，已婚妇女不能在自己的名下拥有自己的财产，不能签订合同，不能拥有自己继承或分得的财产，离婚后不能享有对孩子的监护权。1839 年，密西西比州首先通过了《已婚妇女财产法》确认已婚妇女的个人财产权。法律赋予妻子独立的个人财产所有权，这几乎包括了所有的财产：婚前妻子拥有的动产和不动产，婚姻关系存续期间妻子因赠与或继承而获得的财产，基于自己的个人财产所产生的任何收益等。1943 年，佐治亚州允许妻子对自己的工资拥有所有权。于是，全国大多数州都开始实行分别财产制，从此结束了丈夫因结婚取得妻子财产的做法，保证了已婚妇女独立的财产权，并赋予了已婚妇女独立的法律地位。

（二）妇女获得选举权与被选举权

选举权是公民的民主权利，是参与国家管理的权利中的一项最基本和最重要的权利，也是公民参与政治生活的重要方式。从 19 世纪开始，西方各国的民主化改革，其中心就是扩大选举权，通过不同的途径，各国基本实现了成年男子的普选权。从 19 世纪末到 20 世纪初，随着妇女的经济和社会地位逐步上升，妇女的选举权问题也成了女权运动的中心问题。在有的国家，妇女同时获得选举权与被选举权，而有的国家妇女是先获得选举权，而后再获得被选举权。

约翰·密尔（John Mill）首先提出了妇女选举权的重要性，他说："性的差别和身高或头发颜色的差别一样同政治权利毫不相干的"❶，只有让妇女参与投票等民主实践才能够增强其责任感，"她学会把政治看作是一件她被允许对之有意见，而且如果有意见就应当采取行动的事情"❷，因此，他明确提出应该给予妇女选举权，因为"不允许妇女有选举权是毫无理由的"❸。

正是在这些思想影响下，西方女权主义运动开始提出女性参政的选举权要求，首先妇女成立自己的组织和举行集会活动，采取游说议员的方式争取国会支持，最终赢得了胜利。妇女们往往先获得对公共教育事务的管理权，如管理

---

❶ ［英］约翰·密尔：《代议制政府》，汪暄译，北京：商务印书馆，1982 年，第 140 页。
❷ ［英］约翰·密尔：《代议制政府》，汪暄译，北京：商务印书馆，1982 年，第 142 页。
❸ ［英］约翰·穆勒：《妇女的屈从地位》，汪溪译，北京：商务印书馆，1995 年，第 301 页。

学校、医院、孤儿院、济贫委员会等机构，然后是对某些法庭的选举，以及对地方税收等事务的参与权，最后才是一般政治事务的参与权。

在 19 世纪和 20 世纪初，美国妇女在一些州里获得选举权，它们是：怀俄明州（1870）、科罗拉多州（1893）、犹他州（1895）、爱达荷州（1896）、南达科他州（1908）和华盛顿特区（1909）等。在其他一些州里，妇女获得了有限的选举权和被选举权。到第一次世界大战结束时，有一半州的妇女获得了选举权。1920 年，美国通过了第 19 条宪法修正案，明确规定，"合众国或任何一州不得因性别关系而否定或剥夺合众国公民之投票权"，妇女终于获得了在全国范围内的选举权。

1893 年，世界上出现了第一个给予女性选举权的国家——新西兰，到 20 世纪初，这种情况发生了根本的改变，西欧许多国家的妇女也先后取得了选举权和被选举权，这使民主的基础扩充了一倍。它们是芬兰（1906）、冰岛（已婚 1908 年，单身 1911 年）、挪威（1913）、丹麦（1915）、奥地利（1918）、瑞典（1919）、德国（1919）、英国（1908—1928）和美国（1920）。在 1945 年，联合国的 51 个创始国中，已有 30 个国家的女性享有选举权。在亚洲地区，斯里兰卡妇女最早（1931）获得选举权和被选举权；中国妇女也从 1949 年中华人民共和国成立起就获得了选举权和被选举权。到了 2009 年，除了少数阿拉伯国家外，世界上几乎所有国家都在法律上给予妇女选举和被选举的权利，沙特阿拉伯也于 2015 年给予了妇女选举权。

妇女获得选举权和被选举权标志着妇女运动取得了很大进展，也为妇女走向政治舞台奠定了基础。一百余年来，妇女在争取获得平等的决策权和平等的执行公务的权利与机会方面又获得了长足的进展。在获得选举权的早期阶段，妇女们往往跟随丈夫把选票投给相同的候选人，而现在，女性选民学会了对候选人的主张和政策进行对比分析。正因为，她们手中握有半数以上的选票，政治家们已经不能再无视她们的各种要求，女性选民已成为西方政坛上的一支独立的活跃的力量，其政治影响力日益增强。如 20 世纪 70 年代末，4 个北欧国家的妇女投票率分别为："瑞典高达 90%，挪威和芬兰约 80%，丹麦为 60% ~ 70%"❶。

---

❶ ［丹麦］福尔默·威斯蒂主编：《北欧式民主》，赵振强等译，北京：中国社会科学出版社，1990 年，第 534 页。

在 1964 年，美国女性在总统选举中参与投票的人数首次超过了男性，随后女性参与投票的人数一直在逐年上升。在最近的 4 次大选之中，女性参与投票的人数比例都超过了男性，如 2004 年总统选举时，参与投票的女性总人数比男性多出了 780 万，意味着女性选民在政治观点上的不同足以影响选举的最终结果；在 2008 年的选举时，奥巴马轻松得到 56% 的女性选民的投票，其中 76% 的未婚女性都把选票投给了他；在 2012 年的选举时，奥巴马也获得了 56% 的女性选民的投票，高出竞争对手罗姆尼 12 个百分点。可以说，是女性选民让奥巴马继续坐在总统的办公室里。

二、权力参与（直接参政）

20 世纪 70 年代以来，许多女权主义组织把主要精力用于扩大妇女的直接参政上，即在扩大妇女参政比例的基础上，通过向权力的最高层冲刺，继而带动妇女政治参与权的发展，并在各级权力机构中形成合理的妇女参政网络。1995 年，《北京行动纲领》倡议，"妇女在立法机构中至少要占到 30% 的席位"，也就是说，女权运动的政治目标已从为妇女争取选举权和被选举权的间接参政方式转变到进入权力机构的直接参政上面。在多数国家，妇女获得政治权利的顺序一般是，先在地方获得选举权，由村镇、乡镇、县、市等依次而上，最后到达国家的层面。

（一）美国女性的参政比例

虽然从 1920 年起，美国妇女就获得了选举权，但是妇女们担任公职的人数一直都很有限。1968 年 11 月，雪莉·奇思霍姆当选国会议员，她是第一位当选的黑人妇女，也是纽约州的第一个黑人女众议员，4 年后，她宣布参加总统大选，成为第一个竞选总统的黑人妇女。从 1920 年到 1970 年的 50 年间，美国仅有 10 名妇女在参议院工作过，65 名妇女在众议院工作过，而且大多是议员的遗孀，她们在丈夫去世之后，先被任命填充其丈夫的席位，而后再由选民选举。

自 20 世纪 70 年代初以来，美国妇女在直接参政方面获得了长足的进展，妇女占民主党全国代表大会总人数的 40%，而 4 年前这一比例仅为 13%；在共和党全国代表大会中，妇女代表占总人数的 30%。1975 年，全国在联邦议会和州议会就职的妇女有 5765 人，到了 1981 年，这一数字人数达到了 14 225 人。

进入 20 世纪 80 年代以来，美国一些女权主义组织都把注意力集中到妇女政治素质提高上面，而竞选公共职务的妇女也经常把注意力转向诸如咨询团体、竞选技巧训练以及寻找可资利用的合作或者资金上面。随着越来越多的组织开始支持妇女竞选地方、州和联邦的公职，为女性候选人筹集资金，训练候选人和当选官员，宣传妇女的竞选方针，从而推动了越来越多的妇女走向直接参政。在 1971 年，男性几乎占国会议席的 98%；20 年后的 1991 年，男性占国会议席的 94%；30 年后的 2001 年，男性占国会议席的 86.4%；到 2007 年这一比例已下降到 83.7%。1971 年，在州议会中男性超过 95%，1991 年为 82%，2001 年为 77.6%，2007 年下降到 76.5%。

2008 年奥巴马大选获胜后，美国女性在国会中占有的席位创下了历史新高，其中参议院 17 人，众议院 74 人，充分显示了美国女性政治崛起的势头。在 2012 年的美国第 113 届国会中，有 294 名女性参加竞选参众议院议员，最终获选的女性议员人数也在参众两院创下了纪录，有 80 名女性当选为众议员，20 名女性当选为参议员，占美国国会参众两院全部现任议员 535 人中的 18.7%。

（二）欧洲女性参政比例

在 20 世纪初，欧洲妇女就已经开始广泛地进入议会、内阁、政党和工会等机构，其中北欧女性的参政比例居世界领先地位，主要得益于通过政党来实行最低比例制的做法，从而直接保障了妇女的参政比例。1971 年，挪威的选举使妇女在地方议会的代表人数普遍增加，此外，妇女还在 3 个自治市（包括首都奥斯陆）的地方议会中占据了多数席位；到了 20 世纪 80 年代，挪威、芬兰和瑞典的议会中，妇女议员占 23%～24%，丹麦为 17%；进入 20 世纪 90 年代，挪威、瑞典等国国会中女议员所占比例已经超过 30%。在 2000 年，世界女性议员的平均比例是 20.6%，北欧国家的这一比例数高达 36.3%，其中，瑞典议会中女性代表占了 45.0%，丹麦为 37.1%，芬兰为 37.0%，是世界排名最高的 3 个国家（详见表 4.1）。

虽然法国具有深厚的女权主义思想传统，但是由于其天主教文化背景，因此法国并不是最早给予女性参政权的国家，1944 年法国女性才获得选举权，

而且妇女很少能担任民选职务，例如 95% 的总统议会成员，73% 的众议员和
78% 的参议员都为男性。自 2000 年以来，法国试图平衡男女间的差距，实现
男女两性在政治生活中的真正平等。法国议会中的女性议员从 2000 年的
8.7%，上升到 2002 年的 12.3%，2007 年的 18.5%，2012 年的 26.9%。而
2014 年法国的性别平等排名之所以能从第 45 位跃居第 16 位，主要得益于法国
参政女性数量增加，目前法国女性部长的比例达到了 49%，是世界上女性部
长比例最高的国家之一。

表 4.1　欧盟成员国国家议会中的女性所占比例（2000 年数据）❶

国　家	女议员比例	选举制度❷
瑞　典	45.0%	混合制
丹　麦	37.1%	比例制
芬　兰	37.0%	混合制
荷　兰	33.3%	比例制
德　国	29.6%	混合制
西班牙	27.1%	比例制
比利时	25.6%	比例制
奥地利	24.7%	比例制
葡萄牙	19.6%	比例制
英　国	17.1%	多数制
卢森堡	16.7%	比例制
爱尔兰	14.6%	比例制
希　腊	10.3%	混合制
意大利	10.2%	混合制
法　国	8.7%	多数制
欧盟成员国平均值	20.6%	

　　数据来源：转引自欧洲"决策中的妇女"数据库，柏林妇女计算机中心，http：//www. DB – DECI-
SION. DE/INDEX. HTML.

---

　　❶　张迎红：《欧盟女性参政议政的情况分析》。http：//www. few. gov. cn/gjjl/gjjl2. htm.
　　❷　多数制即在选区内获得多数选票的代表候选人或者政党，可当选或独占该选区议员席位的制
度。比例制即按各政党所获选票数在总票数中所占比例分配议员席位的制度。多数制与比例制糅合而
成的一种选票计算制度，又可分为以多数当选制为主要依据的混合制、以比例代表制为主要依据的混
合制、以照顾少数派的混合制和多数原则与比例原则并重的混合制等 4 种类型。

妇女的政治参与既包含着妇女占人口和选民的比例，也包含着妇女在议会和内阁中的比例，只有保证了妇女的间接参与人数，才能促进更多的妇女进入议会担任公职，进行直接的政治参与。如芬兰作为欧洲第一个给予女性选举权的国家，1990 年就产生了西方第一个女国防部长；1994 年诞生了首位女议长；2003 年，芬兰议会中有 75 位女议员，占议员总数的 37.5%；在政府的 19 名部长中，女性多达 12 名，在该年度，芬兰首次出现了同时由女性担任总统与总理的组合——女总统哈洛宁和女总理耶滕迈基，这在欧洲乃至世界政治史上都是破纪录的事件。

（三）中国妇女的参政比例

1949 年后，中国妇女即获得了选举权和被选举权，但妇女参与国家管理和社会事务的程度并不高，妇女直接参政的比例偏低，女性人大代表严重不足，导致在决策层中缺席的状况十分突出，这就意味着女性在立法和管理国家事务上，处于极少数和劣势地位。在 1975 年的第四届全国人大代表中，女代表人数占总人数的 22.63%，20 年后的 1994 年，这一比例降为 21%，2000 年为 21.8%，2003 年的第十届全国人民代表大会代表中，女性代表占代表总数的 20.2%，2008 年为 21.3%。也就是说，从 1978 年的第五届全国人大到 2008 年的第十一届全国人大，30 年间女代表的比例一直在 20% 左右徘徊。

为了解决中国妇女政治参与和决策人数不足的问题，有必要设置一定的性别比例，保证具有参政议政能力的女性脱颖而出，最终达成女性与男性平等参与公共事务的目标。第五和第六届全国人大在决定代表名额时，并没有涉及妇女代表的比例问题；从第七届开始，全国人大才对妇女代表比例作出原则性规定，如妇女代表的比例"不低于"或"应高于"上一届的比例等。2008 年，第十一届全国人大明确规定妇女代表占全国人大代表的比例不低于 22%，但在该年度最后产生的女性代表比例不仅没有达到《关于十一届全国人大代表名额和选举问题的决定》中明确规定的女性代表比例不低于 22% 的目标，而且距离联合国规定的女性在议会中所占席位应为 30% 的目标也相去甚远。在全球女性参政排名上，我国人大女代表比例的排名已经从 1994 年的第 12 位开始逐渐下降，2000 年下降到第 24 位，2004 年下降到第 37 位，2007 年下降到

第 57 位，这一状况直到第十二届全国人大女性代表比例才有所突破。2013
年，经过全国各地选举产生的十二届全国人大全部 2987 名代表中，妇女达到
699 名，占代表总数的 23.4%，比十一届全国人大时提高了 2.07 个百分点，
也是到目前为止全国人大代表女性代表人数的最高比例。

女性在拥有决策权力的高级职位上的人数多少是衡量女性直接参政的直观
指标。长期以来，我国女性的参政结构存在着"四多四少"的现象，即副职
多正职少，虚职多实职少，边缘部门多而主干部门少，低层多而高层少。如
2010 年，国家领导人中有 8 位女性，230 多位女性任部级领导，在全国 600 多
个城市中有 670 名正副女市长；农村妇女参与基层民主的状况也不容乐观，如
女性担任村委会主任一职的只占 11.2%。其实中国男女两性在决策中的性别
比例一直是悬殊的，如进入企业董事会、村委会主任、村委会成员、全国人大
常委会、中共中央委员会和中共中央政治局的妇女比例分别低于男性比例的
36.8%、77.6%、56%、62.2%、90.2% 和 84%，其中差距最小的是经济领域
中的企业董事会，女性占比为 31.6%；差距最大的是中共中央委员会，女性
占比仅为 4.9%，其次是中共中央政治局，女性占比也仅为个位数（8%）。
（如图 4.1 所示）

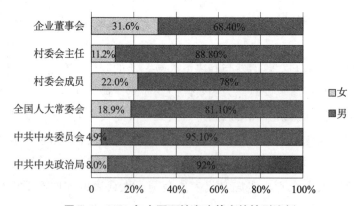

图 4.1　2010 年中国两性在决策中的性别比例

资料来源：国家统计局社会科技和文化产业统计司：《中国社会中的女人和男人——事实和数据》
（2010 年国家统计局报告），2012 年。

三、性别配额制保障女性的参政权

从世界妇女的政治参与过程来看，某国妇女获得选举权并不意味着该国女性的政治参与权就能得到保障，女性代表严重不足，将意味着女性在立法和管理国家事务上，处于极少数和劣势地位。鉴于此，有必要设置一定的性别比例，保证两性实现平等的政治参与权，因此，一些国家通过宪法或相关法律规定了配额的比例，即女性比例为 20% ~ 30% 来确保女性参与各级决策。虽然一些国家早在 20 世纪 50 年代即开始为妇女代表保留席位，但对配额的有力推动出现在 20 世纪 90 年代。1991 年，阿根廷宣布在议会中为妇女保留 30% 名额，使得女议员由之前的 6% 上升到 13.23%（1993）、24.8%（1997）和 34.1%（2004）。根据国际民主和选举援助研究所（Institute for Democracy and Electoral Assistance，IDEA）与斯德哥尔摩大学全球妇女选举配额数据库显示，❶ 已有近 100 个国家实施了配额，其中有 10 个国家提供保留席位的担保，还有 30 个国家通过了强制规定配额的立法，61 个国家的 129 个政党自愿实施女性代表配额。

（一）宪法规定女性的参政比例

其实早在 1972 年，孟加拉国宪法就规定在未来 10 年中，在 315 个议会席位中为妇女保留 15 席；1978 年总统宣布将名额扩大到 30 席，并规定保留期从 1972 年宪法颁布日起，时间为 15 年，1987 年这一规定失效；然后通过 1990 年的一项宪法修正案再次纳入宪法中，并自下届选举出来的议会首届会议召开之后的 10 年内有效，2004 年孟加拉国通过宪法修正案，将议会中专为妇女预留的席位从 30 席增至 45 席。1991 年，尼泊尔的《宪法》也规定每一政党众议院候选人至少 5% 必须是妇女，在村和市级议会选举中，至少要为妇女候选人保留 20% 的议席。

1991 年，阿根廷《宪法》规定所有参加下议院大选的政党必须实行强制配额制，包括议员候选人名单中必须至少要有 30% 的女性候选人并且与当选

---

❶ 联合国经济社会理事会妇女地位委员会第五十届会议：《妇女和男子平等参与各级决策过程》。http：//www. un. org/chinese/events. 2006 - 02 - 21.

的可能性要成比例，任何不符合这些要求的名单都不会得到批准。最重要的是，宪法规定整个候选人名单中必须自始至终都有妇女候选人的名字，不能把妇女名字放在不具现实当选机会的最后位置上。对于与以上规定要求不一致的政党提出的议员候选人名单不予考虑，如果被拒绝的议员候选人名单没有依照法律要求进行修改，该党就不得参加地方国会的议员选举。

1995年，北京世界妇女大会召开之后，大多数国家都加大了用法律保障女性参政的力度，一些国家修订了宪法，进一步明确地将候选人男女比例纳入宪法或其他有关法律条文，使妇女参政的比例有法可依。2004年，已有14个国家和地区在宪法中规定了国家议会中的女性比例。如德国《提高妇女地位法》和《平等权利法》规定，在妇女任职人数不足的领域要优先考虑妇女。在具有同等资格、能力和业绩的条件下，优先考虑妇女的培训、征聘和提升，除非有理由证明另一申请人在这些方面处于优势。比利时规定候选人中女性要达到1/3。

2000年，法国通过的《平等选举法宪法修正案》明确规定，由任何政党提出的全国范围的国民议会议员候选人中48%～52%必须是女性，如果不能达到48%，该党将受到大幅削减公共基金的罚款制裁。其实早在1957年，法国曾经通过《平权法》，规定市政府官员中的一半候选人必须是女性，议会在1982年曾通过立法，规定市政选举实行配额制度，候选人名单上相同性别者不能超过75%，但这个法案被宪法法院以违背法国革命中的"人权与公民权宣言"为由而被否决。从2002年开始，法国妇女在地方乃至全国议会中的代表比例开始缓慢上升，女议员人数占比从12.3%（2002）上升到18.5%（2007），再到26.9%（2012）。

其他国家如乌干达、意大利、委内瑞拉、也门、秘鲁和阿尔巴尼亚等也先后制定相关的法律，为进一步促进女性参政提供保障。

（二）选举法等法规制定妇女的参政比例

到2004年7月，包括亚洲的亚美尼亚、印度尼西亚、伊拉克、约旦、朝鲜、尼泊尔、巴基斯坦和菲律宾等，非洲的吉布提、卢旺达、南非、坦桑尼亚和乌干达等，欧洲的比利时、波斯尼亚和黑塞哥维纳、法国、马其顿、塞尔维亚等以及美洲的阿根廷、玻利维亚、巴西、哥斯达黎加、多米尼加共和国、厄瓜多尔、墨西哥、巴拉圭、秘鲁、委内瑞拉和巴拉马等 33 个国家或地区在选举法等有关法律法规中制定妇女的参政比例，为妇女保留 20%～40% 的议会席位。

1994 年，比利时的《选举法》明确规定任何政党的议员选举候选人中的同性候选人不得多于 2/3。该法律规定，政党提供的候选人名单上，单一性别的比例不得超过一定限制，以便促进男女在候选人名单上的平衡分配，这样，男女在议会中的最低代表数正好是一样的。这一最低代表数要求适用于下议员和参议院，适用于区、社区、省、市议会选举，还适用于欧洲议会选举。如果不遵守上述要求，提出本来应该由妇女所有的候选人名单，那么这些候选人名单或者空白，或者整个候选人名单被宣布无效。

2003 年，印度尼西亚的《选举法》规定政党在为每一个选区提名候选人时，考虑至少要有 30% 的妇女代表，但法律没有规定不遵守这一规定的惩罚措施。如果法规都落到实处，会不同程度地改变本国妇女的参政面貌。1994 年，南非妇女在立法机关拥有议席的百分比在世界上排行第 141 位，在执政党非洲人国民大会为妇女候选人确定了 30% 的比例后，2000 年，南非妇女议员人数占下议院议员的 29.8%，当年在世界上的排名上升到了第 10 位。2010 年 3 月，各国议会联盟（Inter‑Parliamentary Union，IPU）发布的《世界妇女参政地图 2010 年》报告称，在全世界各国的议会中，女议员平均所占比例为 18.8%；而在拉美地区，女议员所占平均比例已达 22%，超过了欧洲地区（21.4%），居世界领先地位，特别是在玻利维亚和阿根廷等拉美一些国家的议会，女议员已超过了 30%。

（三）在政党政策中使用配额制

从 20 世纪 70 年代开始，欧盟各国开始把政党和立法机构的非强制性配额制转变为强制性配额制。所谓非强制性是指政党内部决定配额比例，没有法律的强制性规定。最早实行政党内部配额制的是丹麦，1977 年丹麦人民党决定在所有机构中采用对每一种性别都是 40% 的配额制。1983 年挪威劳动党决定在所有选举和提名候选人中，男女两性至少必须有 40% 的代表，尽管他没有详细说明妇女在候选人名单中的位置，但是其他的挪威政党如社会左派、中间力量政党以及基督教民主党也开始效仿劳动党的做法，对女性候选人实行配额

制。1994 年，瑞典社会民主党按照《社会民主妇女行动纲领》，实行男女候选人名单交替制，即无论是在地方、全国还是欧洲议会选举中，每名男性候选人之后列一名女性候选人。在议会各委员会主任人选上也如此。也就是说，如果候选人中的第一位是男性候选人的话，第二位就必须是女性候选人，然后第三位候选人是男性，第四位候选人必须是女性。反之亦然。最后，北欧国家妇女在议会中的代表数在世界上名列前茅。

德国社会民主党规定在每次选举中，候选人名单中必须有 40% 的性别配额。绿党则规定了候选人均等的制度，根据这个制度，党内男性候选人只占50%。1994 年的欧洲议会的选举中，法国社会党也提出了一个按性别平分秋色的候选人名单。此外，澳大利亚、奥地利、意大利、莫桑比克、南非和土耳其已有一个或多个政党通过了关于政治领域中女性比例的要求。

为了保证配额制的有效实施，很多国家的法律还规定了必要的监督和惩罚机制。例如法国法律规定，如果在 577 个选区进行第一轮投票中，男女候选人数量差异大于 2%，则该政党要受到惩罚，惩罚的力度根据违反的程度而按比例惩处。有的国家是通过奖励的方式促进配额制的实施，例如比利时的法律规定，如果候选人名单达到 1/3 女性比例，该党可以得到额外 5% 的补贴用于竞选费用。虽然哥斯达黎加要求在政党提出的候选人名单中有 40%的妇女代表配额但并没有成功导致当选妇女人数的增加，就是因为他并不要求政党把妇女候选人名单排列在能够当选的位置上。实际上，政党只是把妇女候选人放在政党提出的候选人的名单的最后。但让妇女成为副总统已经成为该国的惯例。

第三节　她时代的执政与无权悖论

随着担任国家领导人（国王、总统和总理）的女性人数日益增加，有人预言随着女权主义的高歌猛进，女性将彻底翻身，21 世纪将是"她"世纪，其实女性政治家的上台很难改变以男性为主的世界政治生态，也很难对遭受性别歧视的女性带来真正的生活改善，因此，21 世纪呈现出来的就是一个女性领导人不断涌现的执政与广大女性无权并存的悖论景观。

一、"二战"以后女性领导人的崛起

从"二战"以后的世界政治领域来看，各国担任国家领导人的女性人数呈上升趋势。如20世纪50年代有1人，60年代有3人，70年代有7人，80年代有11人，90年代则超过20人，进入21世纪以来，非洲和南美洲都迎来了首位女性总统，截至2014年，在任的女王/总督、总统（总理）还有13人，21世纪被称为女性领导人全面崛起的"她世纪"。（如表4.2所示）

表4.2 "二战"以后全球女性领导人的崛起

洲属/国别	姓名/职位名	在任时间
欧洲/英国	伊丽莎白二世/女王	1952.6—
	玛格丽特·撒切尔/首相	1979.1—1990.11
爱尔兰	玛丽·罗宾逊/总统	1990.12—1997.9
	玛丽·麦卡利斯/总统	1997.11—2011.11
挪 威	格罗·布伦特兰/首相	1981.2—1981.10；1986—1996
丹 麦	玛格丽特二世/女王	1972.1—
	赫勒·托宁-施密特/首相	2011.10—
冰 岛	维格迪丝·芬博阿多蒂尔/总统	1980.8—1996.8
	约翰娜·西于尔扎多蒂/总理	2009.2—2013.4
荷 兰	贝娅特丽克丝/女王	1980.4—2013.4
芬 兰	塔里娅·哈洛宁/总统	2000.3—2012.3
	杰耶滕迈基/总理	2003.3—2003.6
	玛丽·基维涅米/总理	2010.6—2011.6
立陶宛	达利娅·格里包斯凯特/总统	2009.7—
拉脱维亚	瓦伊拉·维基耶·弗赖贝加/总统	1999.6—2007.6
塞尔维亚	娜塔莎·米希奇/总统	2002.12—2004.2
马耳他	阿嘉莎·巴巴拉/总统	1982—1987
东 德	萨宾娜·伯格曼·普尔/总统	1990.4—10
德 国	安格拉·多罗特娅·默克尔/总理	2005.11—
瑞 士	露特·德莱富斯/联邦主席	1999.1—1999.12

续表

洲属/国别	姓名/职位名	在任时间
乌克兰	尤利娅 - 季莫申科/总理	2005. 2—2005. 10 2007. 12—2010. 3
波 兰	汉娜·苏霍茨卡/总理	1992. 7—1993. 10
	埃娃·科帕奇/总理	2014. 9—
非洲/ 布隆迪	西尔维·金尼基总统	1993. 10—1994. 2
利比里亚	露丝·圣多·佩里/总统	1996. 9—1997. 8
	约翰逊 - 瑟利夫/总统	2006. 1—2011. 11
马拉维	乔伊丝·班达/总统	2012. 4—2014. 5
中 非	凯瑟琳·桑巴潘沙/总统	2014. 1—
亚洲/ 以色列	果尔达·梅厄/总理	1969—1974. 6
菲律宾	科拉松·阿基诺/总统	1986. 2—1992. 6
	格洛丽亚·阿罗约/总统	2001. 1—2010. 6
斯里兰卡	钱德里卡·班达拉奈克·库马拉通加/总统	1994. 11—2005. 11
	西丽玛沃·班达拉奈克/总理	1960. 7—1965， 1970. 5—1977. 7， 1994. 11—2000
巴基斯坦	贝娜齐尔·布托/总理	1988—1990， 1993—1996
孟加拉国	卡莉达·齐亚/总理	1991. 3—1996 2001. 10—2006. 10
	谢赫·哈西娜/总理	1996—2001， 2009. 1—2014
印度尼西亚	迪雅·梅加瓦蒂/总统	2001. 7—2004
印 度	英迪拉·甘地/总理	1966—1977， 1979—1984
	普拉蒂巴·帕蒂尔/总统	2007. 7—2012. 7
泰 国	英拉·西那瓦/总理	2011. 8—2014. 5
韩 国	韩明淑/总理	2006. 3—2007. 3
	朴槿惠/总统	2013. 2—
南美洲/阿根廷	玛丽亚·埃斯特拉·马丁内斯/总统	1974. 7—1976. 3
玻利维亚	莉迪亚·盖莱尔/总统	1979—1980
尼加拉瓜	比奥莱塔·巴里奥斯·德查莫罗/总统	1990—1997
圭亚那	珍妮·贾根/总统	1997. 12—1998. 8

158

洲属/国别	姓名/职位名	在任时间
海　地	埃萨·帕斯卡尔·特鲁罗/总统	1990.3—1991.2
厄瓜多尔	罗萨莉娅·阿特亚加/总统	1997（48 小时临时总统）
巴拿马	米雷娅·莫斯科索/总统	1999.9—2004.9
智　利	米歇尔·巴切莱特/总统	2006.3—2010.1
阿根廷	克里斯蒂娜·费尔南德斯/总统	2007.10—
哥斯达黎加	劳拉·钦奇利亚/总统	2010.5—2013.4
巴　西	迪尔玛·罗塞夫/总统	2011.10—2005.9
北美洲/加拿大	让娜·索韦/总督	1984.5—1990.1
	阿瑞安·克拉克森（伍冰枝）/总督	1999.10—2005.5
	米切尔·让/总督	2005.9—2010.10
大洋洲/新西兰	珍妮·西普利/总理	1997—1999
	海伦·克拉克/总理	1999.12—2008.11
	凯瑟琳·蒂泽德/总督	1990.12—1996.3
	西尔维娅·卡特赖特/总督	2001.4—2006.8
澳大利亚	朱莉·吉拉德/总理	2010.6—2013.6

资料来源：胡洁：《全球 29 人当过女总统》，《长江日报》，2013 年 2 月 26 日。http：//zh. wikipedia. org/wiki.

从洲属来看，自 1952 年以来，欧洲产生了 3 位女王，3 位女首相，9 位女总统，7 位女总理，1 位联邦主席，其中北欧四国中有 3 国产生了 8 位女性领导人，占整个欧洲女领导人总数的 28.7%。自 1993 年以来，非洲共产生了 5 位女总统。自 1960 年以来，亚洲共产生了 13 位女总统/总理，其中总统 6 人，总理 7 人。自 1974 年以来，南美洲共产生了 14 位女总统，截至 2014 年年底还在任上的有 3 位。自 1997 年以来，大洋洲共产生了 2 位女总督和 3 位女总理。而北美的加拿大已经产生了 3 任女总督。大致可以把这些女性领导人的来源分为以下两个类别。

（一）家族政治中的女性代表

在南亚和东南亚国家，60% 的女议员都是出生于政治世家，亚洲女政治家的崛起是亚洲家族政治的一个缩影，有的家庭掌握着国家权力达数十年之久。

如菲律宾政坛就是"被政治上层人士统治着，婚姻是一种宗族党派联盟形式，这种形式扩大了家庭的影响，使他们进一步巩固自己的各种资源。对政党的忠诚随着政治季节的改变而改变，与此相比较，婚姻即使不是永久性的也是长久的联合，毕竟法律是不允许离婚的"❶。2000 年，菲律宾女性议员占了近 1/6，而在 40 年前这一比例仅有 5%。凭借家族政治崛起的还有部分南美洲国家的女性领导人。

20 世纪 60 年代以来，亚洲国家政坛先后出现过 13 位女总统/总理，其中 10 位是与家族政治有关的，她们要么是前统治者和创建人的遗孀，要么是女儿，也有人将此现象总结为"寡妇和孤女政治"。如曾担任印度总理长达 15 年之久的英·甘地是印度开国元勋尼赫鲁的女儿；出生于意大利的儿媳索尼亚·甘地也从甘地-尼赫鲁王朝得到权力，1998 年她出任国大党主席，直到 2006 年辞职。1986—1992 年任菲律宾总统的科·阿基诺是被马科斯暗杀的反对党领导人贝尼尼奥·阿基诺的遗孀；而菲律宾第 14 和 15 届总统格洛丽亚·阿罗约是菲律宾前总统奥斯达多·马卡帕加尔的女儿。最典型的是斯里兰卡的班达拉奈克家族。1959 年，当时担任总理的所罗门·班达拉奈克遇刺身亡，次年，其夫人西丽玛沃·班达拉奈克在大选中成为世界上第一位女总理，1994 年，他们的女儿钱德里卡·库马拉通加当选斯里兰卡总理，不久又在总统大选中胜出。而 2007 年死于爆炸袭击的巴基斯坦前总理，贝娜齐尔·布托是巴基斯坦已故前总理和人民党领导人阿里·布托的长女，她自 1988 年至 1990 年担任总理，1993 年至 1996 年再次担任总理。在孟加拉国，自 1991 年以来都是女性担任总理，有两次最后的竞争都是在两个女人间进行的，一个是这个国家的创建人穆基巴尔·雷曼的女儿谢赫·哈西娜，另一个则是被暗杀的总统齐奥尔·雷曼的夫人卡莉达·齐亚。2014 年 5 月卸任的泰国总理英拉·西那瓦是泰国前总理他信的妹妹。2013 年 2 月上任的韩国第 18 任总统朴槿惠是韩国前总统朴正熙的长女。

（二）党派选举产生的女领导人

如表 4.2 所示，通过党派选举产生的女领导人往往具有在党派基层岗位上

---

❶ http://news.qq.com/a/20050307/000579.htm.

长期积累然后逐步脱颖而出的经历。比如英国前首相玛格丽特·撒切尔夫人在 1950 年和 1951 年的选举中，出任一向为工党所占有的达特福德选区候选人，也是当时最年轻的保守党女性候选人。1979 年至 1990 年任首相，她是英国历史上唯一一位女首相，也是英国 20 世纪连续执政时间最长的首相。

挪威首相格罗·布伦特兰三度出任首相一职。1981 年 2 月至 10 月，布伦特兰出任挪威首相，成为挪威历史上第一位女首相。1984 年被联合国秘书长任命为联合国环境与发展委员会主席。1986 年她再度出任首相，1990 年和 1993 年又两度连任首相。1996 年 10 月，她辞去首相职务。从 1998 年 7 月至 2003 年 7 月，她出任世界卫生组织总干事一职。

1989 年 11 月，德国总理安格拉·默克尔踏入政坛，加入民主德国"民主觉醒"组织，1991 年至 1998 年任基督教民主联盟副主席，2000 年 4 月起任基督教民主联盟主席。2005 年 11 月成功当选基督教民主联盟党和社会民主党大联合政府总理，成为德国历史上第一位女总理，并在 2009 年和 2013 年的大选中成功连任，这意味着她第三次出任总理，超过英国"铁娘子"撒切尔夫人，成为欧洲乃至全球执政时间最长的总理。

2001 年，埃娃·科帕奇加入波兰公民纲领党，并成功当选波兰议会议员。在 2006 年当选该党在马佐夫舍地区的主席，2007 年出任波兰卫生部部长，2010 年成为该党副主席，2011 年成为波兰众议院首位女议长。2014 年 9 月 15 日，科帕奇被正式任命为总理。

2005 年，约翰逊－瑟利夫以 59% 的高票当选利比里亚总统，是首位经过民主选举而产生的女总统，她本人拥有哈佛大学公共管理学硕士学位和长达 35 年的政治经验，如在 20 世纪 70 年代，就曾在利比里亚政府中担任财政部长；此外，她还有在世界银行、联合国开发计划署、花旗银行等国际组织和金融机构供担任过高级官员的工作经验。

2007 年，普拉蒂巴·帕蒂尔当选印度总统，是印度独立 60 年来的首位女总统，她具有长达 45 年的从政经历。如从 1962 年开始，她就当选马哈拉施特拉邦议会议员，曾先后 7 次担任地方政府部长，主管社会福利、公共卫生、文化教育等事务。1986 年，帕蒂尔当选印度联邦院（上院）副议长，1991 年当选为印度人民院（下院）议员。2004 年 11 月，帕蒂尔成为印度拉贾斯坦邦邦

长，2007年6月，帕蒂尔被以印度国大党为首的团结进步联盟推举为执政联盟总统候选人，同年7月出任总统一职，任期5年，已于2012年7月卸任。

二、世界政坛上的女性领导人形象

世界上第一位领袖研究学教授阿代尔（John Adair）认为，我们每个人身上都或多或少地存在着领导潜力，通过挖掘和点拨，大多数人的领导能力能提升20%。如果有更多的参政大门向女性打开，在经过历练之后，女性的领导潜力哪怕只提高10%，这个世界也许会呈现完全不同的面貌。随着世界政坛上出现越来越多的女性身影，这些女性领导人的执政风格要么是准男子化，要么是从事与再生产领域相关的准女性化，如何来评价这些女性领导人的形象呢？

（一） 向男权靠拢或被男权排斥

公共领域的父权制往往将女性塑造成一个贤惠、温顺、隐忍和依赖的角色，这样的角色会被认为是不适合参与社会经济活动，尤其是担任管理者和领导者的。一个女性的领导力不足表现为筹集不到足够的竞选资金，难以对抗腐败和贿选上的挑战，不能获得政党和媒体的充分信任，从而难以得到足够的支持等。此外，生理上的差别也会增加女性领导人执政的困难，如阶段性丧失处理公共事务的能力（月经期）；如果她已婚，女人的"快乐和责任随之而来"（怀孕和育婴），除非她打算严重错误地求助于医学（避孕和堕胎）。在20世纪70年代，竞选公共职务的已婚妇女一再被要求让其丈夫承认有关她的候选人资格，要确认其子女在没有她照管的情况下能够自理等问题。如果她未婚，又会面临着陷入各类绯闻和女同性恋的流言与猜测之中，如韩国媒体把朴槿惠称为"没有父母、没有丈夫、没有子女"的"三无女人"或者"冰公主"。

由于男性气质往往与刚毅、强硬、果敢和冷血等特质联系在一起，因此，女性领导人若要在政治领域中干出一番大事业，就要以男子的标准来要求自己，以一个"准男子"的形象出现，而完全将自己身上的女性气质抛之脑后，因此，当选的女性领导人有意无意地同那些大众心目中的"女人味"拉开距离，向"男子汉大丈夫"靠拢。也就是说，女领导人遵从的是男性政治的规则，继承的是父权制男性政治的衣钵，她们常常被公众称为"女强人"就是指她们是"男性化"的女人，她们的参政就是将有权的男人变成了有权的女人。

作为女性从政的偶像人物，这些女领导人自愿或者被迫地维持和追求着父权制社会的价值体系，玛格丽特·撒切尔说过这样的话："我没有注意到我是个女人，我只当自己是个首相。"❶ 她执政风格之强硬，比有些男人还有过之而无不及，她决策了马尔维纳斯群岛战争和海湾战争，她是首个被称为"铁娘子"（Iron Lady）的女性领导人。在她之后，荣膺这一头衔的还有德国的默克尔、巴西的罗塞夫、阿根廷的费尔南德斯和波兰的科帕奇等人。此外，孟加拉国的贝娜齐尔·布托则有"铁蝴蝶"之称，而韩国的朴槿惠被称为"韩国的撒切尔"。其实在撒切尔未被称为"铁娘子"之前，以色列第四任总理果尔达·梅厄女士就被赋予了"内阁中的唯一男士"的称谓。

当然，女性政治家的成功并不意味着女性参政不会遭受敌意。政敌、媒体和公众在评价女性政界人物时往往采用双重标准，通常女性的体力和心理素质等方面的弱点会被放大，特别是媒体忽视其政治活动，专门渲染其性别、外貌和个人生活。如塞尔维亚前总统娜塔莎·米希奇，自她就任以来，媒体注意的焦点不是她的改革主张，而是她的容貌和一双长腿，因为长着一头浓密的红色鬈发和绿眼珠，从而赢得了"塞尔维亚政坛妮可·基德曼"的称号，她的一双长腿更是屡屡登上杂志的封面。而澳大利亚首位女总理朱莉·吉拉德就没有那么幸运了，她常常遭到恶意的批评与不实的报道。2013 年 6 月 25 日，哥伦比亚媒体称，吉拉德是"世界上最受欺凌的国家领导人"，是"大男子主义世界的受害者"。2014 年 1 月，澳洲女青年会（YWCA）及阿德莱德大学（University of Adelaide）联合发布的一份调查报告显示，在原本拥有远大政治抱负的澳洲女性群体中，已有绝大多数的人打消了从政的欲望，因为她们看到一个未婚的前总理是如何被各种批评与嘲笑包围，"吉拉德不仅受到不公对待，而且媒体还要将此放在聚光灯下放大，可想而知她要经历多少困难"❷。

（二）女性再生产角色的延伸

也有一类执政的女领导人不用担心自己太像男人或者太不像男人而备受指

---

❶　http：//gb. cri. cn/14558/2007/05/07/145@1577049_ 1. htm.

❷　《澳洲最后一个女总理？朱莉·吉拉德》，http：//www. lecity. com. au/？P＝2048.

责和责难，她们不用掩饰自己身上的女性特征，或者说女性特质就是她们取胜的法宝之一。如智利的巴切莱特用温柔的微笑在军界树立威望，在选举期间，她和家庭主妇、渔民等普通选民亲切交流，"我会在乎你"的口号获得了大批选民的支持。因此，有人认为女性领导人正在把某种女性特征带入政坛，不少民众认为女政治家的执政方式"温柔却有力量"，与人为善，平易近人，给下属带来良好的心理影响，并将女政治家与一个更加包容的社会、更清廉的政治环境等结合在一起，认为她们更倾向中下层的政策等，但是潜在的风险就是把她们与"负责任的妈妈"等母亲形象重合在一起。

由于大多数女性始终处于政治之外的私人领域中，只是男权政治的辅助，是远离权力的"厨房内阁"。假说一个女人过于强硬，就会招致对她的反对；然而，如果一个女性表现得过分温顺，别人又会认为她不够刚强，很难胜任自己的职务，强化了那种认为女性领导人本身能力不足的刻板印象。其实这些以女性特质示人的女性领导人在步入政坛之前，大多接受的是人文学科的高等教育，从事的又多是教育、护士、文秘等被认为是体现女性传统角色的工作，如拉脱维亚前总统瓦伊拉·维基耶·弗赖贝加在出任总统一职之前，是加拿大蒙特利尔大学的心理学教授和著名语言学家，有长达33年的任教经历。因此，她们的当选往往又和"慈善机构员工、教师或护士"等加诸女性身上的职业刻板印象叠加在一起，如认为她们身为女性，只关心妇女问题，不关心经济、交通和财政预算等问题。

爱尔兰前总统玛丽·罗宾逊是爱尔兰共和国第7任总统，她一直致力于公共卫生、环境保护、维护人权、保障妇女权益等公益事业，为此，她赢得了民众的广泛信任。也就是说，她无须改变被认为是女性特征的东西，因为她所扮演的角色就是妻子、母亲形象在政治生活中的延伸。

2009年，冰岛前任总理希尔马·哈尔德带领的政府在经济危机的压力下下台，当年66岁的约翰娜·西于尔扎多蒂临危受命，出任冰岛总理，成为冰岛史上首位女性总理。西于尔扎多蒂在就任总理之前曾多年担任社会事务部部长，致力于关注残障人士、老年人和弱势群体，在保障他们的权益方面作出突出成绩，因此，她又获得了"圣约翰娜"的昵称。

三、女性领导人难以回应妇女的需求

随着各国女性频频问鼎总统宝座，世界政坛上出现了越来越多的女性身影，似乎让人看到女性走出困境翻身做主人的希望，因为这是对妇女政治参与权的一种肯定，表明该地区社会经济状况的进步与改善，但实际上这并不意味着她们能自然而然地维护女性群体的利益，因为政坛生态运行的惯性往往是女性政治家很难抗衡的。也就是说，即使掌握着国家最高权力的人是一位女性，但她也不是消除性别歧视的保证。只有足够数量的女性进入决策机构，才能保证政府能够出台并落实性别平等的各项措施。

（一）难以改变公共领域的政治生态法则

由于妇女在立法界的比例偏低，她们就将由于数量少而处于严重缺乏代表性的境地，并且是克服了巨大的障碍才获得高级职位，许多当选的女性领导人在执政期间往往小心翼翼，极力平衡各种关系，否则就会危机四伏成为男性政治的垫脚石和装饰品，因此，"以妇女利益名义所做的调整实际更多的是以统治阶级的利益为主，而不是对妇女幸福的纯粹关怀"[1]。如阿基诺担任菲律宾总统后，曾努力寻求大地主和农场主的支持，并未顾及大量女性农民的地位和利益，致使大量妇女在菲律宾社会里被进一步边缘化。

对于公共领域中运行的父权制法则来说，有时候女性领导人的女性特征非但不是成功的保证，反而时常会成为不利条件。在整个政治生态和各种利益纠葛中，女性领导人并不能保证实施两性平等的政策，或者并不一定能减少社会中的歧视现象。撒切尔夫人推行的新自由主义经济政策也致使大量女性陷入贫困，而撒切尔夫人本人对女权主义是嗤之以鼻的，至于规定女性在政府和议会中应有的最低比例的性别配额问题，她就认为是一个彻头彻尾的错误。

在拉美从政的女性领导人经常会被冠上"男性政务官代理人"等称号。也就是说，她们在很大程度上是依赖前任总统来做决策的，因为拉美当选的4位女总统都是从其前任男性总统的同一党派阵营中脱颖而出，她们的当选能确

---

[1] Kathleen Lahey. Gender – Based Analysis in Law, Research and Policy: Strategies to Mainstream Women's Equality. Materials Prepared of Gender Workshops Canada – China Women's Law Project, 2002.

保上任政府实施政策的平稳过渡。如智利的巴切莱特接手里卡多·拉戈斯、巴西的罗塞夫接手伊纳西奥·卢拉、哥斯达黎加的钦奇利亚接手奥斯卡·阿里亚斯，而阿根廷的克里斯蒂娜·费尔南德斯则直接从她的丈夫手中获得了交接棒。

20世纪60年代以来，南亚次大陆高端参政的女性迭出，但南亚国家广大的普通妇女，特别是基层劳动妇女、草根妇女的政治地位、经济地位并没有得到根本的改善。在南亚，家族政治是一种强大的政治遗产，这样的家庭背景要比性别更具优越性，这些女政治家出身名门，本人接受过良好的教育，也有超强的从政能力，但是如果没有家族声望，在那些常常视女性为男性附庸的国度里，她们的才华和努力可能很难获得公众的认可。也就是说，这些当选的女政治家并不能把她们的女性领导力转化成为这个国家的女性权力，特别是这些国家女性的教育、社会、政治和经济等方面的水平都很低下。

在韩国，朴槿惠当选成为首位女总统之后，国内民众对她能否推动性别平等仍然不太乐观。虽然朴槿惠在竞选期间承诺，为众多母亲和职业女性所面对的困难寻求解决方案，但朴槿惠的竞选政治纲领显示，她无意对平权问题进行大刀阔斧的改革。如她提出延长免费的国营育儿中心的服务时间至晚上十点，可能反而会加剧工时过长的问题；而为第三名子女免费提供读大学的建议，也对生育率本来就偏低的韩国家庭来说意义并不大。

（二）"私人的就是政治的"

由于妇女参政不过是把妇女纳入以男性为中心的政体中，许多参政的妇女为了稳固自己的地位而迎合以男性为中心的政体，放弃了对妇女群体利益的代表，因此妇女简单参政不能改变广大妇女的地位。2013年，路透基金会的新闻机构将印度列为妇女境遇最差的国家，而印度又是个执政党领袖和国会下院议长都是女性，而且至少有3位女性首席部长，许多体育和商家显赫人物都是女性的国家。在印度新一代的女性进入职场的人数也超过了以往，但是女婴被人工流产或被遗弃、被杀，导致印度人口性别比例严重失衡，许多幸存者，无论是单身妇女还是已婚妇女，都要终生面对歧视、偏见、暴力和冷落。同样，产生了多名女总统的拉美国家也并不意味着拉丁美洲在性别平等上就比其他国家和地区做得更好，事实上，拉丁美洲多个国家的家庭暴力、拐卖妇女、少女被逼卖淫等现象也是十分严重的。

　　如果要让女性参政真正回应妇女的呼吁必须改变以男性为中心的政体，改变政治的权力关系和关注点。在第二次女权主义社会运动中，激进女权主义提出的"私人的就是政治的"口号概括了激进女性主义者的信念，即认为居家、家庭和个人生活中发生的事情都具有高度的政治性，并且事实上也是其他所有政治斗争的基础。在妇女参政阶段，重提这个口号就是因为它大大扩展了民主的内涵，也赋予了女性政治参与更多的内涵，但凡妇女关注的问题，如性、生育、婚姻家庭、家务劳动等本身就是政治问题。

　　在民主选举时代，通过自主决定投票的妇女，希望通过大选，维护自身的权益，而她们和男性选民关心的议题也没有什么不同，诸如水、电、道路、住房、环境卫生、教育和就业等。当然，作为家庭再生产劳动的主要承担者，她们既关心基本生活用品的价格上涨问题，也希望当选的政府能着手解决公共服务和设施方面的问题。其实，政党改善妇女的生活条件，也是改善儿童、老人乃至全体民众的生存状况。

第五章

教育领域中的性别差距

2014 年 10 月 28 日，世界经济论坛发布的《2014 年全球性别差距报告》显示，142 个国家在教育方面已消除了 94% 的性别差距，其中 25 个国家已完全消除教育方面的性别差距。其实教育领域的性别差距不仅指教育机会获得方面，还包括教育环境、教育资源分配以及教育过程为男女两性提供的发展条件与机会，而在教育过程中存在大量的隐性歧视包括对两性智力的评价和由此形成的种种限制做法等。为了适应两性不同的学习特点和需求，国外教育界开始尝试针对单一性别的教学改革，目前这一新教学模式的利弊尚在探讨当中。

第一节　教育机会的性别均等

无论是 1948 年的《世界人权宣言》还是 1960 年联合国教科文组织的《取缔教育歧视公约》都在重述联合国宣言"人人都有受教育的权利，教育上的歧视会侵害人人平等"。到了 1990 年 3 月，世界 150 多个国家和地区在泰国宗天召开了"世界全民教育大会"，提出全民教育思想，制定了全民教育的基本目标。1995 年的《北京行动纲领》除了重申全民教育的一般目标外，还专门就改善妇女问题提出应采取的行动措施，而摆在各国政府面前最主要的任务是把如何把《北京行动纲领》中对教育机会的性别均等承诺变成实际行动，包括解决初等教育与高等教育两个阶段的教育机会的性别均等问题。

一、初等教育机会的性别均等

在初等教育阶段，教育机会的性别均等是指国家为每一个儿童提供免费的一视同仁的普通教育。在 2000 年的《千年目标》中，联合国各成员国承诺到2015 年要普及小学教育，确保不论男童或女童都能完成全部的初等教育课程。然而，世界各国初等教育机会中的性别差距是显著存在的。2014 年，在联合国教科文组织发布的《全民教育全球监测报告 2013—2014》❶ 中指出，截至2011 年，全球仍只有 60% 的国家实现了初等教育普及，在低收入国家中，只有 20% 的国家实现了小学教育中的性别平等，预计到 2015 年全球只有 70% 的国家实现小学教育的普及，除非各国政府作出有效的改善措施，否则最贫穷国家的女童能全面接受初等教育的时间将比最富有国家的男孩要晚 60 年。由于世界各国社会经济发展的不平衡，各国的义务教育发展层次和义务教育体制等基本情况也各不相同，然而，推进教育立法被认为是实施初等教育机会性别均等的重要制度保障。

（一）现代国家推行初等义务教育制度

世界上最早提出普及教育思想的是 17 世纪上半叶捷克著名的教育家夸美纽斯（Johann Comenius）。他在 1632 年出版的《大教学论》一书中，提出"所有城镇乡村的男孩和女孩，不论富贵和贫贱，都应该进学校"❷，认为应将初等教育普及到手工业者、庄稼汉、脚夫和妇女，并且明确提出班级授课制是普及教育的具体措施。由于初等教育位于整个国民教育体系的最底部，它决定着全体国民素质的高低，同时也会对国民经济的发展起着很重要的制约作用，但是初等教育又具有很强的迟效性，它的发展需要以巨额的资金投入为保证，因此仅仅靠社会团体与个人的自发行为是不够的，需要国家的强制介入和大力支持。由于初等教育具有普及性、强制性和公共性，因此又被称为义务教育。

---

❶　http：//www. unesco. org/new/zh/unesco/2014 – 1 – 30.
❷　徐桂秀等：《从夸美纽斯的普及教育思想看我国目前普及义务教育的关键》，《黑龙江教育学院学报》，1995 年第 4 期。

1. 西方国家的义务教育立法

从 17 世纪开始，西方各国陆续颁布义务教育法，政府以法律形式规定对全体适龄儿童提供一定年限的基础教育。义务的含义包括父母与家庭有使学龄儿童就学的义务，国家有设校兴学以使国民享受教育的义务，以及全社会有排除阻碍学龄儿童身心健康发展的种种不良影响的义务。各国实施义务教育的年限长短，大体是由该国的经济发展水平和文化教育程度决定的，但是义务教育法的推行最终对所有工业国家的社会发展产生了实质性影响。

（1）德国义务教育立法

1619 年，在德意志魏玛邦公布的《学校法令》中规定，父母应送其 6~12 岁子女入学，否则政府可以强迫其履行义务，但实际上这一规定未能付诸实施。1717 年，在普鲁士国王威廉一世颁布的《义务教育规定》中规定，所有未成年人，不分男女和贵贱，都必须接受教育。1763 年，普鲁士王朝颁布了世界上第一部《普通义务教育法》，规定 5~12 岁儿童必须到学校接受教育。到 19 世纪 60 年代，普鲁士所有适龄儿童入学率已经达到 97.5%。

1919 年，魏玛共和国建立，在《魏玛宪法》中规定"建立共同的学校系统"，在德国实施"普及的教育"制度。1920 年，魏玛共和国又颁布了《基础学校法》，规定四年制的基础学校为各类普通学校的共同基础，所有儿童必须进入基础学校。1938 年，第三帝国在公布的《学校义务教育法》中，废除了以前颁布的各种学校义务教育法规，规定义务教育时间为 8 年。在 1945 年以后，联邦德国大多数州颁布了新的学校教育法。在 1946 年的《汉堡协定》中，把四年制的国民学校高级班改为五年制中学，称为主体中学，义务教育时间也随之延长了一年，连同基础学校四年，所有学生必须完成九年制的全日制义务教育。1964 年德意志教育委员会制定签署的《联邦共和国各州之间同一学校教育的改革和统一计划》等政策都规定了义务教育的内容。1970 年，德国教育咨询委员会提出了《教育结构计划》，把幼儿园纳入教育系统。1990 年两德合并后，德国颁布《基本教育法》，适用于原民主德国的五个联邦州，推行 12 年制免费义务教育；2004 年，德国又颁布新的《义务教育法》，规定给予适龄青少年接受教育的机会，实现教育机会均等；提高义务教育的质量；义务教育入学年龄提前到 5.5 岁等。

（2）英国义务教育立法

1802 年，在英国政府颁布的《学徒健康与道德法案》中规定，"至少在每个学徒工作的头四年中，必须抽出工作日的一部分，在一般工作时间内，根据此类学徒的年龄和能力，由此类学徒的工厂主出资，聘请适当的、老成持重的教员，在专用场所教导学徒读书、写字及算术，或者这三门中的一门……"法案规定了学徒必须接受适当的教育，表明政府对义务教育开始进行适度干预。1833 年，在英国颁布的《工厂法》中明文规定，工厂招收 9～13 岁的童工必须要提供其参加过学校教育的相关证明。

1870 年，英国政府颁布的《初等教育法》规定，5～12 岁的儿童必须接受义务教育，如果家长讲不出不送子女上学的合适理由，就要被处以罚款；在 1876 年颁布的《桑登法》的第 4 条中明确规定，每个儿童的父母有责任让自己的子女接受足够的读、写和算术方面的初等教育。1880 年，英国议会通过《芒代拉法》，规定 5～10 岁儿童必须无条件入学，10～13 岁儿童只有达到一定的成绩要求或已连续五年正常入学接受教育，方可免除义务入学要求。1891 年，英国政府在《免费初等教育法》中规定，父母有权要求免除其子女初等教育的费用。到 19 世纪 80 年代，英国全国学龄儿童入学率达到了 90%，大部分儿童都能受到 6～7 年的正规教育。1918 年，英国国会通过了教育大臣费舍提出的教育议案，制定了新的初等教育法，为 2～5 岁的儿童开设幼儿学校；5～14 岁为义务教育阶段，一律实行免费教育。

1944 年，英国政府通过《巴特勒法案》规定实施 5～15 岁的义务教育；1987 年，英国实施《1988 年教育改革法》，将普及义务教育的年龄提高到 16 岁，规定在义务教育阶段实施全国统一课程，统一成绩评定制度，每一成就目标分为与年级相对应的十个水平，分别在 7 岁、11 岁、14 岁和 16 岁进行评估，借此评估所达到的成就目标；并且赋予家长在学生入学方面的"选择权"。具体做法是，限定中小学校招生的"标准数"，家长可以在本地区或另一地区为子女挑选学校，学校在招生数未满时，不能拒绝学生的入学要求；下放地方教育管理部门的权限，赋予学校更多的自主权并且让家长参与学校管理工作。

(3) 美国义务教育立法

早在 1779 年，杰斐逊在弗吉尼亚州议会上就提出了《知识普及法案》，倡导普及教育和实施公共教育制度。美国最早的义务教育法令都是由各州分别制定的，如 1852 年美国马萨诸塞州通过的《义务教学法》规定，8～14 儿童每年至少要上课 12 周，违者罚款。之后，其他各州纷纷仿效，到 1918 年，美国当时的 48 个州全部实施了义务教育，规定儿童到入学年龄而不入学是违法行为，学区和学校有权控告，法院依法判决，轻者命令家长送子女入学，重者要判入狱服刑。

1965 年，美国制定《初等和中等教育法》，重申了黑人、白人学生合校教育的政策，制定了对处境不利的儿童的教育措施。1966 年，美国颁布了《中小学教育法》修正案；1970 年，又颁布了《中小学教育辅助计划》，后者是为了充实和完善《中小学教育法》在实施过程中遇到的问题。1972 年，美国还颁布了修正性别歧视的《教育修正案》。1974 年，美国国会通过了《生计教育法》，许多州也相继颁布法令，采取实际步骤推行生计教育。也就是说，中小学阶段是生计教育最重要的实施阶段，可细分为三个阶段。1～6 年级是使学生了解和选择职业阶段，生计教育倡导将社会上两万多种不同的职业归并为15 个职业群，供学生广泛了解和熟悉，从中选择自己喜爱的职业群；7～10 年级为探索和学习阶段，11～12 年级是职业决定阶段。现在美国已经建立起学制为 11～12 年的义务教育，即从学前班到 12 年级的完全免费、强制执行的基础教育，从而保证了适龄儿童 100% 的入学率。

2. 发展中国家的义务教育立法

从世界范围来看，西方义务教育的提出到建立完善大概经历了 3 个世纪的时间。如从普鲁士王朝的 1763 年颁布强迫教育法令，这一任务到 1888 年才实现，花了 125 年才完成普及初等教育的任务。法国于 1833 年颁布《基佐教育法》，1882 年公布《费里教育法》，规定 3～6 岁为义务教育期，到 1925 年全国才实现这一任务，花了 92 年。而发展中国家义务教育立法的颁布要比西方发达国家晚，都是在 20 世纪 50 年代左右才开始实施初等义务教育立法的，但是其普及义务教育的速度则是非常迅速的。

（1）印度义务教育立法

在 20 世纪 30 年代，甘地非常重视教育并且努力在印度建立起自己的完善教育体系。甘地的教育思想主要是在批判殖民教育的基础上形成并提出的，他认为要实行免费的义务初等教育，要用母语施行，并以手工劳动为中心，以非暴力思想作为基础。1937 年 10 月，基础教育运动开始在全国展开，印度成立了许多基础学校和基础教育教师培训中心。

1947 年，印度取得独立后，基础教育模式仍然作为初等教育发展的模式在全国推广开来。1968 年，印度政府公布了《国家教育政策》，强调了科学技术教育，并分别就免费义务教育等 17 个方面制定了今后教育发展的一般性原则，为此后近 20 年的教育改革提供了理论指导。

随着印度经济的发展，国力的增强，印度也在不断争取延长义务教育的时间和受惠人群的范围。目前，印度的教育支出大约占国内生产总值的 3%，印度大约有 7000 万名学龄儿童无法上学，而文盲率也占到了全国人口总数的 1/3，因此，印度政府希望通过立法来推进文化教育，帮助贫困家庭儿童上学。2010 年，印度政府颁布《儿童免费义务教育权利法》，规定印度实行 8 年免费义务教育，为全体学生提供免费午餐；2012 年，印度又提出将义务教育年限从 8 年延长到 10 年，让印度的每一个儿童，不论其性别、种姓、阶层或社会地位如何，都有接受至少 10 年正规学校教育的权利。

（2）中国义务教育立法

中国近代义务教育是在引入欧美和日本义务教育模式的基础上逐步形成的。1902 年，在清政府制定的《钦定学堂章程》中规定："儿童自六岁起受蒙学四年，十岁入寻常小学堂修业三年。俟各处学堂一律办齐后，无论何色人等皆应受此七年教育"。1904 年，清政府颁布的《钦定初等小学堂章程》中指出："初等小学堂，令凡国民七岁以上者入焉，以启其人生应有之知识，立其明伦理爱国家之根基，并调护儿童身体，令其发育为宗旨；以识字之民日多为成效。每星期不得过三十点钟，五年毕业"❶。1906 年，清政府在《强迫教育章程》对教育对象、授课时间、学费、入学年龄等都进行了详尽规定；1907

---

❶ 熊贤君：《中国近现代义务教育的特征》，《华中师范大学学报》，1998 年第 2 期。

年，在清政府颁布的《女子小学堂章程》中，还将女性也纳入学校教育体系。中华民国成立后，孙中山立即强调在中国实行免费义务教育，1912 年，中华民国教育部明确规定："初小、师范和高等师范免收学费。"

1982 年，我国政府在新修订的《中华人民共和国宪法》第 46 条规定，"中华人民共和国公民有受教育的权利和义务"；第 19 条规定，"国家举办各种学校，普及初等义务教育"。1986 年，全国人大通过的《中华人民共和国义务教育法》中有九年制义务教育的条款，一般指小学六年、初级中学三年（或小学五年、初级中学四年）共计九年的教育。1995 年，在国家颁布的《中华人民共和国教育法》中规定："公民不分民族、种族、性别、职业、财产状况、宗教信仰等，依法享有平等的受教育机会。"

由于国内各个地区的义务教育的发展情况差异很大，大部分地区基本实现了义务教育，而局部发达地区已经达到了发达国家义务教育的水平。从 1986 年的《中华人民共和国义务教育法》颁布实施以后，到 2001 年 1 月 1 日，我国实现了基本普及九年义务教育和基本扫除青壮年文盲的"两基"战略目标；2010 年，全国实现了高质量的全面基本普及九年义务教育，普及九年义务教育人口覆盖率达到98%以上，扫除 15 岁至 24 岁文盲，全国青壮年文盲率降到2%以下，成人文盲率降到5%以下，当年全国平均受教育年限男性为9.2 年，女性为8.4 年。

（二）义务教育阶段的性别差距

随着世界经济的发展以及人们对教育的日渐重视，义务教育从体制上到发展层次上都在不断成熟和完善。已实现义务教育的国家逐步延长义务教育的时间和扩大义务教育的受惠范围，在体制和课程设置等方面继续革新，提出继续教育与终身教育概念。如俄罗斯从 2007 年 9 月 1 日起实施 11 年义务教育；加拿大的安大略省和新布伦瑞克省实行 12 年义务教育，其他省实行 10 年义务教育；新西兰实施 10 年义务教育，对特殊学生实施免费教育直到 19 岁或 21 岁；英国和泰国的义务教育年限分别提高到 11 年和 12 年。

尽管义务教育理念已经在全世界范围内建立起来，并且得到了广泛的认同，如一些中等发达国家也基本上实现了义务教育，大大提高了国民的素质，但是还有相当多的发展中国家至今尚未实现义务教育，或者没有消除义务教育中的性别差距。在南亚和西亚地区失学儿童中的女性比例为 57%，而阿富汗女性文盲率高达 85%，2/3 的女童不能上学，仅有 10% 的女孩能够上初中。2012 年年底，摩洛哥 15 岁以上的女性达到 1230 万人，其中有半数以上为文盲，农村女性文盲比率超过 7 成，而城市女性文盲比率也大约为 4 成。2010 年，我国 15 岁以上人口文盲率女性为 7.3%，男性为 2.5%，即女性文盲率是男性的将近 3 倍；青壮年（15～50 岁）文盲中，女性占近 7 成。在 2010 年的妇女纲要监测报告中也显示，男女平均受教育年限差距进一步缩小，已由 2000 年的 1.3 年缩小为 1 年左右。18～64 岁女性平均受教育年限为 8.4 年，比 2000 年的 6.1 年提高了 2.3 年。

在联合国教科文组织发布的《全民教育全球监测报告 2013—2014》中称，"教育领域中的性别差距令人震惊"，号召各国政府确保每个人享有平等的受教育机会，因为对女童们来说，教育是帮助她们摆脱贫穷的恶性循环的最强有力手段之一。截至 2011 年，全球有 7.74 亿文盲，只比 2000 年减少了 1%，其中近 2/3 为女性。这一比例自 1990 年来就相当稳定，就目前趋势来看，实现"发展中国家贫困女青年零文盲"这一目标最迟要到 2072 年。

二、高等教育机会的性别均等

随着完成基础教育的学生人数增长，人们对高等教育的需求也在不断提高，但是对于女性是否需要接受高等教育的争论则持续了很大一段时间，因为普遍的看法是妇女接受初等教育就足以使她们成为合格的妻子和母亲，而更高的教育无益于她们履行妻子与母亲的职责。经过女性高等教育 200 多年的发展，女生学业成绩优秀、升学率高成了大多数国家和地区的普遍现象。根据 2009 年联合国教科文组织统计研究所的数据显示，[1] 在有相关资料的 148 个国家和地区中，女性在高等教育学生总数中的比例超过 50% 的有 104 个，其中超过 60% 以上的有 27 个，最高的达到 84.6%。即使在 20 世纪 90 年代初，包括菲律宾、蒙古、古巴、科威特、阿根廷、牙买加等 34 个国家的女大学生比例就已过半。试以美国和中国为例，说明两国高等教育阶段教育机会的性别均

---

[1] http：//unstats. un. org/unsd/demographic/products/dyb/dyb2. htm.

等的发展过程。

（一）美国高等教育机会的性别均等

18 世纪的美国公众认为接受完初等教育的女性，只要待在母亲身边学习持家技能，足以完成结婚和生儿育女的家庭主妇使命。因此，大多数大学反对完成了初等教育的女性继续接受高等教育，并不是出于智力水平的原因，而是性别原因，如 1783 年 12 月，12 岁的露辛达"除了性别之外，完全具备被录取到耶鲁大学的新生班学习的条件"[1]，但是校方并没有给她深造的机会。

直到 1837 年，奥伯利学院破例录取了 4 名女性时，美国高等教育的大门才首次向妇女敞开。在 19 世纪中期，女性接受高等教育的重要途径是进入男子大学附属的女子学院，如奥伯利学院的特洛伊女子学院（1837），或是单独设立的女子大学，如佐治亚州威斯里安女子学院（1836），后者于 1840 年开始授予学位，是美国第一所女子高校。从 1880 年起，超过 30%以上的美国大学开始招收女学生，20 年之后这个数字超过 71%，"到 1900 年，女大学生人数开始猛增到 19 959 人"[2]。

20 世纪 70 年代以来，进入美国各类大学深造的女性人数逐年增加，她们占高校注册新生人数的 40%；到了 80 年代这一比例升至 50%。在 1989—1990 学年中，美国女大学生已占到全部学生人数的 53.3%，获学士和硕士学位的女生占总人数的 50%，博士学位的女生占总人数的 34%；到了 1996 年，女性获得学士学位者占全部学士学位获得者的 53%，获得硕士和博士学位的女子分别占这两个学位全部获得者的 40%；到 2010 年，在美国大学生中，女生占比为总人数的 57%左右，也就是说，美国大学校园出现女生多于男生的现象已经十分普遍。

据 2011 年美国人口统计局数据显示，[3] 在 25 岁及以上的成人中，拥有硕士及硕士以上学历的女性人数为 1060 万，约占女性总数的 10.2%，而相同条件的男性只有 1050 万，约占男性总数的 10.9%；在完成本科教育的人数上，女性人数达到 2010 万，比男性人数超出了 140 万人。

---

[1] 金莉：《十九世纪美国女性高等教育的发展轨迹及性别定位》，《美国研究》，1999 年第 4 期。
[2] 金莉：《十九世纪美国女性高等教育的发展轨迹及性别定位》，《美国研究》，1999 年第 4 期。
[3] 《中国日报》，2011 年 4 月 28 日。

（二）中国高等教育机会的性别均等

在 20 世纪初，西方教会开始在我国沿海城市兴办女子高等教育事业。[1]
教会女子高等教育分为两种形式：第一，由教会女子中学发展而成的教会女子
大学，如华北协和女子大学（1904）和福州华南女子文理学院（1908）等；
第二，直接创办的教会女子大学，如上海女子医学院（1914）、金陵女子大学
（1915）和震旦女子文理学院（1937）。此外，广州岭南大学、上海沪江大学、
北京燕京大学等也开始招生女生，只不过截至 1925 年，所有就读教会大学的
女生人数只有 530 人。

在 1917 年，原京师女子师范学校改名为女子高等师范，1919 年正式命名
为国立北京女子高等师范学校，这是中国人创办的第一所女子大学，当时有学
生 236 人。在 1949 年前，从各个国立大学在校生中女生人数最多和占比最高
情况来看，[2] 1947 年，女大学生人数最多时达 27 604 名，占大学生总数的
17.80%；而 1942 年，女大学生人数占在校生人数比例最高为 19.15%（为
12 273 人）。总的来说，1949 年以前，我国妇女接受高等教育的机会是十分有
限的。

1949 年以后，我国高等院校的女生人数一直处于缓慢增长中；到 1954
年，女大学生人数所占比例达到 26.27%；1976 年，高等院校在校女生比例达
到 33.02%。随着 1998 年大学扩招以来，女性接受高等教育的人数不断增加，
从 1995 年的占比 35.4%，增长到了 2005 年的占比 47%。据 2012 年中国教育
部网站的教育统计数据显示，从 2007 年至 2012 年，高等院校各个学段女生比
例都呈现出持续上升态势。其中，增长幅度最大的是大学本科及硕士研究生阶
段，6 年中增长了 4 个百分点。以大学本科女生所占比例为例，从 2007 年至
2012 年分别是：47.36%、48.15%、48.89%、49.68%、50.4%、51.03%；
以硕士研究生女生所占比例来说，从 2007—2012 年分别是：47.19%、
48.16%、49.63%、50.36%、50.89%、51.46%。特别是在各级各类学校中
的女生人数，自 2011 年起就超过男生，这一年，全国在校的普通本专科人数

[1] 倪红：《教会大学：中国近代女子高等教育发祥地》，http：//www.ccctspm.org/jiaohuilishi/
2009/94/0994980.html.

[2] 韦钰：《中国妇女教育》，杭州：浙江教育出版社，1995 年，第 15～16 页。

达到 2144 万余人，其中女生人数占到 50.48%，女生比男生多出 20 余万人；而女硕士生人数自 2010 年起开始超过男生，这一年，全国有 12 万余硕士研究生，女硕士生占到总人数的 50.36%，女生比男生多出近万人；女博士研究生所占比例也在逐渐上升，2008 年，全国女博士只占总人数的 34.7%，到 2012年时这一比例已经达到 36.45%。

第二节　专业学科的性别特征

随着教育机会的性别均等目标的实现，两性享有了同等的教育权利，但是这并不意味着隐形的性别歧视就不存在，比如说教育过程中对女性智力水平的评价以及专业学科的性别特征，比如高等教育中出现的性别密集型专业等现象，从而对女性的就业、参政以及其他方面带来连锁反应。其实，两性之间除了生理差异外，是否还存在其他方面的原因为专业学科打上性别烙印，后者引发了人们对教育领域中性别差距现象的关注。

一、两性智力差距的"科学事实"

在西方医学界，对女子智力水平的质疑由来已久，如"1899 年，哥伦比亚法学院把妇女排除在外时的理由是妇女没有学习法律所必需的头脑"[1]。其实从早期的颅相学到脑重量、脑结构的性别差异说，西方知识界利用"科学发现"和"科学事实"的名义来贬低妇女，对一些社会偏见的传播起到了推波助澜的作用。

（一）颅骨和骨盆

18 世纪以后，解剖学家认为两性的生理性别并不仅局限于生殖器官，应该遍布在身体的每一部位，比如"与骨架相连或依骨架成形的每一块肌肉、

---

[1]　刘小楠：《走出私人领域：法学教育、法律职业中的女性》，《政法论坛》，2008 年第 6 期。

每一条血管、每一个器官里面"❶。于是，在 1730—1790 年间，欧洲出现了首批女性骨架绘图，当时流传一时（尤其是在英国）的一幅女性骨架图就特别在头颅和骨盆上用夸张的比例来突显性别差异，如以鸵鸟来比拟女性的小头颅和大骨盆。

基于 19 世纪欧洲人种志的要求，解剖学者选中了头颅和骨盆来作为两性差异的代表，头颅大小成了两性聪明才智的指针，女性的头颅都画得比男性的小，以此说明女性在才智方面是比不上男性的。生理科学的学者们处心积虑验证女性与其他弱势族群如黑人、小孩、疯人具有相同的特征，用来说明她们与最优等的人种（白种男人）之间无法跨越的先天差异，比如（白种）女人的脑容量较少，脑部结构有缺陷，下颚凸出，这些特征说明她们比男人更接近低等人种；（白种）女人和黑人则都有较娇小狭窄，像儿童般的头颅，不像（白种）男人有丰饱圆融的头部，正好验证了女人天生容易冲动，情绪多变，喜欢模仿，不像男人有原创力，能够抽象思考等。

此外，妇女的骨盘尺寸也成了女人女性化程度的标尺，但是女性较大的骨盆并没有为她们争取到能够与头颅较大的男性互相抗衡的地位，于是，医学界就出现了这样的论断："欧洲女人的骨盆当然要够大，才能在她的产道里容纳下欧洲男性的大头颅……毕竟文明的种子是孕育在男性的大头颅里，而女人只是为其效力的。"❷

总的来说，这一时期医学论述中关于两性身体出现的变化，事实上是对其间女性所扮演的社会角色的一种折射。正是为了呼应当时逐渐被理想化的男性气质与女性气质（如男性是主动的，女性是被动的），所以，解剖学者们才不遗余力地通过解剖图来表现所谓的"自然事实"和"科学真相"。

（二）脑体积/脑结构

在 19 世纪，解剖学发现成人男性大脑平均值为 1388 克，女性平均值为 1252 克，脑体积大则意味着聪明，而女性比男性脑子体积小，于是脑体积就

❶ Londa Schiebinger （1989）. The Mind Has No Sex？ Women in the Origins of Modern Science. Cambridge：Harvard University Press. p. 191.

❷ Londa Schiebinger （1989）. The Mind Has No Sex？ Women in the Origins of Modern Science. Cambridge：Harvard University Press. p. 209.

成了女性智力低下的直接证据。后来，解剖学证明脑体积与身高体重有关，与性别无关，即脑体积的大小仅仅是因身高体重的不同所导致的。男女绝对头高比例是100:94，相对头高比例为100:100.8，相对于体重来说，男性每公斤体重的脑重为21.6克，而女性每公斤体重的脑重为23.6克。也就是说，虽然男性的绝对脑重超过女性，但是相对脑重却是女性超过男性。最后，科学研究作出这样的结论："没有证据能证明才智与脑重之间有密切关系"[1]。

虽然科学家们不得不放弃了脑体积与智力水平相关的性别差异说，但是他们转而向大脑内部的不同部位去找性别差异。科学家认为额叶（Frontal Lobes）专司智力，因此说男性大脑的额叶大于女性，女性的额叶较小，而顶叶（Parietal Lobes）较大。后来，研究发现顶叶专司智力功能，与认知过程相关，于是，科学家又改口说男性的顶叶大于女性，或者说女性的顶叶比以前所发现的要小。

目前，科学界一致的看法是，脑体积和脑内各部分构造均无性别差别，两性在认知能力上的细微差别是与后天的训练和塑造有关，并非天生如此，也与生理性别没有任何关系。

（三）脑神经细胞

在当今脑成像研究受到重视的时代，科学家又开始从脑神经细胞入手去找性别差异。人们已经发现在加工数学问题时男女两性激活的脑区不同，如男性在加减运算时涉及视空信息加工的背侧和腹侧通路上激活程度更高，而女性在这些区域有更高的灰质密度和局部脑容量。

最新的科学研究发现了一些并不对男女两性任何一方特别有利的脑细胞研究结果。即男性大脑中的灰质大约是女性大脑的6.5倍，而女性大脑中的白质却是男性的10倍，这种差异可能为男女在思考方式上的不同作出解释。男性喜欢运用灰质思考，灰质中富含大量的神经元，含有信息处理中心；而女性则擅长用白质思考，白质包含更多神经元之间的连接体。

通过这样的方式，女性的大脑在配置上更复杂一些，这些连接允许女性的大脑比男性运转更快。男性的认知功能集中在一个脑半球，往往更孤立和更局

---

[1] ［德］奥古斯特·倍倍尔：《妇女与社会主义》，葛斯等译，北京：中央编译出版社，1995年，第249～251页。

部地思考问题；而女性的认知功能分散在两个脑半球中，能够更好地把信息结合在一起。这也可以部分解释两性在思维与行动上的部分差异，如男性长于处理连续有顺序的信息，擅长抽象性和分析性的思维；女性长于想象和艺术活动，女性之所以出现整体性和直觉性的思维，是因为女性比男性更多使用左右脑的连接神经组织，因此女性的这一连接组织比男性更为发达。

二、专业学科的性别标签

男女两性消除了教育机会的性别差距后，接受平等的教育就意味着两性在专业学科选择上应该没有性别差距。但是，除了作为基础阶段的初等教育外，面向职业生涯的职业教育、成人教育和特殊教育，尤其是高等教育中专业学科的性别标签是十分显著的，以致形成了性别密集型专业。在高等教育中专业学科被细分为男性化和女性化专业两种，"男女同校帮助促使课程科目分成两种，一种是实用的、生气勃勃的、富有阳刚之气的，另一种是修饰性的、业余爱好式的、具有阴柔之美的。在男女同校环境的气氛中，所有老式的、曾经是、现在仍然是人类最崇高遗产的人文学习全部归为第二种类"[1]，公众把理工医农称为男性专业而人文学科科目被视为是女性专业，也就是说，专业学科也被贴上了性别的标签。如男性通常渴望主修物理学、数学、工程技术或者计算机等，而女孩的首选领域则是经济学、政治学、生物学或者医学等。

（一）数学成就的性别差异

2005 年 1 月，哈佛大学第 27 任校长萨默斯（Lawrence Summers）在全国经济学家会议认为，女性在数学和自然科学领域的先天差异导致女性无法在顶尖的学院和大学得到重用和提升，此言一出，立即引起轩然大波，最后导致了校长被迫辞职。其实有关专业与性别之间的争论从来就没有停止过，尤其是两性不同的专业选择，以致形成性别密集型专业。

就拿数学来说，它作为一个复杂的知识体系，包括算术、代数、几何等许多领域，其认知加工过程涉及数字加工、计算、问题解决等，使得数学成就的性别差异具有极大的复杂性。数学对个人的学术成就、职业选择等都有着深远

---

[1] 金莉：《十九世纪美国女性高等教育的发展轨迹及性别定位》，《美国研究》，1999 年第 4 期。

的影响，被认为是个人声望和收入的"过滤器"，而男性和女性在数学成就上的差异被认为直接影响了职业选择和生涯成就，因此，数学成就的性别差异长期以来是众多研究者关注的焦点。与数学高度相关的物理学、化学、生物学、微积分、计算机科学、天文学、昆虫学、电动工具的正确使用，出现了以男生为主的现象，大约占学生总数的 2/3。

研究者利用 1999—2003 年的第三次国际数学和科学测评（Third International Mathematics and Science Study，TIMSS）的成绩，"通过内隐联想测验网站收集到的多个国家民众关于性别和科学关联的内隐刻板印象"❶，发现不同国家内隐的"男性科学"刻板印象均值能显著预测该国数学和科学的性别差异，这种刻板印象越强烈，男性的数学和科学得分就会高出女性越多。2013年，美国女性获得的学士学位已接近总数的 60%，但其中仅有 20% 是计算机科学学位，物理和工程学位的比例分别为 20% 和 18%。也就是说，男性在科学和数学界的人数远远多于女性，导致人们产生数学和科学是男性学科的刻板印象，而这种刻板印象又会反过来影响女性参与到这些领域的比例，使女性在这些领域里面没有归属感，这样相互影响会更加剧在数学相关领域的从业人员比例和成就的性别差异。

美国研究者在《科学研究上的全球性别差异》❷ 一文中，分析了 2008—2012 年间，273 万作者发表的样本总数为 540 万篇全球发行的期刊论文，发现在与数理相关的学科，如计算机（电脑）和工程类，性别因素影响到论文的引用频率。如由女性学者撰写发表的期刊论文，相较于男性作者来说，被引用的次数明显较低，而这一结果也反映了女性在学术上的成就容易被低估的现状。此外，女性学者的论文投稿量只占男性学者的 70%，而且署名为第一作者的男性学者与女性学者的比例约为 2∶1。也就是说，在与数理有关的学科中从业的女性人数本来就明显少于男性，如美国科技人员中女性的比例本来就偏低，约占总数的 1/4。相较于男性来说，拥有科学学位的妇女不大可能直接从事科技类工作，恰恰相反，许多人最终选择了医疗保健或教育类工作。

---

❶ 《为什么女性不愿进入科技领域?》http：//www. china review news. com. 2013 – 10 – 25.

❷ http：//www. nature. com/news/bibliometrics – global – gender – disparities – in – science – 1. 14321.

（二）人文社科领域中的性别失衡

既然接受高等教育的女性人数已经超过男性，而与数学相关的科学领域又不是女性主要的专业领域，那么，是否意味着女性大量进入人文社科领域呢？"在女大学生中，把家政学和卫生健康科学作为自己专业的人很多，达到1∶14"❶；从女性学者在教育、社会学、图书管理等人文学科上的期刊论文发表数明显多于男性学者来看，这一领域中的确接受与吸纳了大量的女性就业。当然，这一过程本身是一个非常缓慢的过程，特别是金字塔形的性别职业垂直隔离使得女教师所占比例随着教育水平和层次的提高而降低，以1991年美国女社会学终身教授的比例为例，"正教授为20%、副教授30%、助理教授为46%"❷。从美国法律教育到我国人文社科领域都存在杰出女性学者人数少的性别失衡现象。

1. 美国法学教育长期排斥女性就业

美国早期的大学都为妇女开设了一些专门针对妇女的课程，如1900年在男女同校里就学的61 000名女学生中，有43 000名在学习教育，另外2000名选择了家政专业；"大约3/4的教育专业的学生以及绝大多数的家政专业的学生都是女性"❸。与女性接受高等教育后，从事教师、护士、文秘等女性再生产角色延伸的职业相比，"在法律界，对女性的认可和平等的过程尤为缓慢。女性发现做律师要比做医生更困难，因为法律界更制度化一些"❹。虽然一些优秀的女性进入了传统上由男性控制的声誉较高且收入丰厚的职业，如工程师、医生和大学教师等，但是女性进入法学教育和法律职业还是遇到了不小的阻碍，"天生胆怯柔弱的女性很明显不适合于从事公民生活中的许多职业……女性至高无上的命运和使命是履行作为母亲和妻子的职责。这是创造者的法律"❺。

---

❶ 王恩铭：《20世纪美国妇女研究》，上海：上海外语教育出版社，2002年，第235页。

❷ 吴小英：《社会学中的女性主义流派》，社会学视野网，2009年2月10日。

❸ Mabel Newcomer (1959). A Century of Higher Education for American Women. New York: Harper & Brothers. p. 91.

❹ 刘小楠：《走出私人领域：法学教育、法律职业中的女性》，《政法论坛》，2008年第6期。

❺ ［美］罗伯特·斯蒂文斯：《法学院——19世纪50年代到20世纪80年代的美国法学教育》，阎亚林等译，北京：中国政法大学出版社，2003年，第107~108页。

从柏拉图时期开始，人们利用二元论思维模式来认识世界，而且这种二元论还被赋予了性别特征。理性、积极、客观、有原则性的男性气质与感性、消极、主观、感情用事等女性气质是对立的两极，且男性气质优于女性气质。而法律则被看作是男性气质的象征，如果允许女性进入法律界，就会对法律产生破坏和腐蚀作用，因为女性气质是"一种有害于合理性的危险力量"❶。

从19世纪末20世纪初，西方国家的法学院才开始接收女性，直到20世纪60年代，在美国律师协会认可的法学院中注册的女生也只有4%左右。作为第二次女权主义运动的成果之一，美国女性从事法律教育的人数开始缓慢增加。在1960年以前，美国所有的法学院中只有14个有资格申请终身教授的女教师；1970年，法学院聘用的女性只占教师总数的2%；1975—1976年度全美法学院全职女教师只占9%；到了1979—1980年，法学院女教师已占到11%；2005—2006年度法学院女教师有3725人，占教师总数的35.9%，其中"女教授为1185人，占教授总数的25.9%"❷。

2. 中国人文社会科学界杰出女性占比低

在中国校友会网完成的《2009中国两院院士调查报告》指出，在我国1955—2009年当选的1938位中国科学院和工程院院士中，女性院士只占极少数，有98人，仅占两院院士总数的5.06%。相对而言，入选"2011中国杰出人文社会科学家"的女性学者比例相对较高，所占比例达到6.96%。也就是说，人文社科领域女性学者所占比例远高于自然科学领域，尤其是文法领域内的女性学者表现更为突出。

在入选中国校友会网2011年中国杰出人文社会科学家名单的学者中，男性学者仍占绝对优势，有1189人，约占入选学者总数的93.04%。"女性学者人数为89人，所占比例为6.96%"❸，与入选第二届"2008年中国杰出人文社会科学家"（女性学者44人，约占总数的5.07%）相比，本届女性学者的人数与占比均有所提高。

---

❶ ［澳］马格丽特·桑顿：《不和谐与不信任——法律职业中的女性》，信春鹰等译，北京：法律出版社，2001年，第4页。

❷ 刘小楠：《走出私人领域：法学教育、法律职业中的女性》，《政法论坛》，2008年第6期。

❸ 《2011中国杰出人文社会科学家 女性入选学者屈指可数》，中国校友会网，2012-01-11。

从本届入选的女性学者学科领域分布来看，主要集中在文学、法学、教育学和经济学等学科门类。其中，文学领域入选的女性学者人数最多，有 28 人；其次是法学领域，有 24 人入选；教育学有 10 人，经济学有 9 人；历史学领域入选女性学者最少，仅有 5 人。也就是说，与男性学者相比，女性学者在文学、法学等人文社会科学领域相对而言更具优势，而在哲学、管理学和经济学等领域，女性学者的优势则不明显。

第三节 "拯救男孩计划"下的单一性别教育

就世界各国教育界的一般情况来看，接受过初等教育的男性多于女性，接受高等教育的女性多于男性。对于公众来说，增加女孩接受初等教育的机会，并不会产生太多异议，因为接受过初等教育的女性对于个人、家庭和社会都有益处；而对于后者，有人就觉得是个大问题了，采取诸如抹黑女性贬低女性以及招生录取中限制女性等做法。在男孩危机下优秀女生往往成为标靶，其实基于两性学习方式和接受方式的不同，教师在教学过程中的性别期待与成绩归因也往往会挫伤不同性别学生的学习积极性，欧美国家和我国的部分城市也在"拯救男孩"名义下进行了单一性别分校（班）的教学实验被视为是出路之一，对此的评价则是褒贬不一。

一、男孩危机下优秀女生成为标靶

自 20 世纪 90 年代末开始，欧美乃至我国内地都出现了一系列讨论"男孩问题"的书，如波拉克（William Pollack）的《真正的男孩》（1998），法吕迪（Susan Faludi）的《艰难人生》（1999），萨默斯（Christina Summers）的《对男孩的战争》（2000），吉尔伯特（Elizabeth Gilbert）的《最后的美国男人》（2002），以及中国学者孙云晓的《拯救男孩》（2010）等，这些书都是探讨"缺乏自信"，取得的成就"远不及"女孩的当代男孩的成长问题。在男孩危机下，优秀女生往往成为批评的标靶，从女生的性别到学习方法和思维模式都一再被讨论，于是从抹黑女性到招生限制女性就成为种种应对之策。

（一）抹黑女性"过量学习会损伤女性器官"

对女性智力的质疑在学术界持续了很长时间，1868 年剑桥大学为女生提供了单独的考试，20 世纪初很多女生直接进入了原来只收男生的学校，然而学术界对女性智力的抹黑从来没有停止过。

在 19 世纪末，一位退休的哈佛大学医学院教授克拉克（Edward Clarke）就被高等学府中不断增大的女学生数字所震惊，因而竭尽全力阻挠这一事态的发展。1873 年，他在《教育中的性别》❶ 一书中，强调过量的学习会导致妇女用尽她们"有限的精力"，损伤她们"女性的器官"，从事脑力活动会使女性缺少女人味，从而妨碍她们承担做妻子与母亲的神圣职责。以往反对妇女接受高等教育的人通常从宗教、道德和智力诸方面攻击这一新生事物，从而强调家庭才是妇女的适当领域，而克拉克从高等教育对于妇女身体的损害上大做文章，为以往那些对于女性的头脑和身体是否能够承受脑力劳动重负的怀疑增加了科学的权威性。于是，克拉克的著作一时间被竞相传阅，曾被再版了 17 次之多，引起社会舆论的极大轰动，特别是煽动起一部分人反对女子接受高等教育的激烈情绪。

（二）限制女性招生人数来施惠男生

从 20 世纪 90 年代开始，女生的学业优势不断扩展和延伸，几乎在所有学科领域、在各级教育水平上女生的学业表现都赶上或者超过了男生。现在女生在数学、生物和化学等领域的表现开始缩小与男生的差距，甚至有超过男生的趋势。从近年的考试成绩来看，女生几乎在所有科目上都比男生表现优异。即使在那些考试成绩高居总人口前千分之十的数学天才——这个稀有领域，被哈佛大学前校长萨默斯称为男生地带当中，"男生的优势也一直在稳步萎缩：男女生的比例现在已从上世纪 80 年代的 13∶1 下降至大约 3∶1"❷。那么如何才能限制女生人数来确保男性的合适比例呢？

2013 年，在我国妇女传媒监测网络发布的《2013 年"211 工程"学校招生性别歧视报告》中，全国 112 所"211"工程学校中有 81 所高校存在公开

---

❶　金莉：《十九世纪美国女性高等教育的发展轨迹及性别定位》，《美国研究》，1999 年第 4 期。

❷　《为什么女性不愿进入科技领域?》，http：//www. china review news. com. crn－webapp/searoh/auDetail. jop？id＝102821791，2013－!0－25.

的招生性别歧视，比例接近 7 成。许多女生考分高的专业（人文社会科学为主），都给予男生降低入学标准的优惠待遇，即在 120%（最高为 140%）投档范围内的男生，即使分数较低也可优先录取。一些学校认为女生比例在 50% 以上就达到了性别平等（其实招考这些专业的女生考分高于男生的占比为 60%~90%）；而有的学校或借口女性死读书、学习方法不佳，创造性思维差、后劲不足；毕业分配难，甚至以学生宿舍中厕所等设置无法让更多的女生入住等各种理由限制女性入学或者压缩女生的招生数量。

由于伊朗大学女学生人数多年以前就已经超过男生，2012 年通过入学考试的男女比例为 2:3，该年度女大学生数已占大学生总数的 65%。伊朗宗教领袖担心女性受教育程度的提高会对伊斯兰社会产生副作用，包括降低结婚率与人口出生率。于是，伊朗 36 所高校纷纷出台措施禁止女性学习包括英国文学、英语翻译、酒店管理、考古学、核物理学、电脑、电子工程、工业工程和商业管理等在内的 77 门课程❶；而伊朗石油工业大学也宣布将不再招收女生，伊斯法罕大学宣布其采矿工程专业也将不招收女生……

二、两性学习风格的性别差异

当代科学已有充足的证据驳斥了那种认为女性大脑根本不能进行空间思维、量子飞跃和数学题运算的观点，两性具有均等的科学和数学能力，但是由于教育过程中教师的性别期望和性别归因，使得男女两性在学科认知和学习态度上表现出极大的不同，因此，要在教学过程中让男女学生取得最佳效果的教学方式可能是完全不同的。

（一）两性的学科认知差异

传统的学科性别优势观念认为，男性和女性的大脑结构不一样，大脑运行的速度也不一样，男性大脑擅长抽象思维，对运动和逻辑更感兴趣，女性大脑更容易对语言、阅读理解产生兴奋，男生和女生在不同学科的认知能力方面存在差异，如男生更擅长数学和物理科学，而女生则在语言（读和写）方面更有优势。男生喜欢数学和科学，不喜欢戏剧艺术和语言；而女生刚好相反，其

---

❶ http://www.cnwest.com. 2012－8－2.

实这种观念就会导致对不同性别的学生产生微妙的压力和不公平的评价。两性喜欢某一专业学科，除了生理上的匹配外，还取决于他们对自身能力的信心，除了受到父母的影响之外，他们主要是通过教学过程中感受到老师对其的评价，从而决定了他的选择行为。如男生对于女生擅长的色彩绘图和语言表达也表现出极度地不自信，女生对那些被认为是男生擅长的学科和相关的学习行为时就会自觉不自觉地表现出谨慎。

对于女生的代数学习来说，老师使用"故事问题"（Story Problems）就是一个很好的教学方法。用这种把问题放在故事中的形式，可以使女生更容易地理解，但"故事问题"的方法对男生效果不好，因为把代数问题隐藏在复杂的语言关系中，由于脑功能的差异，会使男生对问题的理解更加困难。这种"故事问题"的方法是 20 世纪六七十年代开始流行的，当时它被用来在男生占绝对优势的数学领域去提高女生的学习成绩，几十年的教学实践证明它对女生很适合，而对男生则总体上无用。

（二）两性的学习态度差异

已有的经验研究显示，从幼儿园直到大学阶段，女生在学习态度和学习的行为习惯等许多方面优于男生。学习态度对学习任何一个学科都有影响，与男生相比女生的学习态度更积极一些。经过一段时间的学习体验后，成功的学习者会树立起有利于提升学习的学习态度，这种积极的态度反过来又促进学习成绩的提高，导致学习上的更大成功。反之，失败导致消极的学习态度，消极态度又进一步导致学习的失败，以致恶性循环。因此，女生积极的学习态度使她们取得了较好的成绩，好的成绩又鼓励她们，成为她们下一阶段学习的动力。与女生相比，大多数男生学习动机不强，只有在学习材料本身对自己有吸引力时才会努力。

由于女生大多能长时间集中学习，所以她们更适应安静和有秩序的课堂教学气氛，她们倾向于把教师看成是支持者，老师给了她们一个小小的鼓励，她们就很感谢和亲近老师，而这种师生关系又进一步促进了大多数女生的学习。1988 年，美国的公立中小学校中，女教师占了约 80%，男教师在学校中的比例达到 40 年来最低水平。为了探究教师性别几乎"一边倒"的现象对学生的影响，迪伊（Thomas Dee）进行了一项研究❶，在全美选取了 2.5 万名八年级学生作为调查对象，最后的结论是："男生从男老师那里学到更多，女生从女老师那里学到更多"。女教师所在的班级女生的成绩更容易提高，而男生在科学、社会研究和英语方面的学习能力则受到抑制；相反，如果是由男教师带领班级，男生们的表现会比女生更出色。这项研究也发现更换不同性别的教师能够缩小男女学生之间的成绩差距，但是与教师性别相异的那一方学生总是会受到负面影响。其实这正好说明两性在学习过程中学科认知与学习态度的差异是明显存在的。

三、按单一性别进行分校或分班教学实验

2000 年澳大利亚拿到硕士学位的女性是男性的 1.38 倍，到 2010 年前后，男生的学业落后已经延伸到大多数国家的高等教育领域，在"拯救男孩"计划下，美国、英国、加拿大、澳大利亚、新西兰、泰国、牙买加、冰岛和肯尼亚等许多国家进行了单一性别教育实验。也就是说，从小学、初中、高中和大学实施单一性别的教育，它可以是完全单一性别的学校，如男校和女校，也可以是男女混合学校中单一性别的教学班。本来分校或分班的初衷是为了"争取男孩的成功"，实践证明这种将男女学生分开进行的单一性别教育更有利于实现教育过程中的性别均等，当然，教育界对此褒贬不一，特别是美国女权主义学者批评这种做法其实是教育界性别平等的一种倒退。

（一）西方国家的分校或分班实验

正是基于人类是社会化的产物，在学校教育阶段的男女学生在认知、行为和态度方面已存在明显的差异，因此，男女合校并不利于实现教育过程中的性别均等，因此，原本只限于教会或私立学校的单一性别学校教育开始在公立学校中推行，以英国的分校和美国的分班做法最具代表性。

1. 英国的分校模式

"二战"以后，英国单一性别学校数量急剧减少，直到 21 世纪，实行单一性别教育的学校才逐渐增加，2005 年共有 598 所独立中学，其中女子学校

---

❶ 国际在线，http：//www. crionline. cn. 2006 - 8 - 23.

215 所，男子学校 81 所，并且前十名独立中学清一色是单一性别学校，而女子学校又占了 9 所。

在英国，"男孩危机"已受到高度重视，不管是英国政府还是教育部门都已认识到"男孩危机"的严重性。2004 年，英国大学中男生比例仅占 41%，但此后英国政府采取了一系列强有力的措施，例如增加男孩实践和运动的机会，着重培养男孩阅读习惯，实行男女分教，以及提高男教师的比例等，到 2009 年，英国大学中男生比例已经上升到 46%。

2000 年，英国国家教育基金会研究了遍及全国不同大小规模的学校中的单一性别教育与男女混合教育的不同类型的 2954 所高中学生的不同学业成绩，结果发现，在控制学生的学习能力和其他背景因素后，单一性别学校与男女混合学校相比较，男生、女生的学习成绩都显著地更好。并且女生比男生得到更大的好处，与男女混合学校中的各种不同学习能力水平的女生相比较，单一性别学校的各种不同学习能力水平的女生学习成绩更好；而单一性别学校的男生中只是较低学习能力水平的男生显著地受益。其二，与男女混合学校相比，女子中学的女生在非传统性别优势的课程上学得也更好，如数学、物理等。研究者认为女子学校显著地改善了传统性别优势课程的学习差异，如在男女混合学校里，女生在英语和外语等课程上有优势，男生在物理和计算机科学的课程上有优势。而在男子学校中没有看到这样的结果。因此，英国国家教育基金会的结论是单一性别学校有助于学生获得最佳学习成绩。2000 年，在全国性的"英国中学会考"（General Certificate of Secondary Education，GCSE）中，每个单一性别学校都进入中学最好成绩的前 50 名，并且获得前 20 名的全都是单一性别学校，最好成绩的男女混合学校只排在第 32 名，而这已经是男女混合学校的巨大进步了，以往男女混合学校所获得的最高名次是第 38 名。

更重要的是，单一性别学校还扩大了学生的视野，使学生能依靠自己的实力和兴趣去选择不同的学科和专业，而不被传统的学科性别优势的观念所束缚。如男女混合学校的学生更倾向于传统性别观念的学科选择，即男生喜欢数学和科学，不喜欢戏剧艺术和语言，而单一性别学校的男生则对戏剧艺术、生物和语言更感兴趣。同样，单一性别学校的女生与混合学校的女生相比，对数学和科学更感兴趣。男子学校里的男生就对自己在音乐、艺术和戏剧等方面的发展感到自在，并按照自己的兴趣和才能在那些可能被认为是非男子气的领域很好地发展，甚至有杰出的表现。

2. 美国的分班模式

19 世纪之前，美国传统的单一性别教育主要在私立学校和教会学校实施。19 世纪到 20 世纪六七十年代，由于经济因素、女权运动和平等思想等因素的影响，单一性别教育逐渐消退，公立学校中男女同校教育成为主要教育方式。20 世纪 90 年代以来，美国再度兴起了在公立学校中实行单一性别教育的热潮，就是在公立学校中开设单性特色班，开始男女分班教育。例如，那些成绩特别差的男孩，假如在一个允许更多活动和时间比较短，手把手的课堂上，成绩就能提高；而假如周围没有男孩的话，女生也能更为大胆地表达自己的想法。

1995 年，美国公立的中小学中只有 3 所实行单一性别教育；1997 年加利福尼亚开始了单一性别教育实验；2002—2003 年，全国只有 11 所学校进行单一性别教育，其中 4 所单一性别教育，7 所混合学校中进行男女分班教育；2003—2004 学年，至少有 88 所公立学校提供了不同形式的单一性别教育，其中，有 63 个学校提供了单一性别的班级，25 所学校是完全的单一性别的学校；到了 2008—2009 学年❶，美国至少有 392 所公立学校提供单一性别教育，其中绝大部分是在男女合校中进行男女分班教育，至于午餐和选修课等活动则由男女学生共同参加。

实践证明，单一性别高中与男女混合学校高中的学生成绩相比，单一性别学校的男生在阅读、写作、数学方面比男女混合学校的男生成绩更好，单一性别学校的女生在科学、阅读方面比男女混合高中的女生成绩更好；并且与男女混合学校的学生相比，单一性别学校的学生不仅在学业成绩上出众，而且有更高的受教育的渴望，对自己的能力更为自信，态度也更加积极，尤其是单一性别学校的女生更少地受到传统学科性别优势观念的制约，单一性别教育扩大了男女学生的受教育机会，每个年龄组的男女学生都更可能去探索自己在非传统性别优势学科上的兴趣和能力，这就使得学生能以更广泛的兴趣、更强的自信

---

❶ 转引自聂琴：《单一性别教育的再度兴起——以英美澳为例》，《上海教育科研》，2008 年第 12 期。

去得到更多的发展机会。即使在学生毕业离开学校后，单一性别教育的良好效果仍在继续，与男女混合学校相比，无论男女学生，都更可能进入声望卓著的大学，更可能立志去研究所，也更积极地参加职后的继续教育。

（二）"单一性别分班教育是危险的"

在美国，公立学校一直是民主、平等的象征，男女同校是美国公立学校的一大特色，也是对男女享有平等受教育机会和教育民主、平等的最好体现。2002年1月，美国国会正式通过并颁布了"不让一个孩子掉队"（No Child left Behind）法案，修改了1972年6月颁布的教育修正法案中规定的为保证男女平等而对单一性别教育的制约，这从根本上改变了对单一性别教育的限制并正式宣布单一性别教育的合法性。2006年10月24日，美国联邦教育部宣布了一项新的政策，允许公立学校有更多的自由权将男生和女生分开进行教育，以使学校或班级可以更容易地选择只教育某一性别的学生。此政策一经宣布，美国教育界再度兴起了关于公立学校中是否实施单一性别教育的激烈论辩，其中尤其以女权主义者的批评最为激烈。

美国妇女权益组织的马丁（Emily Martin）认为，这种分班教育的模式是"危险的"，而且让人觉得"悲哀"。她说："这使得学校教育变得非常模式化，男孩子应该怎么学，女孩子应该怎么学，都落入了一个模子。我觉得我们国家在教育上在倒退，好像回到了从前种族隔离的时代。"[1] 美国大学妇女联合会公共政策主任马兹（Lisa Maz）也说，目前没有足够的研究成果证明，单一性别班级或学校能够真正促进学生学习。马兹说，已经有其他缩小男女学生表现差距的方法得到证实，如采取小规模班级和对教师展开额外培训等，而单一性别班级或学校只能是"权宜之计"。其实早在2004年，美国大学妇女联合会就发表声明说，设置单一性别班级抛弃了"教育界防止性别歧视的最基本法律标准"。

---

[1] 《性格特长各不相同　美国热衷单性学校和男女分班》，http：//www. lcxw. cn/Html/XWJD/06111309062912231 - 2. html. 2006 - 11 - 13.

第六章
健康领域中的性别差距

《2014年全球性别差距报告》显示全球142个国家在两性健康与生存方面已经消除了96%的性别差距，在经济、政治、教育以及健康这四个领域中是性别最平等的领域。其实影响两性健康状况的不光是技术或医学方面的，也有社会与文化方面的，从而形成两性对于健康服务需求方面和健康服务利用方面的差距，最终导致健康结果的性别差距，因此，公共领域应该作出回应来满足两性的战略性和实用性需求，既包括提供药物、蚊帐以及其他干预措施，也包括对社会态度、规范和行为以及使其长期存在的政策进行有效干预，从而缩小两性健康领域的性别差距。

第一节　生理性别与健康风险

两性的生理差异既包括两性在生殖器官方面的发育、衰老以及激素水平的变化等，又包括两性相同的身体器官在功能上表现出的性别差异。由于两性在生命周期中各个阶段所表现出来的健康差异，也使得作为性别脆弱的一方面临着更大的健康风险。

一、性别身体的健康风险

由于两性的生理差异，女性拥有比男性更多的生殖器官，比如乳房、子宫、卵巢、输卵管等，这些器官带来的影响和疾病的风险远比男性的要多，而关于妇女的身体知识中又充满了诸多偏见，如1878年的《英国医学会刊》花了6个月的时间去讨论"火腿在月经来潮妇女的触摸下会不会腐败"❶的问题，因此，我们有必要重新梳理这些关于性别的身体知识，从而应对由此带来的健康风险。

（一）性化身体的知识史

西方科学史关于身体的认知经历了一个漫长的知识累积过程，从单性模式转向双性模式，从研究头颅大小来解说性别等级以及强调女性对性荷尔蒙的依赖。直到21世纪，西方科学史才建立起关于两性身体较为准确的身体知识，具体表现在三个方面：第一，身体构造，如内生殖器的睾丸和卵巢与外生殖器的阴茎和阴蒂/阴道；第二，身体元素，如男性XY和女性XX的染色体；第三，生殖细胞，如男性的精子和女性的卵子。

1. 性别身体的单体模型

从古希腊时代到18世纪晚期，西方身体医学论述的主要框架是单性模型（或称单体模型），即男女并非两种本质截然不同的生理类别，而是同一种性别的不同变种，即把男性身体结构视为解剖形态学上的标准型，而非男性的生理结构则是偏离这个标准型渐次变化的结果。其实这种对两性身体相似性的强调，是将女性身体仅视为男性身体的变体，男性是所有事物的衡量标准，而女性作为独立个体则没有存在的价值。

具体说来，在西方医学发展的2500年间，医学论述的都是男性的身体，而女性的身体则被视为男性身体的向内翻转，"把女性的阴道往外翻，然后再内翻……并且将男性的阴茎对折，你将会发现两者的结构各方面都一模一样"❷。《旧约圣经》在"人世之始"中形象地解释了这种单性模型产生的原因，"上帝使人沉睡，并趁人熟睡时，取出了人的一根肋骨，并裹以肌肉，造成了一个女人，领她到男人跟前，然后，男人说道：'这是我的骨中之骨，肉

---

❶　[英] 史蒂芬·贝利：《两性生活史》，余世燕译，北京：中国友谊出版公司，2007年，前言。

❷　[美] 理查德·桑内特：《肉体与石头——西方文明中的身体与城市》，黄煜文译，上海：上海世纪出版集团，2006年，第16页。

中之肉；她将被称为女人，因为她取自男人之身' "❶。

当然，这种单体模型的医学解释可以上溯到亚里士多德的自然哲学中。亚里士多德认为构成物质的最基本要素是冷、热、干、湿四种质性，或称为四种原动力，这四种质性本身并不单独以物质形式存在，但是它们的互相组合构成了物质世界的四种基本元素：火（热且干）、空气（湿且热）、水（冷且湿）、土（冷且干）；古希腊医学家恩培多克勒（Empedocles）据此提出了人体构成的四根说：血液是火根，呼吸是空气根，液体部分是水根，固体部分是土根。希波克拉底（Hippocrates）在此基础上也提出了四液说：血液出于心脏（相当于火根），黄胆汗出于肝脏（相当于空气根），黑胆汗出于胃部（相当于土根），黏液出于脑部（相当于水根）。古罗马医生盖伦（Galen）则认为人体是由四种体液组成：血（湿且热）、黏液（冷且湿）、黄汁（干且热）、黑汁（冷且干），这四种液体彼此之间有高低优劣的次序，即热/干的物质优于冷/湿的物质，前者构成了男体，后者构成了女体，因此，女体与男体的差别就在于女性身体缺乏足够的热量将反转入内的生殖器向外挺出，实质上女体不过就是男体的另一种变形而已，或者是男体的不完善形式。

2. 发现性荷尔蒙

从 18 世纪晚期开始，随着科学研究的发展，性别身体的单体模型说开始受到批评与质疑，因此，解剖学家开始调整目光，积极寻找两性身体上的性别差异。到 19 世纪末时，几乎所有可以想得到的身体部位都被他们加以性别化，从骨头、血液、血管、细胞、毛发到脑部，而最后"只剩下眼睛得以幸免于性别分类"❷，也就是说，生理性别的印记开始遍布两性身体的每一个部位。那么，这些科学家想用一个什么特定器官来界定女性呢？他们最先是将具有孕育功能的子宫视为女性的性别本质，接着又将注意力从转向调节雌性动物生殖功能的卵巢，特别是后者被当作是男性没有的"危险器官"。

到了 20 世纪初期，医学界认为两性差异的生物基础是一种化学物质——性荷尔蒙。荷尔蒙是生殖腺体（睾丸和卵巢）分泌的各种物质，它们在生殖

---

❶ 《旧约·创世记》第 2 章。

❷ Nelly Oudshoorn（1994）. Beyond the Natural Body: An Archaeology of Sex Hormones. Routledge: London and New York. p. 7.

器官的发育成熟，性功能的维续上扮演着重要的角色，特别是在出生前的胎儿阶段和青春期。各种男性荷尔蒙和各种女性荷尔蒙都是传递男性本质和女性本质的化学使者，这一观点很快成为人们用来解释典型男性或女性的行为、角色、功能和性格特征等方面的生物依据。

最初，医学界认为男女两性各有自己专属的荷尔蒙，其起源和功能也都是男女有别的。作为一种特殊的药品，雌激素和妊娠素被大量运用于治疗女性的月经、流产、怀孕测试以及停经等方面，成为医学史上使用为最广泛的药物。然而，从20世纪20年代开始，医学家在兔子、种马、人类男性的睾丸和尿液中都检测到雌性荷尔蒙，而其他"陆陆续续的实验报告也证实了男性荷尔蒙存在于女体内"❶，于是，人们才不得不承认，男/女性荷尔蒙并非为各自性别所专有，它们共同存在于男女两性体内，是一种互相合作共同运作的化学物质，至此，才终结了那种把性荷尔蒙当作划分两性差异的内在标准的结论。

3. 重新认识卵子与精子的价值

1991年，马丁（Emily Martin）❷在《精子与卵子》一文中梳理了医学文献对卵子和精子价值的认知过程。在医学文献中，强调男性每天不断地产生数以千万计的新鲜精子，既表明其数量之多，也突出其新鲜和充满活力，尽管男性产生的大量精子中只有很少的几个能与卵子结合，能够受精的比率其实是非常低的，但是医学教科书还是强调精子在生殖过程中扮演着决定性的角色，如"积极的""强壮的""促成了卵子的产生"等。由于女性一个月只排出一个卵子，卵子数量少于精子，因此，教科书把它描述为受控于精子，是"被动的"和"被传送的"等。

由于女性一生下来，体内就已经有了数以百万计的卵泡，但成年女性每月只排出一个卵子，因此，一生中大约只有400多个卵子能够成熟，医学文献称之为"出生后就不再产生卵子""就生殖而言，产生太多的卵子是个浪费"等。也就是说，女性的卵巢功能不如男性生殖系统那样充满活力，卵子数量上

---

❶ Nelly Oudshoorn (1994). Beyond the Natural Body: An Archaeology of Sex Hormones. Routledge: London and New York. pp. 24 – 25.

❷ Emily Martin (1991). The Egg and the Sperm: How Science Has Constructed a Romance Based on Stereotypical Male – Female Roles. Signs. Vol. 16, No. 3 (Spring), pp. 485 – 501.

的减少暗示着卵子的发展轨迹是一个逐渐衰退的过程。

由于精子与卵子在数量上的巨大差别，医学文献还从进化论角度为男性的滥交、不专一和女性的专一提供生理上的解释。总的来说，基调就是赞美精子而贬低卵子，早期的医学教科书说卵子是被动的，精子是主动的；现在新的说法是，卵子是主动的，精子是被动的，因为精子是被巨大的卵子吞噬的。虽然两种说法截然相反，然而站在男性的立场和认知来表述则是如出一辙的。

（二）男女有别，疾病也有别

李加图（Marianne Legato）认为，男女在生理上的差别要比通常人们所认为的还要大得多，"以往我们给患者用药时，似乎女人与男人的差别仅仅体现在她们的乳房、卵巢和子宫，但实际上她们的心脏、大脑和其他的器官也与男人有着巨大差别"❶。也就是说，两性健康有别其实也是有生物依据的，男女之间在身体上的差别会对疾病的产生及其治疗效果带来明显的影响。

1. 生理有别，健康有别

男性的肌细胞要比女性多出 60%。进入青春期后，男性的肌细胞数量会增加 20 倍，而女性的肌细胞只增加 10 倍；在男性身上肌肉约占 40%，在女性身上这个比例是 35%，因此，男性的力气一般要比女性约大 1/3；两性的脂肪组织重量和分布也是不一样的，女性的脂肪组织占全身重量的 27%，主要位于腹部和臀部，而男性的脂肪占 15%，大约只有女性的一半，主要位于上腹部，因此男性患心肌梗塞的概率要比女性高。也就是说，两性肌肉、脂肪组织的不同会明显地改变一些药物在人体内的分布，从而明显地影响治疗效果。

此外，女性有两个 X 染色体，而男性只有 1 个，而免疫系统的信息被储存在这种染色体中。由于女性比男性要分泌更多的抗体，因此，女性感染病毒和细菌的概率要比男性低，但是女性染上自体免疫性疾病的概率要比男性高。如育龄女性多发的系统性红斑狼疮，中老年妇女的类风湿关节炎，以皮肤纤维组织的过度增生为特征的硬皮病和溃疡性结肠炎等。

由于男性分泌的胃酸比女性多，女性的胃消化食物的时间要比男性的慢

---

❶　http：//www.66163.com/fujian＿ w/news/fzen/fzwb/20030725/GB/fzwb% 5E8028% 5E% 5Ewbc 03002. htm.

1/3，因此，男性比女性更容易产生胃灼痛。而精神病药和安眠药等药物大多是在男性身上进行试验的，因为人们不想使有生育能力的人和孕妇遭受不必要的风险，结果药物对女性产生副作用的概率也要比男性高出一倍以上。

2. 激素水平影响女性健康

女性第一次患心脏病的年龄比男人要晚上 10 年，但女性一旦患上心脏病，特别是心血管性心脏病，就往往是致命的，因为这是雌激素"撒手不管"后的更年期现象。女性血管失去了激素的保护从而出现硬化，肝脏失去激素的保护而产生更多的胆固醇，这些都加大了女性患上心血管疾病的严重性。

从精神健康方面来说，成年女性患抑郁症的概率是男性的两倍，这是因为男女两性的大脑对激素和脑内化学物质的反应不同，而且女性体内产生的血清素对其浓度变化的反应更敏感和更剧烈，而男性则更容易患上自闭症和精神分裂症。男女在抑郁症患病率上的分水岭出现在 13 岁。13 岁之前，男孩比女孩更易得这种病，随着身体的发育趋于成熟，女性的发病率开始逐步提高，到了育龄阶段更是登峰造极。而在这之后，尤其是女人到了绝经期之后，男女的抑郁症发病率差别就不再那么明显了。但是，一旦进入更年期后，如果没有雌激素的替代疗法，女性患痴呆症的可能性要比同龄的男性更大。

在晚年骨骼严重萎缩的病人当中，女性的人数要远远多于男性，这是因为更年期后的骨质疏松所致，女性的骨骼会变得不再紧密而且布满孔眼，极易出现骨折，而股骨骨折又会引发肺炎和血液凝结等并发症，最终导致妇女的死亡。

二、生命周期中的健康风险

处于不同生命周期的男女两性所面临的健康风险是不同的，其中既有共性的也有基于差异性的疾病发生率和患病率，特别是性别脆弱性一方更是面临着巨大的健康风险。

（一）婴幼儿期（0~5 岁）

由于不同社会文化对于男孩女孩价值认定的不同，使得两性婴幼儿的生存权利有明显的差异。鉴于在许多由男性主导的社会中普遍存在的喜欢男孩的倾向，许多父母希望新生儿为男孩而不是女孩，一些家庭为了保证能有儿子，不惜剥夺女婴的生存权利，如出生前进行选择性堕胎或者出生后进行溺婴和弃婴等。这些现象在东亚的中国和南亚的印度都很普遍。在《2014 年世界性别差距报告》中，中国排名下降了 18 位，排第 87 位，主要原因就在于新出生人口中性别比例的严重失衡，如 2010 年第六次人口普查显示我国人口出生性别比（以女孩为 100 的话）是 118.06，这个数据比 2000 年人口普查的出生人口性别比 116.86 提高了 1.2 个百分点。再如 2011 年印度的人口普查数据显示，印度未满 1 岁的男婴较女婴多 95 万人；0～7 岁男孩总数比同龄女孩多 710 万人，性别比十分悬殊，就属于性别严重失衡的状况。

在婴幼儿期出生的头一个月内，导致男女婴儿死亡的原因十分类似，都是早产、出生窒息或者感染；而在幼童生命的头 5 年中，肺炎、腹泻和意外伤害是致死的主要原因。在 2000 年，中国各省区分性别婴幼儿死亡率统计中，女童死亡率远远高于男童（青海、宁夏除外），全国平均水平是 9.83‰，城镇是 3.83‰，最高的是乡村 20.71‰（如表 6.1 所示）。其实，导致相对较高女婴死亡率的部分原因是人为干预造成的，这表明我国女婴的生存环境是十分恶劣的。

表 6.1　2000 年中国各省区分性别婴儿死亡率　　　　　　（单位‰）

地区	合计	男	女
全国	28.41	23.92	33.75
城镇	13.32	11.55	15.38
乡村	35.72	22.16	42.87
北京	3.8	3.79	3.82
天津	4.44	4.42	4.45
河北	18.19	15.31	21.51
山西	19.37	17.83	21.09
内蒙古	32.06	30.25	34.02
辽宁	11.16	10.9	11.45
黑龙江	17.98	17.79	18.2
上海	4.4	4.23	4.59
江苏	14.53	13.28	16.02
浙江	11.93	11.09	12.9
安徽	33.47	26.78	42.07

续表

地区	合计	男	女
福建	21.77	17.74	26.59
江西	52.46	31.36	78.5
山东	15.11	13.54	16.88
河南	23.18	17.65	30.29
湖北	19.58	17.22	22.63
湖南	28.48	24.5	33.5
广东	17.16	13.2	22.37
广西	31.1	22.98	41.36
海南	23.85	17.37	32.77
重庆	21.75	21.55	21.98
四川	21.57	21.12	22.09
贵州	66.05	58	74.9
云南	70.32	61.77	79.71
西藏	43.01	43.67	42.34
陕西	33.04	26.62	41.01
甘肃	52.98	45.11	62.13
青海	50.55	49.05	52.21
宁夏	27.33	27.67	26.95
新疆	40.1	42.41	37.64

数据来源：2000年第五次全国人口普查数据整理。

　　此外，在婴幼儿成长的过程中，父母家人针对男女婴幼儿的食物数量、营养搭配以及患病治疗方面都存在不同的待遇，使其健康水平和健康状况表现出明显的性别差距。如女婴膳食中含铁量不足，会引起婴幼儿认知和身体出现缺陷，在将来生育活动中增加分娩过程中的出血和败血症的危险，而且也会降低成年人的劳动能力。2013年，在世界卫生组织公布的一份报告中显示，在41个有数据的国家中，就有"21个国家年龄在15～19岁的女童中有1/3以上存在贫血现象"❶。

---

　　❶　http：//www.who.int/mediacentre/factsheets/fs334/zh/.

(二) 青春期 (13～19岁)

在青春期，男女两性同样面临不同的健康风险。男孩的遗精和女孩的月经初潮是两性生理成熟的标志，也由于社会对性的看法和态度不同，使男孩和女孩面临不同的困惑和烦恼。如男孩在性方面的要求和苦闷无处诉说，与此相关的心理和生理健康需要常常被忽略，而女孩可能面临着恋爱中的性暴力、怀孕、人工流产以及感染性病和艾滋病的风险。

尽管早婚现象在减少，但发展中国家青春期的少女中的1/3，至少1亿人会在18周岁之前结婚。早婚的少女对性以及性传播感染艾滋病或者艾滋病病毒的风险往往缺乏认识，而少女早孕早育则会加大母亲及其新生儿的危险。与成年人相比，青少年怀孕更容易发生不安全堕胎，会在很大程度上导致长期的健康问题和孕产妇死亡，如妊娠和分娩并发症是大多数发展中国家青少年女性死亡的主要原因。

(三) 生育期 (15～49岁)

处在生育阶段的成年男女，会因所担负的生育角色不同而处于不同的健康风险中。目前世界上的绝大部分计划生育措施，都是采取女性结扎和上环等措施，而忽略了男性在生育过程中应该承担的责任，因为从文化的角度来说，结扎被认为有损男性气质。其实输精管结扎的实验最早始于19世纪初期，直到20世纪50年代才用于控制生育。到目前为止输精管结扎术的术式已经演化成十几种了，但基本原理大同小异，就是采用结扎、切除或阻断输精管道的方法阻止精子通过，达到永久绝育的目的，这是国际上公认的操作简便、损伤小、术时短、并发症少且易于普及推广的方法。

由于女性承担了人类繁衍后代的重任，她们更多地暴露在与生育有关的健康风险中，因此，母亲安全被视为人类发展的核心，在发展中国家，成年女性的生育问题已成为健康的首要问题。从1990—2013年，全球孕产妇死亡率（即每10万例活产的孕产妇死亡人数）每年仅下降2.6%，远远低于实现千年发展目标中要求的5.5%的年降低率。根据2014年世界卫生组织统计，全球

"每年约有 50 多万妇女死于与妊娠分娩有关的疾病"❶。

（四）更年期/老年期（50 岁＋）

进入更年期/老年期后，两性的健康风险也呈现出不同的特点。由于女性更年期更容易识别，因此较早被人们所认识，所以，女性进入更年期后可以得到相应的健康服务，而男性的更年期则较不明显，医疗服务系统中也常常忽略了他们的健康需求，从而对男性的老年健康质量带来很大影响，包括男性预期寿命明显短于女性等。

在进入老年期后，由于生理功能的衰落，使得两性各种健康风险均有所增加。世界卫生组织研究发现全球 50 岁及以上妇女死亡的主要原因是心血管疾病、癌症和慢性呼吸道疾病等。与发达国家相比，在发展中国家这些死亡病例发生的年龄比发达国家要早。就全球而言，男性略多于女性，但由于女性往往比男性更长寿，她们在年长成人中的比例就更高。如 60 岁及 60 岁以上人员中有 54% 是妇女，在 75 岁和 75 岁以上的人员中这一比例会升至接近 60%，在 90 岁和 90 岁以上的人员中达到 70%。年长妇女遇到的其他健康问题还包括视力下降（白内障）、听力损失、关节炎、抑郁症和老年痴呆症等。

三、性别脆弱性增加的健康风险

2013 年 4 月，格拉夫斯（Jennifer Graves）在英国《每日邮报》称，500 万年后男性将消失，因为女性拥有两条 X 染色体，每条包括 1000 多个健康的基因，而男性特有的 Y 染色体存在着固有的弱点和漏洞，男性的 Y 染色体中仅剩不足 100 个健康基因……但是现实中女性并没有因其染色体优势而变得强势，反而因为其性别容易受到伤害，女性所面临的艾滋病易感性、遭受暴力伤害和中国农村妇女的自杀现象均属于重大的公共卫生问题。

（一）艾滋病/艾滋病病毒的易感性

由于两性身体生理构造不同，性交中女性接触或暴露给其性伙伴的黏膜面

---

❶ 世界卫生组织：《孕产妇死亡率实况报道》第 348 号，2014 年 5 月。http：//www.who.int/topics/womens_health/zh/index.html.

更大，而艾滋病患者或艾滋病病毒感染者的精液中含有的病毒浓度要高于妇女的性分泌物，这使得由男方传给女方的几率要高于女方传给男方的，尤其是在没有保护的性交中，妇女感染艾滋病病毒的危险性是男性的 2~4 倍。

对于青春期女性来说，性别的脆弱性就更加明显了，由于生理上尚未成熟的子宫颈和不足量的阴道分泌物对艾滋病病毒的屏蔽作用更小，特别是她们的首次性经历往往是与比自己大 5~15 岁的男子进行的。这些男子也许早已感染了艾滋病或艾滋病病毒，因此，性交时的撕裂和出血无疑都会成倍地增加这些女性感染艾滋病病毒的风险。

2011 年，"在全世界低收入和中等收入国家中约有 82 万名 15~24 岁的艾滋病毒感染者，其中的 64% 是女性"❶，她们面临艾滋病毒感染的可能性是同年龄组男性的 1 倍，而这一比例在撒哈拉以南的非洲地区还要高，当地年轻女性占所有艾滋病毒感染年轻人总数的 71%。现在艾滋病/艾滋病病毒已经成为全世界 15~44 岁妇女死亡的主要原因，其中不安全的性行为是发展中国家女性面临的主要健康风险。

在艾滋病的流行中，由于男性更可能是把艾滋病最早带入家庭的人，往往也是家庭中首先死于艾滋病的人，所以，艾滋病全球流行导致了以女性为户主的家庭急剧增加。由于失去了男性家庭成员的收入，以及为照顾男性病人耗尽了家庭的经济资源，妇女几乎没有独立获取资源的途径，贫穷接踵而来。对感染艾滋病病毒或罹患艾滋病的妇女，情况就更加艰难。随着病程在家庭中的进展，母亲死亡，照料孤儿的责任又落到祖母和年轻女儿的身上，她们承担此重任的能力更为低下。在这种情况下，她们必须千方百计地谋求生存，甚至为了生存不惜以性为交易，从而更增加了感染的隐患。

当然，中国女性也没有能幸免于感染艾滋病和艾滋病病毒的风险。中国报告的艾滋病感染者男女性别比例已由 20 世纪 90 年代的 5∶1 上升到 2009 年上半年的 2.3∶1，局部地区已经达到 1∶1。从 1998 年到 2004 年，中国报告艾滋病病毒感染者中女性的比例为分别为 15.3%、14.3%、19.4%、22.7%、25.4%、35.6% 和 39%。性传播已成为中国女性感染艾滋病病毒，危害女性

---

❶ 除非另有注明，本节数据来源世界卫生组织官网，http：//www.who.int/topics/hiv_aids/zh。

健康的主要途径，在经性途径传播的艾滋病病毒感染者中，女性所占比例从 2001 年的 44.1% 上升到 2004 年的 55%，2006 年的 30.6% 和 2014 年上半年的 66.2%。到 2014 年 1～8 月，全国存活艾滋病人和艾滋病毒感染者共 49 万例，其中 1～8 月就新增了 7 万例，其中女性感染者的比例呈现明显上升趋势。

(二) 遭受暴力伤害

世界卫生组织把暴力定义为："无论是在公共场合或私人生活中，任何基于性别的、对妇女造成或可能造成身体、性或精神伤害或痛苦的暴力行为，包括威胁进行这类行为、强迫或任意剥夺自由"[1]。世界各地都普遍存在针对妇女的暴力行为，包括无冲突环境下的亲密伴侣暴力和性暴力，以及在冲突环境中作为一种战争策略来使用的性暴力。暴力往往会导致女性在身体和精神方面出现健康问题，如意外妊娠、堕胎、增加对艾滋病毒的易感性，酒精成瘾以及出现抑郁症等。

1. 亲密伴侣暴力

亲密伴侣暴力是指亲密伴侣或前伴侣（包括其他家人）的行为导致女性身体、性或心理受到伤害，包括身体侵犯、强迫性行为、心理虐待和控制行为，它可能会导致身体损伤，严重的会导致死亡，全球有高达 38% 的针对妇女的谋杀是由亲密伴侣实施的。

据 2005 年《世卫组织有关妇女卫生和侵害妇女的家庭暴力多国研究》报告显示：在 15～49 岁的妇女中，从 15% 的日本妇女到 71% 的埃塞俄比亚妇女遭受暴力的情况来看，全球平均 35% 的妇女在其一生中都曾遭受过亲密伴侣实施的暴力行为。在智利圣地亚哥，75% 的妇女受伤是由家庭成员造成的；秘鲁利马妇产医院里 90% 的母亲在 12～16 岁时曾被强奸，施暴者通常是她们的父亲、继父或者亲戚。据印度国家犯罪记录局统计显示[2]，1996—1998 年，印度国内分别有 5513 名、6006 名和 6917 名妇女因嫁妆而被烧死、掐死、毒死或刺死……还有 35 246 名、36 592 名和 41 318 名妇女因陪嫁而遭受残酷折磨。

---

❶ 世界卫生组织：《针对妇女的暴力行为以妇女为对象的亲密伴侣暴力和性暴力实况报道》第 239 号，2013 年 10 月。http://www.who.int/topics/womens_health/zh/index.html.

❷ 薛克翘：《当前印度的陪嫁之风》，《当代亚太》，2002 年第 5 期。

根据 2005 年加拿大家庭暴力统计数字来看，在过去 5 年间曾有 65.3 万名妇女承受伴侣的虐打、捏颈、用刀或枪威胁等。2010 年加拿大统计局的资料显示，在该年度加拿大警方受理的家庭暴力案件中就有 99 000 名受害人，其中一半以上是被配偶伤害的；而在家暴案件中女性受害人的数量是男性的两倍。

此外，亲密伴侣暴力可导致意外妊娠、流产和包括性病和艾滋病毒在内的性传播疾病。遭受身体暴力的妇女容易增加妊娠期间的死产、早产和婴儿出生体重过低的可能性；染上性传播疾病的可能性比没有遇到过伴侣暴力的妇女要高出 1.5 倍，被迫实施流产的可能性要高出 1 倍以上。而且遭受暴力的妇女还无力工作，失去工资，不能参加正常活动，照顾自己和子女的能力也受到限制，尤其严重的是在家庭暴力环境中长大的儿童可能会患有一系列的行为和情感障碍，在成年后会增加实施暴力或者遭受暴力的可能性。

2. 性暴力

性暴力是在任何地点发生的由任何人强行施加的性行为、性行为企图或其他直接针对他人性特征的强迫行为，而不论该行为人与受害人的关系如何。在出现冲突、冲突后和流离失所等情况时，往往会加剧已有的暴力，并表现为专门针对妇女的新暴力形式。如 1992 年的南斯拉夫内战期间，波黑有 20 万 ~50 万妇女和女童被强奸；在 1994 年卢旺达种族屠杀的幸存者中，12 岁以上的女性都遭到过强奸；1975—1999 年，印度尼西亚政府占领东帝汶期间对当地妇女进行了大规模的强奸和性攻击等。

2013 年，世界卫生组织的第 239 号报告显示，全球有 1.2 亿 20 岁以下的女孩遭受过强迫性行为，其中 1/4 在 15 岁后遭到过某种形式的身体暴力侵害，如坦桑尼亚 17%、秘鲁 24% 和孟加拉国 30% 的女性首次性经历都是被迫发生的。近年来，印度针对妇女的性暴力也有增无减，如 2011 年发生的强奸案比上一年上升了 9.2%，超过 54.7% 的受害女性的年龄在 18 ~30 岁之间，17% 的强奸案发生在新德里，骚扰妇女案件也上升了 5.8%，如每 100 000 人中，在北部邦就发生了 6227 起强奸案，中部邦发生了 5242 起，东部邦为 4409 起（如图 6.1 所示）。

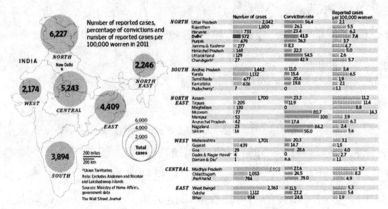

图 6.1　2011 年印度境内的性暴力地图

资料来源：美国《华尔街日报》网站的"India Real Time"，2014 年 1 月。

性暴力的受害者会出现严重的身体、精神、性和生殖卫生问题，可能导致抑郁症、创伤后应激障碍、睡眠困难、饮食障碍、情感困扰和自杀企图，严重的可能造成凶杀或者自杀等致命结果。尤其是针对男女儿童发生的性暴力，会使受害儿童在成年后的生活中出现吸烟、吸毒和酒精滥用以及危险性行为的可能性增加，而且目睹性暴力事件患上的心理创伤也很严重，包括精神紊乱、沮丧和焦虑等。

（三）中国农村妇女的自杀现象

2009 年，世界卫生组织在《妇女和健康：当今的证据，未来的议程》❶ 一文中指出，"另一些国家则需要处理妇女吞食农药自杀的问题。这是一种可怕的死法，也是一个明确的信号，表明她们的境遇极度悲惨，无法忍受"。中国曾经就是世界上唯一女性自杀率高于男性的国家，虽然近年女性自杀率有所下降，但是中国农村妇女自杀问题已经引起了国内外学术界的广泛关注。如《柳叶刀》认为，1995—1999 年，15～34 岁的中国女性公民中，每 10 万人里年均约有 37.8 名女性自杀，其中来自农村者占比高达 93%。

"在上世纪 90 年代，中国农村自杀率是城市的 3 倍，女性自杀率比男性高

---

❶ 世界卫生组织：《妇女和健康：当今的证据，未来的议程》，2009 年 11 月 9 日。http：//www.who.int/dg/speeches/2009/women_ health_ report_ 20091109/zh/.

25%左右"[1]。从 1990—1994 年，"农村年轻妇女年平均自杀死亡人数占到了全国年均自杀死亡人数的 31%，约占农村年均妇女自杀死亡人数的 57.3%"[2]。在我国农村家庭中，一旦发生婚姻不和、婆媳矛盾、财产分配、育儿养老等争吵和纠纷时，受了委屈的农村妇女往往就在家里喝下农药，其中 62%的人会因抢救失败而死亡。

据世界卫生组织统计，2008—2013 年，全球平均自杀率从每 10 万人 11.6 例增长到了 14 例，而中国恰恰相反在"最近几年自杀率出现了明显的下降势头"[3]。2014 年，英国杂志《经济学人》刊文披露，"中国自杀率已跌至世界最低行列"，"近 10 多年来中国自杀率陡降一半"，这一论点为本年度香港大学公布的一份研究报告所支持。该报告称，在 2002—2011 年，中国的年平均自杀率下降到了每 10 万人 9.8 例，降幅达到 58%。其中最大的转变在于 35 岁以下的农村女性，自杀率减少了 90%。景军等人在《中国自杀率报告：2002—2011》中也称，1995 年至 1999 年，15~34 岁的中国女性公民之中，每 10 万人里年均约有 35.2 名农村女性自杀。在 2011 年，这一数字减少为每 10 万人之中只有 3 例，降幅超过了 90%。也就是说，1998 年之后，我国农村女性自杀率明显高于农村男性的现象得到扭转，特别是 2010 年，农村女性的自杀率已经较 1987 年下降了 78%。有学者分析这是由于外出打工的女性增多所致，虽然她们在城市中也面临着身份、性别等方面的歧视，但是避免了与家人直接爆发因就学、就医、饮食、家庭内部劳动分配、婚姻及财产继承等冲突与对抗，因此农村女性自杀率出现了大幅的下降。

第二节　社会性别与健康风险

除了生理身体原因之外，两性在行为规范、角色分工、资源分配和权力关

---

[1] 《中国自杀率跌至世界最低　农村妇女自杀率减少 90%》，中国青年网，2014 年 7 月 23 日。

[2] 费立鹏等：《中国自杀状况与社会文化的关系》，载谢丽华主编：《中国农村妇女自杀报告》，贵阳：贵州人民山版社，1999 年，第 212~214 页。

[3] 《中国自杀率跌至世界最低　农村妇女自杀率减少 90%》，中国青年网，2014 年 7 月 23 日。

系等方面的不同，也使得两性面临着不同的健康风险。从性别偏好中失踪的女性，到社会分工中的角色紧张，以及民族文化中的成年礼等都加大了两性可能的健康风险和生存成本。

一、男孩偏好是对女孩生命与营养权的剥夺

在很多社会里，妇女是被系统地剥夺权利的，女婴和母亲的高死亡率也说明家庭内部在营养和照料方面都存在着对妇女的歧视，尤其与男孩相比，女童更是被剥夺的对象。因为女童在父系继嗣中没有实际作用，导致了家庭对女性胎儿生命权的剥夺。在嫁娶婚姻中，父母为每个儿子娶进媳妇，儿子及其子女继承父姓，享受继承财产的权利并履行为父母养老送终的义务和责任，这就使得父系继嗣社会更看重男孩的实际价值，从而使"女孩和成年妇女极易遭到伤害"[1]。从东亚到南亚，再到中东和北非这一带的国家或地区，如阿富汗、孟加拉国、中国、印度、韩国、越南、巴基斯坦、伊朗、阿塞拜疆及我国台湾地区等，人们传统上一直存在着男孩偏好，以致在上述国家或地区中出现了出生婴儿的性别比例严重扭曲的现象。阿马蒂亚·森（Amartya Sen）把这一部分死亡的人口称为"失踪的女性"[2]。也就是说，由于与正常人口的死亡率相比，女性人口出现的高死亡率，使得许多妇女根本就不存在，而对女性婴幼儿营养权的剥夺与照料上的忽视，也是导致她们营养不良，健康状况恶化，从而在出生与成长过程中面临着高死亡率的生存风险。

（一）印度失踪的女性

一般情况下，正常男女婴儿出生时的性别比为 105：100 ～ 107：100，而杀婴和堕胎的性别选择导致出生性别比严重扭曲，这是在人为干预下出现的死亡率差异。在 1981—2001 年间，印度的出生性别比显著上升，因流产而失踪的女孩约有 1200 万之多，2011 年印度人口普查显示，"7 岁以下的女孩比男孩少

---

❶ 马元曦等主编：《社会性别与发展译文集》，北京：生活·读书·新知三联书店，2000 年，第 40 页。

❷ "失踪的女性"（Missing Women）最早由阿马蒂亚·森在 20 世纪 90 年代提出，被用来指代那些因人为干预因素没能来到这个世界或者因性别偏好较早死亡的女性人口。刘建：《阿马蒂亚·森：非经济学家》，《长江》，2007 年 7 月 27 日。

了 710 万"❶。以 2000 年为例，印度每年有 1200 万女孩出生，其中有 150 万活不满 1 年，85 万活不满 5 年，只有 900 万能够活到 15 岁，该年度印度全国男性比女性多出 4 538 909 人❷。与同龄男性人口相比，印度妇女存在着高达 9% 的"相对赤字"，也就是"失踪的女性"数量。

其实性别不平等本身不仅表现在女婴的死亡率数据上，还表现在旨在消除女性胎儿的选择性堕胎上。本来超声波检查、绒毛活检、羊膜穿刺术等现代科技手段是为了确诊胎儿染色体异常和排查遗传病的有效工具，现在则被滥用在胎儿性别鉴定方面。在许多人看来，这种性别挑选技术比起出生后的杀婴要更富于"人性"（通过超声波 14 周就可以检测到胎儿性别，羊膜穿刺术则针对 16 ~ 20 周的胎儿）。这些做法在婴儿出生时就改变了——女性与男性的比率，反映的是选择性堕胎的蔓延以及两性在出生方面的不平等，而绝非只是女童相对于男童的死亡率在上升的现象。

（二）中国"失踪的女性"

中国传统的生育文化中也存在对男孩的偏好而导致对女孩的歧视，在生育控制技术尚不普及的古代和近代，对女孩的歧视难以在孕妇生产之前发生，于是，产妇的家人多采用出生后溺毙等方式来剔除不需要的人口。1938 年，费孝通在《江村经济》一书中，真实地记录了当时农村限制人口的做法就是溺婴或者流产，"杀害女婴就更为经常"❸，以致全村 0 ~ 5 岁年龄组的男女婴幼儿的性别比出现高达 135 : 100 的极端状态。

在姜保全等人的《20 世纪中国"失踪女性"数量的估计》❶ 一文中，认为中国女性的"失踪"现象贯穿于整个 20 世纪。在 20 世纪 50 年代之前，女性"失踪"的比例一直比较高，最高出现在 1940 年前后达到 14% 左右；而在 1960—1970 年间则比较低；从 20 世纪 70 年代后半期开始，女性"失踪"的人数开始稳步攀升，一直达到 2000 年最高值的 7% 左右。而不同年代女性的"失踪"原因各有不同，如在 1950 年前，是战乱和饥荒等原因；而在 1980 年

❶ 张旭：《30 年 1200 万女孩被流产 被蒸发的印度女孩》，《小康》，2011 年第 7 期。
❷ 薛克翘：《当前印度的陪嫁之风》，《当代亚太》，2002 年第 5 期。
❸ 费孝通：《江村经济》，北京：商务印书馆，2001 年，第 38 页。
❶ 姜全保等：《20 世纪中国"失踪女性"数量的估计》，《中国人口科学》，2005 年第 4 期。

之后，则是严格执行的人口计划生育政策和产前性别鉴定技术的普及，中国父母想要获得男孩的途径从传统的溺弃女婴转变为选择性人工流产，从1980—2000年，我国出生的人口中"失踪女性"的数量约为920万人，比例为4.19%。总的来说，我国出生性别比有持续升高，逐年增大的趋势。如从1982年的107.17上升到1990年的114.73，2000年又继续上升到116.90，2008年最高为120.58，此后才逐年下降，到2011年时出生性别比也还高达117.78。

据《2012年世界银行发展报告：性别平等对发展非常重要》❶ 声称，中国出生人口性别比最高年份是2008年，当年中国"失踪"的女性数量达到125.4万人，占当年全球"失踪"的女性总数量（388.2万）的30%。也就是说，在该年度我国每一分钟就有2.4名女性因性别歧视而"失踪"不见了。

（三）忽视女童健康也是对男性的报复

即使是出生后，女婴也可能因为性别原因而得到家人较少的照顾与关怀，如因疾病得不到必要和及时的医治而夭折。一般而言，女性婴幼儿的病情唯有比躺在医院的男童还要严重时，才会被人送入医院。如表6.1显示的那样，2000年，我国0～5岁组别中女童的死亡率要远远高于男童，全国平均水平为9.83‰，至于具体到某个省区这一数字还要更高。而南亚三国相同组别的女童死亡率，印度为7‰，巴基斯坦为5‰和孟加拉国为3‰。

此外，由于营养不足和照顾不周也造成了5岁以下女童的体重过轻和身材矮小，这一营养不良的副作用往往是伴随终身且不可逆转的。在与贫困问题相关的一系列社会问题中，饥饿和营养不良首当其冲。在中低收入国家中，有1/4到1/3的儿童都被发现有普遍发育不良的现象，如在孟加拉国的贫困家庭中"挣工资的妇女只有1.03顿饭，而男人则有2.4顿饭"❷。在2003年，作为一个粮食出口国的巴西也有10%的人口营养不良，其中5岁以下发育不良的儿童占了11%。

1980年，贝克尔（David Barker）发现低出生体重的人在成年后更容易患

---

❶ https：//openknowledge. worldbank. org/browse？ type = topic.

❷ 马元曦等主编：《社会性别与发展译文集》，北京：生活·读书·新知三联书店，2000年，第41页。

冠心病、高血压、中风和糖尿病，他据此提出成人疾病的胎儿起源假说（1995），这一假说认为胎儿在孕中晚期营养不良，会引起生长发育失调，从而导致成年后易患冠心病。该假说成功解释了宫内环境在成年慢性疾病发生发展中的作用。这一假说得到南亚地区多种显著的与健康有关的疾病佐证，如孕妇营养不足比率高；婴儿出生体重不足发生率高；营养不足儿童广泛存在；心血管疾病发生率高等。也就是说，对妇女营养的漠视导致孕妇的营养不足，由此导致胎儿发育迟缓和婴儿体重不足，随后出现更大的儿童营养不良现象，在成人生活的后期导致心血管疾病较高的发生率。用森的话来说，就是"以忽视妇女利益为始的问题，以造成所有人——甚至在高龄之时——在健康和生存方面的苦难告终。而男人罹患心血管疾病的比例要远远高于妇女，因此妇女的苦难，尤其是以孕妇营养不足为形式的苦难，最终是对男人的打击，通过心脏病和过早死亡看作是一种让男人自食其果的报复"❶。

二、妇女生产角色与再生产角色叠加的精神健康风险

从两性的生理差异来看，女性比男性更容易出现抑郁和焦虑等心理疾患，全世界估计每年有 7 300 万成年妇女经受严重的抑郁症折磨，虽然导致精神健康方面出现状况的原因因人而异，但是女性社会地位低下，工作负担沉重以及遭受暴力等都是促成病变的因素之一。正如《北京行动纲领》所指出的那样，在家庭中，尤其是农村和贫穷城市地区，女孩和妇女缺少粮食，粮食分配不公平，得不到足够的安全用水、卫生设施和燃料供应，而且住房条件不足，这些现象使妇女及其家庭负担过重，对她们的健康具有不利影响。具体表现就是，农村妇女和城市贫困妇女的生产与再生产角色叠加造成的精神健康方面的风险。

（一）中国农村留守妇女的精神压力

中国农业大学一项针对农村留守人员状况的调查显示❷，目前全国有 8700 万农村留守人口，其中包括 2000 万留守儿童、2000 万留守老人和 4700 万留守

---

❶ 刘建：《阿马蒂亚·森：非经济学家》，《长江》，2007 年 7 月 27 日。
❷ 青草、夏颐：《中国农村留守妇女生存实录》，《就业与保障》，2011 年第 3 期。

妇女，其中留守妇女占留守人口总数的 54.2%。当丈夫外出务工后，留守妇女要解决自己的"口粮"问题并进行少量的商品生产，她们不得不承担起像犁地、耙地、给农作物打农药、搬运等男人活计。特别是农忙时节，留守妇女要起早贪黑地操劳于田间地头，经常忙得顾不上吃饭，累得直不起腰，即使身体出现小病也要硬扛着，要赶时间完成农活。

此外，留守妇女还要承担起像割草、喂牲口、挑水、洗衣、做饭、做针线、搞卫生以及砍柴等女人活计。在一些边远地区，特别是陡坡较多且离水源较远的农户，挑水的通常是男性，只有当男人不在时，妇女才自己去挑水，而现在留守妇女只有自己去挑水，尤其是遭遇干旱井水枯竭时，到村外挑一趟水有时来回就需要花 2 个小时左右时间。

除了农业生产和再生产劳动外，留守妇女往往上有老下有小，日常生活中就离不开照顾老人和孩子，而家庭中的老少若染病患疾，他们的护理工作也要由家中的妇女来负责。由于丈夫不在家，她们十分担心小孩上课及放学途中的安全，担心自己的人身、财产受到侵害，还时常牵挂丈夫在外务工的安全状况。由于留守妇女劳动负担重、休息时间少和精神压力大，其孤独、紧张、担忧、焦虑及无奈常常超乎人们的想象，因此，"留守妇女面临着比男性更高的精神健康风险"[1]。

（二）贫民窟妇女的情绪紧张[2]

从联合国公布的数据显示，截至 2013 年，全球约有 35 亿人口居住在城市，而到 2050 年这一人数将会出现 25 亿～30 亿的增幅，而贫民窟人口已由 1990 年的 6.5 亿增加到 2012 年的 8.63 亿。由于居住在不卫生、危险和拥挤的城市社区中，贫民窟的居民不得不面临着生活环境恶劣、住房面积不够、水资源和卫生条件缺乏、公共服务设施有限等诸多问题，还有多种疾病和伤痛的折磨，而且糟糕的健康状况会随着时间的推移不断加重他们已有的不利状况。尤其是贫民窟的妇女要被迫花费大量时间来确保自己家庭的基本需求，而赡养老

---

[1] 胡玉坤：《转型期中国的"三农"危机与社会性别问题——基于全球化视角的探究》，《清华大学学报》，2009 年第 6 期。

[2] 塞西利亚·塔科里：《城市化、社会性别和城市贫困——城镇有薪工作和家务劳动》，张洁译。http：//www.ynpra.com/Article.asp？id=435，2013 年 7 月 11 日。

人和养育孩子的负担更增加了妇女的精神压力，情绪紧张成为贫民窟妇女主要的健康风险。

1. 收入有限

当城市居民越来越多地依赖现金收入来满足必要的日常开支时，而收入匮乏的贫困妇女则不得不陷入人居面积不足，居住地治安环境恶化与缺乏必要的基础设施等窘境。由于政府大幅削减公共服务方面的开支，贫困妇女能得到的公共服务极其有限，为了应对食品、水资源和交通方面日益增高的开支，她们要竭尽全力去寻找有薪水的工作，如家庭劳务工或者其他劳动力密集型的工作，由于她们从事的主要是非正式就业岗位的工作，超长的工作时间和低廉的收入，使得她们很难在有薪工作和无薪家务劳动之间找到平衡点，外出工作给那些需要照顾孩子、准备食品、洗衣和打扫卫生的家庭妇女增加了额外负担，结果女性每天要在家中和家外工作多达 17 个小时以上。

2. 不安全的做饭燃料

全球有 50% 以上的妇女生活在发展中国家，生活在贫民窟里的妇女往往要负担全家人一日三餐的烹饪工作。她们用煤、木柴、动物粪便和作物秸秆作为燃料在明火或传统的炉灶上生火做饭时，这些物质在明火或简陋的炉灶中燃烧得非常不充分，会释放出上百种污染物，因此，妇女和孩子每天都会暴露在高度污染的室内空气中。在全世界每年死于慢性阻塞性肺病的 130 万妇女当中，有 50 万人是与这种室内烟雾有关。特别是在妊娠期间，如果发育中的胎儿接触这类有害污染物，可能导致低出生体重甚或死产。由于燃料对于居住环境的污染，也使得女性患呼吸道及眼疾的风险要远远高于男性。

3. 缺乏安全用水

一般来说，妇女要负责家庭（常常还包括邻里）方面所有家务工作，如负责房屋和庭院的环境卫生，还要保持院子与院子之间的清洁卫生，照顾满地乱跑的孩子。然而，家居环境卫生状况的好与坏，却严重依赖于像自来水管和管子接头等公共设施的设点布局，因为负责给家里供水的妇女每天都要花很长的时间才能走到水源地，或者到拥挤不堪的公共水管边去排长队，有时，她们要在半夜出门以确保第二天早上全家人都能够用上水。从私人供应商那里购买的水价格高得离谱，有时是公共供水站的十倍之多。另外，非正式水贩卖的水

可能会便宜些，但他们的水有可能受过污染，饮用之后会影响使用者的健康，造成儿童腹泻，就会变相增加妇女照顾儿童的工作时间和工作负担。

4. 卫生设施不足

由于缺乏必要的卫生条件，妇女们往往面临着与自身的生理需要和社会规范相关的许多具体问题。在印度低收入的城市社区中，人口拥挤，公厕数量很少，而妇女们为了得到他人尊重就不能被人看见白天去上公厕，因此只有等到晚上再去如厕。由于厕所离住家较远，成年女性和未成年女孩如果晚上单独去上厕所，就会增加遭受性暴力和性攻击的风险。

三、多元文化中成年礼的健康风险

每个社会总是以这种或那种方式来确认儿童迈向成年人的新资格和新身份，"在加纳的阿散蒂人中，处女与母亲的划分，并不是以是否性交、结婚或生育孩子为标志的，而是以行割礼为标志，没有行过割礼的女孩子，即使有了小孩子，也绝不能成为母亲，相反，所有行过割礼的女孩子，无论她们有无孩子，都被称做是母亲"❶。在多元文化中，最常见的成年礼就包括男性的包皮切割礼和女性的阴蒂割礼，这种通过切割身体来获得个人社会身份的认可方式，往往具有显而易见的健康风险，如 2013 年 7 月 7 日，在南非东开普省一些部落举行的成人仪式上，"30 名男孩在割礼仪式后死亡，多人因伤口感染、脱水、生殖器坏死等入院治疗"❷，而女性割礼带来的健康问题则更为严重。

（一）男性迈向成年标志的割礼

割礼最早是与原始献祭有关，后来演化成为世界范围内土著部落男子的成年礼，其中既包括一般性的象征入会仪式，也包括直接加诸男性身体的生殖器割礼。盖纳普（Arnold van Gennep）曾描述了澳大利亚土著部落男子的成年礼，仪式的高潮部分就是进行一个身体的手术。如昌布里人男孩的割痕礼、努尔人的成丁礼、阿拉佩什人的入会仪式等，都是围绕这一性成熟身体而煞费苦

---

❶ ［英］菲奥纳·鲍伊：《宗教人类学导论》，金泽等译，北京：中国人民大学出版社，2004 年，第 121 页。

❷ http：//picture. youth. cn/qtdb/201307/t20130709_ 3495749. htm.

心的行动，目的是让性成熟的男孩通过隔离、禁食和洁身，断绝与女性的联系，去除自己身上的女性气质。

试以两个非洲部落的男性割礼为例，可以看出不同部落文化中男性所面临的健康风险。

恩登布人（Ndembu）是非洲赞比亚中央班图族的一支，他们的割礼仪式被称为"穆坎达"。恩登布人接受割礼的年龄通常都与青春期的来临重合或者在此之后，受割礼者要被持续隔离1年之久，割礼一般是在冬天举行，这是一年中卫生条件最好的时节。恩登布人的割礼就是施割礼者"展开被割者的阴茎包皮，在顶上和底下的另一处做一个轻微的凹痕当作标示，然后利落地切断背部部分，随后切开腹部部分，这样就取走了足够的阴茎皮使龟头能展露在外，余下的包皮就会（自动）卷回去"[1]。

恩登布人把接受过割礼这种象征性死亡之后得以重生的人定义为成年男性，一个没受过割礼的人永远都是小孩子，他不能和那些受过割礼的成年男性一起吃饭，只能单独吃或者和女人们一块吃，而且没有女人会和没有受过割礼的人发生性关系。

非洲部落社会的多瓦悠（Dowayo）男孩从10～20岁间都可能接受割礼，全村的男孩子一起举行该仪式。多瓦悠割礼仪式一开始是由受割礼男孩的姐夫为男孩装饰身体，然后，这些男孩在乡间四处游荡，所到之处的人家必须供给饮食，一旦大雨降下，男孩就可以接受割礼了。割礼过程的设计旨在造成一种恐怖效果，男孩们在十字路口被剥得一丝不挂，然后被带到河边的小树丛里施行割礼。就在他们前往河边的途中，施割礼人会跳出来，像豹子猎食般地对他们咆哮，并拿刀威胁……割礼过程非常残酷，整个阴茎都要割开来，因为全体施割礼人每人都要切下一点受割男孩的包皮……由于施割礼人重复使用同一把刀来进行割礼，造成受割礼者交叉感染的概率非常高，因此，会有不少男孩死去，多瓦悠人将这类死于割礼的男孩解释为"被豹子吃掉了"[2]。

---

[1] ［英］维克多·特纳：《象征之林——恩登布人仪式散论》，赵玉燕等译，北京：商务印书馆，2006年，第217页。

[2] ［英］奈杰尔·巴利：《天真的人类学家——小泥屋笔记》，何颖怡译，上海：上海人民出版社，2003年，第74～75页。

通过多瓦悠割礼这种象征死亡与更生的仪式，男孩们从呱呱坠地时的不完满形态，蜕变成了"一个完整的男人"❶。没接受过割礼者严禁参加所有男性活动；不能与受过割礼的人建立消除敌意、净化情感的戏谑关系；死后也只能与女性埋在一起；更糟的是他们不能举刀发誓，未行割礼的男人对着割礼刀发咒，会遭众人恶意嘲笑，坚持不改者就会挨揍。

2007 年，世界卫生组织和联合国艾滋病规划署发出倡议❷，号召艾滋病感染最严重的撒哈拉沙漠以南中部非洲地区普遍实行男性割礼，在未来 20 年当中将可以预防 570 万人感染艾滋病，同时减少 300 万人死于艾滋病，因为有证据显示男性接受包皮环切外科手术后，感染艾滋病病毒的机会比未接受手术者减少大约 60%，能够有效防止感染艾滋病病毒。

（二）青春期女性的割礼

根据世界卫生组织对女性生殖器割礼（Female Genital Mutilation，FGM）的定义，女性割礼就是女阴环切术实际上是切除阴蒂的手术，在许多情形下，常常会切除更多的结构，如大阴唇和小阴唇等，阴道口也被缝合，仅留下一个小口来排尿，在需要性交时才用外科手术打开，甚至直接撕开，生完孩子后重新封闭，直到男性再次有性交欲望时再打开。施行这一手术的时期，是青春期女性的性萌动期，也就是说，阴蒂切除术就是一种关于青春期女性的身体仪式。

女性割礼已有数千年的历史，至今仍在从非洲大陆的塞内加尔、索马里以及横跨整个北非地区，包括撒哈拉沙漠以南的非洲在内的 30 多个国家中流行，"索马里接受 FGM 的人所占比例将近 100%，埃及为 97%，埃塞俄比亚超过90%"❸，现在在西亚、南欧、东南亚、新几内亚和美洲等地，甚至是进入美国的部分非洲移民中也在实施女性割礼。

因为"割礼手术就是她们向童年诀别的一根界桩，割礼在亲属群体所有成员的心理上都起到了这种作用"❹，所以，非洲为数众多的部族都把割礼作

---

❶ ［英］奈杰尔·巴利：《天真的人类学家——小泥屋笔记》，何颖怡译，上海：上海人民出版社，2003 年，第 72～73 页。

❷ 李静：《联合国号召推广男性割礼 防范艾滋病蔓延》，国际在线。http://gb.cri.cn/15884/2007/03/29/2525@1521157.htm.

❸ 陶洁：《域外女性》，北京：北京大学出版社，1995 年，第 101 页。

❹ 宁骚：《非洲黑人文化》，杭州：浙江人民出版社，1993 年，第 84 页。

为女孩成年仪式的一部分。乍得的图布（Toubou）女子的成年仪式就是对女孩做切除阴蒂的手术；"肯尼亚的马赛族几百年来都维持着一种成年礼，即女孩子在第一次月经来潮后要割除阴蒂，否则不准结婚和继承遗产，也不准和他人共舞"❶。正因为如此，那些被施行了割礼的妇女坚持要给自己的女儿进行割礼手术，苏丹妇女认为："不行割礼的女性可能会在其群体中失去地位"❷。

弗洛伊德早在《处女的禁忌》一文中就已指出，"对女孩子的阴蒂及小阴唇的割礼，要比对男童施行的割礼残酷得多，因为后者并不伤害其性能力，而前者对性能力的破坏却严重得多"❸。女性割礼会给女性带来严重的健康风险。一些妇女的性生活满意度下降，造成永远失去达到性高潮的能力；手术本身也使相当多的年轻妇女死于失血过多、休克、细菌感染、尿道或肛门受损、破伤风、膀胱感染、败血症和艾滋病等，特别是割礼造成的没有弹性的疤痕组织会使妇女生产时因受损组织撕裂而导致死亡等。全球已有1.5亿女性正面临着割礼后的厄运，非洲每天仍有6000多名女孩要遭受这样的性残害，全世界每年至少要有200万女童可能成为下一批牺牲品。

从19世纪以来，非洲一些国家的女婴死亡率非常高，就与割礼本身有着直接关系。由于政府的干预使得割礼多在女婴出生后进行，如"尼日利亚的女孩子在出生后7日或在7岁时施行割礼"❹，如果孩子长大以后再行割礼容易暴露，触犯法律，给刚满月的女婴行割礼则被认为是神不知鬼不觉的，假如孩子因此死亡也容易掩盖过去。现在一些国家近半数的割礼是在1岁之内进行的，如厄利特里亚这一比例为44%，而马里为29%。

第三节　两性实用性与战略性的健康需求

在1948年的《世界人权宣言》中提出："人人有权享受为维持他本人和

---

❶　[美] R. H. 罗维：《初民社会》，吕叔湘译，北京：商务印书馆，1935年，第96页。

❷　[英] 菲奥纳·鲍伊：《宗教人类学导论》，金泽等译，北京：中国人民大学出版社，2004年，第200页。

❸　[奥] 弗洛伊德：《性爱与文明》，滕守尧译，合肥：安徽文艺出版社，1987年，第241页。

❹　陶洁：《域外女性》，北京：北京大学出版社，1995年，第101页。

家属的健康和福利所需的生活水准，包括食物、衣着、住房、医疗和必要的社会服务；在遭到失业、疾病、残废、守寡、衰老或在其他不能控制的情况下丧失谋生能力时，有权享受保障"❶。由于发达国家与发展中国家的经济和政治差异，两性接受医疗服务的机会不同，再加上各自的健康需求也有很大差异，因此，需要分阶段分步骤地回应与满足特别是发展中国家的实用性与战略性健康需求。

一、全球两性的预期寿命差距增大

"二战"以来，全球人口的健康状况取得明显改善，女性从20世纪50年代初期的51岁增加到2007年的70岁，两性的预期寿命明显增加。一般来说，妇女的平均寿命要比男性多6~8年。男女之间的预期寿命差距在高收入国家更为显著，女性寿命约比男性长6年；在低收入国家，这一差距约为3年；而在世界某些地区，女性在预期寿命方面的优势正逐步丧失，如阿富汗是唯一女性寿命短于男性的国家，平均寿命为44岁（2005）。但发达国家与发展中国家女性预期寿命差距却在逐渐扩大。如德国和日本，50岁女性的预期寿命分别为84岁和88岁，而墨西哥和俄罗斯同年龄段女性的预期寿命分别为80岁和78岁，而9个撒哈拉以南国家的男女期望寿命仍不到55岁——安哥拉、中非共和国、乍得、科特迪瓦、刚果民主共和国、莱索托、莫桑比克、尼日利亚和塞拉利昂。

（一）欧洲的健康地图

2013年，世界卫生组织每三年一次发布欧洲健康报告称，即使同样在欧洲，欧洲人预期寿命和整体健康水平都在进一步提高，但男人与女人、西部与东部、穷人和富人之间的健康差距并没有缩小。

1. 两性预期寿命与健康差异

通过对欧洲地区53个国家的最新调查显示，居民平均预期寿命从1980年的71岁提高到2010年的76岁，主要因素是道路事故、产妇死亡等死因下降，以及部分健康风险降低和社会发展状况改善。2010年女性的预期寿命达到80

---

❶ 《世界人权宣言》第25条第1段，http：//www.un.org/chinese/hr/issue/udhr.htm.

岁，而男性只有72.5岁，两者相差7.5岁，其中东欧相差12岁，北欧四国相差4岁。也就是说，随着人口中的早逝率的整体下降，欧洲两性的预期寿命增加了，但南北/东西欧洲之间的差距十分明显。

此外，欧洲各国之间两性患有心血管疾病、癌症、糖尿病、抑郁症和其他精神性、神经性疾患的差异水平缩小，如心血管疾病长期以来被视为富裕社会中的一种男性疾病，现在几乎是世界各地老年妇女的主要杀手。当然，欧洲人主要的健康风险因素包括抽烟和喝酒。据估计喝酒占全部死因的6.5%，成年人27%都在抽烟；心脏病、癌症等慢性病占死因的80%，其中心血管病和癌症分别占50%和20%。虽然癌症占整个区域20%的死因，但各国从5%~30%不等。事实上差不多一半的国家癌症已取代心血管病成为早逝（65岁前死亡）的头号死因，女性乳腺癌和宫颈癌则分别高居女性最常见恶性肿瘤的第一位和第二位，成为威胁女性健康和生命的两大杀手。

2. 中老年妇女成为医疗措施的受益者

在高收入国家，心脏病、中风、痴呆和癌症等慢性病是排在致死原因的前几位，其中2/5以上的女性死亡原因可以归咎于这些疾病。世界卫生组织的研究表明，西欧国家50岁及以上妇女死于心脏病、中风和糖尿病的人数比30年前有所减少，这主要得益于这一时期发达国家在医疗卫生方面采取的措施，50岁及以上女性成为主要受益群体。如1970—2010年，在法国、德国、希腊、波兰和英国等国此年龄段妇女心血管疾病和糖尿病死亡率平均下降了66%。

此外，在相同的30年间，虽然乳腺癌发病率整体提高，但因为得到早期诊断和及时治疗，50岁及以上妇女乳腺癌和宫颈癌死亡率也有所降低，如经过治疗不仅可以让早期的乳腺癌治愈率高达90%以上，也让中晚期的患者活得更长。这些健康条件的改善都是欧洲50岁妇女预期寿命延长的主要原因。

（二）发展中国家的健康地图

2009年，全世界33亿女性人口中的85%生活在低收入和中等收入国家，其中包括大约5.5亿50岁以上的妇女。由于发展中国家对女性心血管疾病和癌症等非传染病的预防与治疗不足，孕产妇的死亡率，以及少女早婚早孕带来的高风险，都是造成50岁及以上女性预期寿命与发达国家的差距持续增大的原因。由于老年妇女失能、残疾和带病存活的时间要比男性长，因此，发展中

国家老年妇女的健康问题往往显得更加突出。

1. 有效筛查不到位

心血管疾病、癌症、糖尿病、抑郁症以及其他精神性和神经性疾患等一度被认为主要发生在富裕国家，而今，全球各地的妇女都在感受到这种影响。事实上，在高收入国家的成年妇女中，有 80% 的死亡是由非传染性疾病造成的；而低收入国家的成年妇女中，只有 25% 死于非传染性疾病，其他的高致死病因还包括结核病、肝炎、肠道传染病甚至一些地方病。

乳腺癌是导致全世界 20～59 岁妇女死亡的主要癌症，而宫颈癌是全世界第二位最为常见的妇女癌症类型，几乎所有病例都与通过性传播的生殖道感染人乳头状瘤病毒有关。而这两种癌变都可以通过早期筛查和及时治疗得到有效控制，从而降低妇女的死亡率。但是，发展中国家妇女往往不能获得有效的早期筛查和治疗服务，因此，这两种癌症的高致死率（90%）多发生在低收入和中等收入国家的妇女中间。

2. 产妇死亡人数多

在全球一些国家或地区的孕产妇死亡人数居高不下，已成为育龄妇女死亡的主要原因。而几乎所有孕产妇死亡（99%）是发生在发展中国家的，其中超过半数死亡发生在撒哈拉以南非洲，近 1/3 发生在南亚。2013 年，发展中国家的孕产妇死亡率是每 10 万例活产有 230 名孕产妇死亡，而发达国家则为每 10 万例 16 人，在 1990—2010 年的 20 年间，欧洲孕产妇的死亡率已降低一半至每 10 万人 13.3 人。

因为发展中国家妇女怀孕率高于发达国家，她们一生当中因妊娠死亡的风险也较高。"每一秒钟，全球都有四个妇女分娩，但每一分钟，她们中就会有一人死亡；在阿富汗，怀孕期与分娩期妇女的死亡比例高达 1∶8"❶。抛开阿富汗这个极端数据不说，发达国家每位妇女最终因孕产原因而死亡的概率为 1∶3 700，而发展中国家则为 1∶160，也就是说，在发达国家每 3700 个孕妇会有 1 例死亡，而在发展中国家每 160 个孕妇中就会发生 1 例死亡，两者的致死概率相差 23 倍。当然，孕产妇死亡率高的国家，也往往是早婚早孕率高发的

❶ 潘希、冯丽妃：《聚焦卫生与健康》，《中国科学报》，2012 年 9 月 21 日。

国家，比如在亚洲的某些国家，38%的女孩会在18岁以前结婚，而其中14%的新娘在结婚时还不到15岁。

二、发展中国家两性的现实性与战略性需求

2011年，世界卫生组织194个成员国在预防和控制非传染性疾病（Noninfectious Chronic Disease，NCD）的全球行动计划上达成一致，该计划提出未来七年各国要采取有效措施来减少非传染性疾病的死亡和疾病数量，使30～70岁男性和女性心血管疾病、癌症、糖尿病或慢性呼吸道疾病的整体死亡率相对降低25%，这些目标应该成为所有公共卫生和发展伙伴的首要任务。对于发展中国家来说，要解决两性的健康差距，就需要满足他们的两类健康需求，一类是可以依靠医学与技术手段满足和解决的现实性需求，这些需求的满足一般并不挑战两性不平等的权力关系；另一类需求是战略性需求，这类需求的满足挑战了两性不平等的权力关系，需要分阶段分步骤地来加以满足。

（一）完善现有健康卫生服务体系满足现实性健康需求

从积极的方面来说，现在已有的医疗手段可以预防或者毫无困难地治疗那些常见的非传染性疾病，包括高血压、肥胖和高胆固醇的预防、早期诊断和管理，癌症的筛查和治疗等。发展中国家应对这些疾病的最好方法就是在现有的医疗保健服务上采取措施，以便能及早发现并通过有效的治疗管理这些疾病。

2009年，世界卫生组织发布的《妇女和健康》❶报告声称，撒哈拉以南非洲地区女童和妇女的健康状况，几乎用各种标准来衡量都是全球最差的。对于富裕国家中20～60岁妇女而言，过早死亡的风险仅为6%，而在撒哈拉以南非洲，该风险高出7倍，高达42%。在低收入国家，女性死亡近2/5是由孕产妇和围产期病症、下呼吸道感染、腹泻病以及艾滋病和艾滋病毒导致的。孕妇卫生服务可以将妊娠糖尿病纳入诊断和治疗中，避免母亲在生育后出现超重或患上糖尿病。改善女性在青年时期的性健康，避免或减少使用烟草和滥用酒精，是避免慢性疾病发生的根本措施。比方说，孕产妇保健服务可以提供适当

---

❶ 陈冯富珍：《妇女和健康：当今的证据，未来的议程》，2009年11月9日。http：//www.who.int/dg/speeches/2009/women_ health_ report_ 20091109/zh/.

的妊娠糖尿病检测和管理，以防止母亲晚年超重或患上糖尿病。在过去的20到30年，发达国家已经采取一系列措施来解决这些问题并取得成效。

由于两性面临不同的健康风险，有不同的疾病发病率，因此，需要根据不同的风险设置健康服务、预防体系和技术力量。比如说，这就需要分配更多的资源去满足妇女的特殊健康需要，许多国家都有专门针对妇女健康的医疗服务和检查项目。

在全球，宫颈癌是第二常见的妇女癌症，约80%的宫颈癌病例以及更高的死亡率发生在低收入国家。首先这种癌症可以通过疫苗加以预防，而且现在已具备检查和诊断早期妇科病的条件和技术，如乳腺造影、宫颈刮片和妇科病的筛查等，通过筛查予以早期发现并及早进行治疗，治疗效果良好。还有就是在已有项目中增加妇女接受妇科检查的次数，也可以及时发现妇女是否罹患生殖道感染，并给予相应处理，可以对宫颈癌或者困扰妇女以后生活的许多慢性病风险采取措施，通过增进妇女的健康，来降低致死率，延长妇女的预期寿命。此外，通过制定明确的技术策略也可减少与妊娠和分娩有关的死亡人数，如发展中国家避孕药具的使用率由20世纪60年代的8%上升已上升到2007年的62%，避孕药具的使用可以防止意外怀孕和降低由此带来的妊娠风险。

新近十年针对或涉及我国农村妇女的健康干预层出不穷，其中包括一些公信度较高的项目，如第五第六周期"中国/联合国人口基金生育健康/计划生育项目"、国家人口与计划生育委员会的"计划生育优质服务试点项目"、中国扶贫基金会的"母婴平安120行动"项目、中国人口福利基金会救助贫困母亲的"幸福工程"以及卫生部等单位2000年开始在中西部农村广泛实施的"降低孕产妇死亡率和消除新生儿破伤风"，等等。

（二）把战略性健康需求纳入计划给予满足

由于社会文化对两性角色塑造的不同，导致两性对于资源的利用和分配也是不同的，如经杀虫剂处理过的蚊帐可以减少孕妇及其孩子的疟疾病例，妇女挣到一笔收入后，比男人更可能去为家人购买蚊帐，但是，蚊帐的使用通常与睡觉方式有关，而这些方式有时使妇女不能实际使用蚊帐。一个好的卫生服务系统在设计之初就应该考虑到两性在利用健康服务系统方面存在差异，需要通过渐进方式来满足妇女的战略性健康需求。

1. 男性优先享受医疗服务

从家庭层面的资源利用和支配来说，家庭中的男性户主有更多的支配权去动用家庭中的资源用于健康支出或者有病时接受治疗，而女性在患病后的就医拖延情况则很普遍。在发展中国家农村家庭资源的分配过程中，男性的家庭经济角色往往让他们能独享家庭大额支出的决定权，包括作出与就医有关的决定，"男人有权得到正式部门的医疗，得到保证治疗所需的资金。这种男子有权先于妇女获得医疗关照的观点是大家普遍接受的"[1]。

特别是当一个家庭的资金短缺时，为了照顾整个家庭，妇女们会延期治疗自己的不适，而且与女性有关的生殖疾病也常常被忽略或者耽误，小病拖成大病。对农村妇女来说，只要还能劳动和维持日常生活，她们往往不认为自己有什么病或需要就医。在许多家庭中，妇女的地位较低，导致对她们自己健康和营养不予关注，进而影响到她们照料家庭和挣取收入的能力，贫困妇女常常陷入家庭地位低下、医疗性别歧视、营养不良和可预防疾病缠身的恶性循环当中，出现"小病扛着，大病拖着"的糟糕状况。

因此，国家在进行医疗资源分配时，就要关注到两性不同的资源利用与分配情况，在相关服务设施和项目的设立之初，就要考虑到预算的分配是否充足，对于两性抵御不同的健康风险有何影响，一部分公益性质的医疗机构也应避免完全市场化的运作方式，为保障农村妇女基本的健康需求起到托底的作用。

2. 女性外出就医行动受限

在社区层面，由于男性有较女性更多的外出机会，能接受更多的有关医疗市场服务的信息，他们利用相关信息较女性来说也更加方便。而妇女要照顾家人、孩子和老人，她们在掌握相关的新信息方面没有男性方便，因此，女性在利用健康服务资源和信息方面也没有男性有利。特别是在有些国家，妇女除了被剥夺财产权和遗产继承权外，还面临着外出行动受限的情况。妇女们独自出门是不被允许的，若走出家门，需要得到准许，女性若去医疗中心，也需要得到其丈夫的许可，这些移动上的限制客观上增加了妇女的健康风险，也就是

---

[1] 迪帕·纳拉扬等：《谁倾听我们的声音？》，付岩梅等译，北京：中国人民大学出版社，2001年，第130页。

说，妇女要想获得卫生保障，可能会受到那些限制妇女流动和参加公共活动的社会准则的影响。

此外，妇女们感到因为她们不识字，不能清楚地向医院工作人员描述病情而难以独立到医疗场所就医，即使存在保健服务体系，由于距离、交通、看病的机会成本、缺乏女性保健人员、医患之间的等级关系及服务质量等都会成为妇女寻求医疗保健的障碍，因此，社区公共健康服务的内容和方式方面，都要考虑到女性患者的特殊需要，如配备女性医生来解除贫困妇女就医过程中所遇到的种种医疗障碍，让妇女能够对她们的健康水平和生活质量作出选择，从而保障基层社区贫困家庭的基本健康需求。

3. 女性在性方面被迫保持无知

在发达国家中艾滋病病毒携带者已开始呈现出稳定趋势，而发展中国家艾滋病病毒携带者却开始增多。目前，全世界约 95% 的艾滋病患者均分布在防治能力非常有限的发展中国家，其中非洲地区十分突出，撒哈拉以南非洲地区最为严重。艾滋病流行进一步加重了以社会性别为基础的暴力，因为常常是妇女而不是男性被指责为因性乱而感染上这一疾病，并因此受到带有歧视性的治疗、被家庭和社会抛弃、被解雇或到受到袭击。

相对男性来说，妇女难以获得有关预防艾滋病的信息是全球大部分国家与地区的事实。在许多国家和地区，其社会文化观念要求妇女在性行为中扮演被动角色，要求妇女对与性有关的事保持一无所知。贞操、对性的被动，向来是传统性别文化对女性的最起码要求和规范。女孩受到的教育是要把有关性活动的主动权和决策权交给男人，男人的需求和欲望是占主导地位的；同时妇女和女孩在获取这些信息时也会犹豫不决，因为要求女性在结婚时为处女的社会观念使对她们不敢了解与性有关的事，否则会给人留下性活跃的印象。更重要的一点是，男女两性之间在经济关系、家庭结构以及社会文化中的权力不平衡和不平等，也使得许多妇女没有能力与性伴侣商讨安全性行为。

由于妇女缺乏性健康方面的知识，导致她们在性活动中容易发生感染艾滋病病毒的高危行为，因此，医疗机构应该给予妇女相应的性教育和预防艾滋病知识的宣传培训机会，让妇女能够免费获取有关预防信息并有机会接受检测和治疗，从而采取必要的措施来防止艾滋病在家庭成员中的传播。

第七章

性别刻板印象的生产与再生产

经济、政治、教育和健康领域中的性别差距只是一种外在的表象，根植于其后的是日常生活世界中的性别刻板印象（Stereotype）[1]，即对两性社会形象的角色定型，如将男性视为"像个领导者、有领导能力、好斗、理性的、独断的、很容易做决定的、有男子气概的、坚强的、愿意冒险、有支配力的"；将女性描述为"爱孩子的、亲切的、有同情心、缺乏信心、容易放弃的、柔弱的、孩子般天真的"。也就是说，做一个男人或一个女人就意味着要扮演与其生理性别相一致的角色。性别角色刻板印象的生产与再生产是一个复杂机制，离不开家庭婚姻、教育以及习俗习惯等社会制度，家庭、学校和社会等社会化场所，以及个体的接纳与认同，"人类行动者以认知能力和共同知识为特点的反思性与实践的连续性间不断的过程导致了社会秩序的生产与再生产"[2]。因此，性别角色的生产具有相对稳定性，能够在代内与代际之间持续传播，但同时它也有修正、调整和变革的空间，会因整个社会环境的变迁而发生改变。

---

[1] ［美］罗伯特·伯恩等：《社会心理学》（第10版），杨中芳译，上海：华东师范大学出版社，2004年，第242页。

[2] Antony Giddens（1984）. The Constitution of Society：Outline of the Theory of Structure. Polity, Cambridge. p. 4.

第一节　生产刻板印象的社会制度

在每一个社会的婚姻家庭、教育和风俗习惯等社会制度中，都体现着对特定生理性别的角色期待和行为规范，也就是说，形成性别间合适的边界。每一性别都知道自己要做什么、允许做什么和禁止做什么，并且为大多数人所遵循，而性别刻板印象与社会制度之间互相关联形成互锁关系。

一、婚姻家庭制度

作为一种最基本的社会制度，婚姻代表着一种由法律或社会习俗认可的两性结合，其中包括两性双方的权利和义务；作为一种涉及两性以及子女的生活单位，家庭具有满足成员的经济、情感、性和社会化需求等功能，可以说，婚姻家庭制度是生产性别角色刻板印象最重要的基本要素。

（一）异性恋的婚姻制度

婚姻是"一个男人（男人们）与一个女人（女人们）之间持久的联结，赋予配偶互相专有的性权利和经济权利，赋予由婚姻而生的孩子以社会身份"❶。作为人类实践和社会关系的组织安排之一，涉及婚姻的四个普遍要素包括：性交的权利和义务；经济的责任；得到法律或习俗的认可，以及婚生孩子的社会身份。如果说婚姻只是单纯的性与经济的结合体，那么，婚姻中的其他两个要素就不会因其主体由异性变为同性而有所改变；随着生殖技术的发展，女性的性行为属性和生殖属性得以分离，那么使婚姻成立的要件就剩下法律或习俗的认可了，即"结婚双方负有一定的为社会所承认的权利和义务为前提"❷，而这正体现了婚姻作为一项社会制度的普世性与稳定性。

以生殖目的为取向的异性恋排斥男女两性关系之外的同性性关系，使异性

---

❶　［美］罗伯特·F. 墨菲：《文化与社会人类学引论》，王卓君等译，北京：商务印书馆，1991年，第80页。

❷　［苏］Ю. И. 谢苗诺夫：《婚姻和家庭的起源》，谢俊生译，北京：社会科学出版社，1986年，第18页。

联姻成为一种强制的性关系，其实，婚姻也是男人从性方面获得接触妇女身体并拥有其使用权的机制，因此，异性恋婚姻成为"既是配偶短缺的原因又是解决它的方法"❶。当然，异性恋婚姻的基本原则是禁止乱伦或族内通婚，即一个男性必须从自己所属的社会群体（家庭）之外寻找妻子，"唯有在外族通婚法的基础上，每一个个体获得这个群体里的女人……所有男人平等地争夺女人的自由才能成为风俗"❷。

异性恋婚姻最通俗的表达就是男娶女嫁。娶，上部分意为拿或得到，下部分是个女字；嫁，左为女右为家，意为妇女结婚必须离开自己的出生之家。也就是说，男性的出生之家得到了妇女的生育能力和劳动力，妇女失去了她从小到大赖以生存的家族关系资源，而成为男性出生之家中的一员，其生殖力成为维系夫方父系继嗣的重要环节，异性恋婚姻就成了男性能够控制妇女生殖力和劳动力的制度保障。

（二）家庭是人类幼态持续的照料单位

人类生育是遵循 K 型生育法则（K-Strategy）的，即"一胎少产，产后照看幼仔"。因为人类婴儿需要一个漫长的抚育过程，各个社会都普遍地建立了家庭这个生活单位，以便执行照顾婴儿和进行儿童社会化的任务。

与绝大多数哺乳动物相比，作为人科动物的人类在婴儿期是十分脆弱的，从人类要比其他灵长类动物更频繁的——并且看起来也许是浪费的——性交来看，就是因为"人类的婴儿要比其他灵长类后代更容易受伤害的后果"❸。大多数哺乳动物的幼崽一生下来，很快就能站立，一岁左右就能学会自我抚育的技能，如自己啃吃或捕食，两三岁就性成熟，开始繁衍后代。而人类婴儿则没有这种与生俱来的自我生存的本能，即使身体发育成熟，也不会自动具备足以谋生的技能，要生存就必须受到照顾，而且人类的性成熟时间也要比其他动物长 10 倍乃至 20 倍。

---

❶ ［美］罗伯特·F. 墨菲：《文化与社会人类学引论》，王卓君等译，北京：商务印书馆，1991年，第 82 页。

❷ ［美］卡罗尔·帕特曼：《性契约》，李朝晖译，北京：社会科学文献出版社，2004 年，第117 页。

❸ ［美］理查德·波斯纳：《性与理性》，苏力译，北京：中国政法大学出版社，2002 年，第 127 页。

由于人类婴儿的成熟期很长，刚生下来的孩子，非常弱小，无法站立，每个婴儿平均要 14 个月才会走路，这便决定了婴儿要有很长一段时间依赖于成人，特别是要依赖母亲的哺乳才能生存。人类婴儿什么时候可以具备自食其力的能力呢？文明程度越高的社会，这个时间越被无限地延长。如在农业社会中，儿童能够参加简单劳动的平均年龄是 7~8 岁，男孩参加除草、耙田、播种、打猎、放牛等活动；女孩则学习纺线、织布、缝衣、做饭等家务劳动和拔秧、除草、收割、采茶、摘野菜、砍柴等田间劳动，女孩到了 10 岁左右，便已掌握了基本的生产劳动技能，到了 12~13 岁，她们便能够与成年女性一起参加生产劳动和家务劳动，特别是成为家庭再生产劳动的后备力量。而在现代社会中，儿童普遍要在学校接受 12 年左右的正式教育，可以自立的时间也在 18、19 岁以后；如果还要上大学读研究生的话，这一时间还要被后延许多年。如以我国一个 6 岁的儿童为例，经过 6 年小学教育，6 年初高中教育，4 年大学教育，7 年硕博士教育的，也就是说，完成了 16~23 年的学校教育的，该儿童可以自立的年龄已在 22~29 岁之间。

二、教育制度

在 20 世纪 60 年代之前，无论是工业革命前的家庭教育、教会教育和私人教育，还是学校教育中的课程设置和教材内容，都是按照性别角色来进行划分、设定和安排的，如男性—生产角色—职业培养—事业（公共领域），女性—再生产角色—家庭责任—母职（私人领域），使得教育成为生产性别刻板印象的重要制度之一。经过第二次女权主义运动的洗礼后，部分国家的教育领域对刻板印象的生产机制作出修正或者至少是进行了反思。

（一）工业革命前的教育内容

在工业革命前，教育形式主要分为家庭教育、教会教育和私人教育等，目的就是对儿童和青少年进行生活常识、专业技能以及行为规范方面的培养，使其获得生存、职业和社交所需的能力与技能。

1. 家庭教育就是生活教育

在人类漫长的狩猎采集时期，成人对儿童的教育或训练仅仅局限于那些与生活内容相关的东西，比如与获得食物、衣物和住所有关的打猎、捕鱼、使用工具、缝制毛衣、造房子等技能。而在农耕社会中，儿童和青少年需要分性别掌握除草、耙田、播种、打猎、放牛、拔秧、除草、收割、采茶、摘野菜、砍柴、纺线、织布、缝衣、做饭等生产与再生产劳动技能。

在中世纪的欧洲❶，欧洲行会手工业家庭中的女孩需要学习如何进行园艺劳动和制成品的销售活动，她们还要从母亲那里学习打理家务的本领，如果找到合适的配偶后，她们便离开父母家，加入到一个与父母家庭具有相似结构的手工业者家庭中去做妻子和母亲。男孩从小被培养对作坊里的操作过程和机器工件感兴趣，然后再到另一个行会师傅家中去当学徒和帮工，过着一种类家庭式的生活，他们不仅要熟悉手工业的生产过程，还要能从事田地中的农业生产劳动。

中世纪欧洲的贵族男子从小要跟从家庭教师学习拉丁文、法文，如读古希腊的哲学著作，探讨阿奎那的神学问题，这种家庭教育一般要持续到 14 岁左右，这对他们今后谋求职业是非常必要的。此外，男孩还要具备各种社交技能与修养，如跳舞、弹琴以及掌握剑术和马术等。而贵族女孩也要接受家庭教师或隐居修女的教育，学习用母语阅读、写作、作诗、简单的计算、弹奏弦乐器、唱歌、作曲等上流社会交际所需的技能；而且还要跟从母亲或女管家学会操持家务，包括纺纱、织布、缝纫、刺绣、纺织和缝制服装等，为将来做好一位家庭主妇进行必要的学习和准备。也就是说，女性教育的目标是非常明确的："成为听话的女儿、忠贞的妻子以及细心周到的母亲，成为明智的伴侣和慈爱的朋友，毫无疑义是女性职责的主要目标。因此，这些应该培养的美德既便于你在家庭生活中成为有用的人，又能使你在社交场合中应付自如"❷。

2. 教会教育就是宗教教育

从公元 9 世纪开始，西方教会开始创办教会教育机构，它们是修道院学校、主教学校和堂区学校。修道院的学生分为两类：一类是准备学成后充当神职人员的儿童，他们自幼入院并住宿在修道院内，称为"内修生"，他们要遵守严格的教规，不能过正常人的生活，毕业后终身从事圣职；另一类是学成后

❶ ［奥地利］赖因哈德·西德尔：《家庭的社会演变》，王志乐等译，北京：商务印书馆，1996年，第 92~97 页。

❷ 金莉：《十九世纪美国女性高等教育的发展轨迹及性别定位》，《美国研究》，1999 年第 4 期。

仍为俗人，不准备当修道士的学生，他们每天走读，住在家中，只是按时到修道院接受教育，称为"外修生"。修道院学校的学生一般在 10 岁左右入学，学习年限大约为 8 年。修道院学校主要的学习任务是讲授《圣经》，有些也教授学生简单的读、写、算等基本知识，后来，又增加了部分的古希腊和罗马时代的知识，最后，逻辑、语法、修辞、数学、几何、天文、音乐七艺也被纳入到课程范围内。

主教学校设在主教的所在地，学校的性质和水平与修道院学校相近，学校设备较好，课程内容也比较丰富，但学校数量有限，不能容纳很多学生就读。堂区学校设在教堂所在的城市和村落，往往是附设在教堂的门厅或是牧师的家中，没有专门的教学用房，学校规模很小，用拉丁文教学生识字、写字和诵读祈祷文，也教唱宗教赞美歌，极少数的学校还教给学生一些计算知识。堂区学校主要是面向平民子弟进行初等教育，到了中世纪晚期，堂区学校得到较快发展，成为西欧中世纪最普遍的学校教育形式。

3. 中国的私学教育（女学）

中国古代私学教育产生于春秋时期，其中以孔丘的私学规模最大和影响最深远，孔丘把"诗、书、礼、易、乐、春秋六经"作为教材，对学生进行儒家思想的传授与"礼、乐、射、御、书、数"六种技能的培养。到东汉末年，私学已取得了压倒官学的地位，马融、郑玄等古文经学大师的私学学生往往也达数千人之多。

从汉代开始，私学主要分为两种类型，第一是讲授蒙学的书馆，明清以后包括私人设立的学塾、村学和蒙学，使用《百家姓》《三字经》《千家诗》和《杂字》等启蒙教材，通过习字、读书和作文对 8 ~ 15 岁的儿童和青少年进行礼仪规范和生活常识的教育，如《三字经》全书仅 1280 字，既有道德规范的内容"融四岁，能让梨"，也有数目、四时、五行、五谷、六畜等基本名物。第二，是专攻经学的经馆精舍和精庐等，由名儒聚徒讲学，唐代以后形成书院形式，学生大多为 15 岁以上已念完蒙学的少年。清代全国的书院有 2000 余所，主要讲授《大学》《中庸》《论语》和《孟子》等四书五经，为学生参加科举考试，走学以致仕的道路做准备，因为"学成文武艺"的目的主要在于"货以帝王家"。

从汉代开始，中国古代的小康之家中还盛行着一种延请塾师为适龄女子开设以妇德、妇言为主的女学教育，所用教材既不同于参加科举男子所使用的四书五经，又有别于蒙学读物，内容集中于妇德、妇职和闺门礼仪等。著名的教材有刘向的《列女传》分母仪、贤明、仁智、贞顺、节义、辩通、孽嬖 7 类，每类代表人物 15 人；班昭的《女诫》分卑弱、夫妇、敬顺、妇行、专心、曲从和叔妹 7 篇，讲女子的立身处世之道，并拟出了约束女子言行的准则；吕坤的《闺范》辑录了经传典籍及历代女教家训的"嘉言"，分为历代妇女可资效仿的"女子之道""夫妇之道""妇人之道""母道"和"姊妹之道"等 9 类善行。此外，流传甚广的女学教材还有《女论语》分为立身、学作、学礼、早起、事父母、事舅姑、事夫、训男女、营家、待客、和柔、守节 12 章，语言浅显通俗。由此可知，中国古代女学的目的就是要形成女子"宽裕慈惠，温良恭敬，慎而寡言"的思想品德，从而履行自己做贤妻良母的家庭与社会职责。

（二）工业革命中的西方学校教育

在 20 世纪 60 年代之前，由于社会对两性不同的角色期望，男性应该接受学校教育特别是高等教育并不会产生任何疑问，而对女性有无接受高等教育的必要则争论了很长时间，既然上帝的意图是让女性结婚和生儿育女，那么就不必给妇女深造的机会，她们的初级教育水平已经足以使她们完成神赋的家庭主妇的使命了，为今后顺利进入自己的家庭角色作好准备。

卢梭是这样告诫天下母亲的："不要违叛自然把你的女儿造就成为一个好男子，你应当把她培养成一个好女人，这样对她自己和对我们都有更大的好处"❶，教育女人的目的是要围绕服务男人的中心来设定，让她成为一个哺育男人、照顾男人、劝慰男人，并使男人的生活甜蜜且愉悦的贤妻良母。在课程设置上，早期的大学虽然开设了哲学、数学等课程是为了女性能够更好地精打细算家庭的开支收入。女性必须学习一些数学、科学常识及其他的技能，以使她们更能够胜任当小孩和老年人的看护老师。为了将妇女培养成合格的家庭主妇、男人的美丽装饰物、儿女们称职的家庭教师，女性接受大学教育的话，最

---

❶ ［法］卢梭：《爱弥尔——论教育》，李平沤译，北京：商务印书馆，1978 年，第 537 页。

好选修家政学和教育学等家庭角色所必需的课程，如"在女大学生中，把家政学和卫生健康科学作为自己专业的人很多，达到 1:14"❶。

经过两次女权主义社会运动的洗礼，特别是第二次女权运动后，100 多年前自由主义女权主义提出的"忽视对于我的同胞的教育乃是造成……那种（女性）不幸状况的重大原因"❷。

使妇女有所成就以成为更可尊敬的社会成员，那么她们的受教育程度就应该相称于她们的社会地位，女性从平等受教育，转变为受平等的教育，包括自由选择专业、学科和课程的均等机会才会最终到来。

三、风俗习惯

卢梭认为风尚、习俗、舆论"既不是铭刻在大理石上，也不是铭刻在铜表上，而是铭刻在公民们的内心里……不知不觉地以习惯的力量代替权威的力量……其他一切方面的成功全都有系于此"❸，恰如其分地说明了在日常生活中风俗习惯往往发挥着超越法律的作用。如冈比亚法律保护女孩子免受割礼伤害，法律上也有停止这种做法的愿望，但是因割礼被看作是体现文化的重要象征，而实际上难以立法禁止。即使在埃及，政府本来已将女性割礼视为非法，但却没有起到任何效果，特别是"1997 年政府反倒被一名狂热教徒告上法庭，结果政府败诉，于是，原有的禁令只好被彻底推翻"❹。因此，风俗习惯对两性角色的刻板印象的塑造起到很大作用，其中主要表现为风俗习俗对两性采取双重标准，如严格约束女性行为和控制女性身体等。

（一）推崇贞洁的双重标准

处女崇拜，也称处女膜崇拜。在人类的近亲猿猴类及其他哺乳动物中，都没有发现这样一块有微血管的弦月状的，环绕在阴道出口周围的覆盖物，对于人类女性来说，那块覆盖物则被称为处女膜。在女性的第一次性交时，如果之

---

❶ 王恩铭：《20 世纪美国妇女研究》，上海：上海外语教育出版社，2002 年，第 235 页。

❷ ［英］玛丽·沃斯通克拉夫特：《为女权辩护》，王蓁译，北京：商务印书馆，2007 年，第 3 页。

❸ ［法］卢梭：《社会契约论》，何兆武译，北京：商务印书馆，2001 年，第 73 页。

❹ ［美］威廉·A. 哈维兰：《当代人类学》（第 10 版），瞿铁鹏等译，上海：上海社会科学院出版社，2006 年，第 405 页。

前处女膜完好无缺，它多半会破裂，带来些许疼痛及流血，因此，处女膜成了女性婚前是否贞洁的象征。在看重处女价值的民族中，女子有无处女膜是检验其贞操的唯一标准。哈斯特拉普（Hastrup）在《生物学的语义学：处女》一文中，指出处女不能仅仅从生理学的方面来理解，"处女的意义不能以其自身来理解，作为生物学的事实，然而更重要的是作为一种社会的事实，它作为一种要求和美德，进入了年轻女性的生活"❶。

在《圣经·申命记》第22章第13~21节中这样描述了一位不贞洁女子的命运：如果一个男人发现他的新娘不是处女，他讨厌她而且非常希望摆脱她，那么，除非妻子的父母能够拿出证明女儿贞洁的凭证，并把那块沾有鲜血的布铺在本城长老面前，丈夫必须付给新娘的父亲100舍勒客银子作为赔偿，而且只要他的妻子活着一天，他就不能把她送回到她父母那里去（离婚）；但是，如果新娘的贞洁没有得到充分的证明，那么，丈夫其实马上就可以赶走她，或者处死她。因为依据《圣经》上所说，"那女子会被带到她父亲家的门口，而且本城的人要用石头将她打死，因为她不仅给她的父亲，而且给她的大家族——以色列的12个部落——带来了耻辱"。与处女发生关系的男子必须对其父作出赔偿，并答应娶其为妻，终生不得离婚，如《圣经·申命记》第22章第28~29节中说："若有男子遇见没有许配人的处女，抓住她与他行淫，被人看见，这男子就要拿50舍客勒银子给女子的父亲，因他玷污这女子，就要娶她为妻，终身不可休她。"

在绝大多数文化中，女性的性行为都受到了严格的风俗习惯的约束，如在女性的经期、怀孕期和哺乳期中，性交禁忌是普遍存在的。在大多数一夫一妻制文化中，男性的通奸行为较女性的而言能得到更大的宽容；男性婚前与许多性伴侣发生性关系是可以接受的；男性在性的数量和花样方面也拥有较大的支配权；男人的支配常伴随着对肉欲和性暴力的容忍等。也就是说，这些文化在评判两性性活动时，往往是持双重标准的，即如果女人不忠贞，无论是真实的还是怀疑的，都会受到指责或被抛弃；而男人则可以心照不宣地被期待或被允许有多个性伙伴……因为在约定俗成的性别角色中，妇女往往被要求在性关系

---

❶ ［英］菲奥纳·鲍伊：《宗教人类学导论》，金泽等译，北京：中国人民大学出版社，2006年，第120页。

中保持性纯洁、性无知和性被动，而男性在性行为中的鲁莽、不负责任、攻击和主宰则被视为是男子气概的象征，社会给予了肯定和赞许。

（二）控制身体的面纱文化

20世纪70年代以后，沙特、伊朗、利比亚、苏丹等中东国家政府颁布宗教法令，规定在其境内一定年龄以上的妇女（包括外国人）都必须戴面纱，否则将受到法律惩处。在埃及、马来西亚、文莱、印度尼西亚等地，也出台了一些地方性法规或校规，要求穆斯林女生在校内戴面纱和穿长袖。20世纪80年代以来，中东、东南亚和中亚伊斯兰国家妇女戴蒙面面纱和穿长袍的情况明显增多，并蔓延到一些非伊斯兰国家的穆斯林群体。

伊朗、沙特和利比亚等国政府强调穆斯林妇女戴面纱是信仰伊斯兰教的要求，是穆斯林妇女的义务。伊斯兰社会妇女戴面纱的规定可追溯到《古兰经》❶。《古兰经》第24章第31节说："你对信女们说，叫她们降低视线，遮蔽下身，莫露出首饰，除非自然露出的，叫她们用面纱遮住胸膛，莫露出首饰"。这里提到的"面纱"就是从头顶下罩，能罩住全脸，遮住头发、耳朵、脖颈，露出眼孔的方形纱巾（尼卡布）。穆罕默德要求信女们戴面纱或盖头主要有三个目的：一是为了保护妇女私有财产不受侵犯。"用面纱遮住胸膛，莫露出首饰"；二是出于保护妇女不受男性的性侵犯，暴露女性的曲线和美貌可能招致性犯罪；三是出于对真主的尊重与对伊斯兰教的信仰，如"到了行经年龄的女人礼拜，必须戴上盖头，才能得到安拉的悦纳"。

在19世纪以前，伊斯兰国家并没有强制要求穆斯林妇女戴面纱，穆斯林妇女着装因地制宜，戴面纱的现象也不普遍，也没有引起社会争论。穆斯林妇女面纱问题的升温，源于20世纪的伊斯兰复兴运动和沙特瓦哈比派的崛起。瓦哈比教派有着强烈的原教旨主义色彩，对宗教仪规和着装的要求较为严格，当它成为沙特国教后，就导致境内穆斯林妇女的普遍戴面纱。而1979年伊朗发生"伊斯兰革命"后，霍梅尼上台后全面推行政教合一和伊斯兰化，妇女戴面纱就成为社会伊斯兰化的重要标志。伊朗政府还将公共场合行为的宗教限制纳入伊朗法律体系，并由道德警察强制实施。如果女性在公众场合卷起了袖

---

❶ 《古兰经》，马坚译，北京：中国社会科学出版社，1996年。

子或是头纱没有盖住头发，一旦被道德警察发现，就会被拦住要求改正。

由于大量的穆斯林移民进入法国，面对随处可见的面纱，法国议会多数人认为，面纱和罩袍是压制妇女地位的象征，把妇女当成"掩盖物下的囚犯"，是对妇女尊严的侮辱，因此法国不欢迎穆斯林罩袍。2010 年 9 月，"面纱与罩袍禁令"在法国正式生效。这项半年前经法国议会通过的法律正式名称是《禁止在公共场所掩藏面部法》。"面纱与罩袍禁令"规定，禁止在公共场所，如街道、车站、公园和商场等地穿戴伊斯兰蒙面罩袍"布卡"，违者将受到150 欧元罚款，并强制接受公民培训。然而此举遭到了不少穆斯林妇女穿戴面纱或罩袍在巴黎圣母院前举行示威活动，认为把伊斯兰的宗教习俗单独拿出来讨论是一种歧视性行为，是对全体穆斯林的污蔑，并有可能引发极端行为。

第二节　刻板印象的生产场所

1935 年，米德在《三个原始部落的性别与气质》一书中对新几内亚三个原始部落的研究表明，"文化总是煞费苦心、千方百计地在错综复杂的条件下，使一个新生婴儿按既定的文化形象成长"[1]。其实刻板印象正是性别文化的产物。也就是说，在性别社会化的家庭、学校和工作场所，个人在父母、师长、同辈群体以及大众传媒的引导下，学习和模仿并最终在社会的分层系统里找到了自己的性别位置。

一、家庭是性别社会化的最初场所

广义社会学认为性别角色是实施社会控制的手段之一，儿童期是性别社会化的重要时期，家庭是儿童社会化的重要场所，父母和家庭中的其他成员是孩子模仿性别角色的重要他人，他们给儿童提供了如何满足角色期望和扮演角色的技术性信息，"直接或无意识地塑造着孩子们的人格与认知能力"[2]。

---

❶ ［美］玛格丽特·米德：《三个原始部落的性别与气质》，宋践等译，杭州：浙江人民出版社，1998 年，第 307 页。

❷ ［美］L. 达维逊：《性别社会学》，程志民等译，重庆：重庆出版社，1989 年，第 18 页。

（一）父母是儿童性别社会化的重要他人

在儿童的出生之家中，与儿童日常接触最为密切的家庭成员如父母、祖父母和其他成员，都是孩子们模仿性别角色的榜样。从幼儿时代起，家庭教育就将男女置于不同的领域进行规范和训练，将两性的行为模式及角色要求内化为个体的行为规范。特别是母亲对年幼的孩子的态度往往决定了性别角色的发展，如父母鼓励女童学做帮手，依赖和关心别人；鼓励男童学会主动、独立和保护别人，等等。在云南宁蒗的摩梭人社会中，俗话说"女亲娘大"，指的就是女孩从小就会模仿自己的母亲进行纺织、炊馔、喂养家禽、汲水、砍柴，甚至有的母亲还会让自己的女儿背上一个布娃娃，"学习如何喂养孩子，如何与孩子玩耍等"❶。性别角色的形成正是在个体习得文化对性别的界定及角色期待中完成的。

由于母亲与养育、保暖和包容等一系列与婴幼儿相关的功能有关，母亲较之其他家庭成员更有可能成为儿童性别社会化的重要他人。心理学的研究表明，从8个月到四五岁时，是孩子情感学习的重要阶段，"孩子的情感危机集中在独立与害羞及怀疑这一矛盾情绪上，并与母亲的所作所为有关"❷，亲子互动是塑造儿童性别认知的前提与条件。在家庭中，母亲发挥着照料丈夫和孩子的再生产功能，如为婴儿换尿布、做饭、打扫房间、浆洗与缝补衣服等，这些行为本身并不具有什么决定性的作用，但它们反复出现，年幼的孩子经过学习并加以模仿，就能塑造出与性别一致的行为反应模式。

由于挣钱养家成了父亲的职责，抚养孩子日益成了母亲的责任，男性很少承担家务，"在家看孩子或做饭的男人被取笑为没有能力驯服自己的妻子或者是怕老婆的人。这种男人在社区里被人看不起"❸，因此，父亲不愿更多地分担家务，也是受制于性别角色观念。因为如果男性参与再生产活动，则意味着降低了男性的等级地位，削弱了男性对家庭成员的支配权。

---

❶ 杨筑慧：《中国西南民族生育文化研究》，北京：中央民族大学出版社，2006年，第238页。

❷ ［美］罗斯·埃什尔曼：《家庭导论》，潘永康等译，北京：中国社会科学出版社，1991年，第520页。

❸ 迪帕·纳拉扬等：《在广袤的土地上》，崔惠玲等译，北京：中国人民大学出版社，2004年，第213页。

（二）家庭的性别社会化内容

正因为家庭这一社会设置，使得母职或父职的任务就在于诞下生理发育符合医学鉴定，能够顺利取得出生证明上明确性别归属的儿童，并按照不同性别冠以适当的名字，养成合宜的穿着和举止言谈，成长后选择正确性别的伴侣，从而避免教养出性别偏差的下一代。

1. 配合医生确认阴阳儿的性别器官

对个人而言，性别角色的建构从一出生就开始了，其基础就是根据婴儿外生殖器形状确立生理性别类型，如果儿童没有明确的性别在成长过程会遭遇极大的社会压力和他人异样的眼光，即使生理健康人格发展也会出现问题。

福柯注意到，每一个个体的社会角色的关键特点是，"他必须有单一的，真实的性属，一个个体要么是男性，要么是女性，因为两性体是虚假的或冒充的性属"[1]。而"阴阳人"就是指内部或外部生殖器组织有不止一种性征的人，他/她们身上兼有女性和男性的性征，包括真性阴阳人（既有睾丸又有卵巢，体内有两种性腺）和假性阴阳人（男性假两性畸形或女性假两性畸形，体内只有一种性腺）。

在大约每 2000 个新生婴儿中，就有一个是阴阳儿。为了获得符合医学鉴定所需的明确性别，顺利取得出生证明上的性别归属，大部分焦急困惑的阴阳儿父母就会听从医生的建议，通过外科手术尽快明确阴阳儿的性别，对小于18 个月大的阴阳儿模棱两可的外生器官进行矫治，借助外科技术造出外观上几可乱真的人工阴道，并借助内分泌原理对阴阳儿进行终生的荷尔蒙治疗……父母则配合医生对矫治后的孩童进行与其生殖器相一致的性别角色建构工作，包括选择适当时候告诉他/她真实情况等，并保证他/她成年后不会对指派的性别有异议而要求重新更换。

学术界关于阴阳儿矫治方面的相关文献资料十分罕见，少数几篇讨论阴阳人案例的医学专业论文也大多着眼于致病原因、诊断和外科手术过程等。1990年，科瑟勒（Suzanne Kessler）在《性别的医学建构》[2] 一文中则通过访谈经

---

[1] ［英］布莱恩·特纳：《身体与社会》，马海良等译，沈阳：春风文艺出版社，2000 年，第 79 页。

[2] Suzanne Kessler（1990）. The Medical Construction of Gender: Case Management of Intersexed Infants. Signs: Journal of Women in Culture and Society, Vol. 16, No. 1（Autumn 1990）. pp. 3–26.

手阴阳儿矫治的医生，揭示当代医疗体制是如何运作知识上的权力和体制内的资源来修补制造出符合主流社会标准的性别。也就是说，只要一个人拥有明确的生理性别，才能顺利地建构自己的性别角色，特别是术后的阴阳儿才能发展出与他/她被指派的性别互相协调的性别认同。

目前，在国际阴阳人权利保护组织的努力下，父母和医院开始放弃在婴儿出生之初决定婴儿性别的做法，而改为在孩子成年后由其自己来决定性别归属。2013 年 9 月，澳大利亚成为世界上第一个提出有关性别识别法律准则的国家，根据澳大利亚的分类原则，无论是否经历过变性手术或激素疗法，个人都有权选择第三分类，此法适用于所有个人文件。从 2013 年 11 月开始，德国人的出生证上除了标准的"男性"或"女性"选项外，还增加了"空白"选项❶。也就是说，除了家长可以选择确定自己宝宝的性别外，那些出生时具有两性特征的孩子也可以选择在成年后再决定自己是做一名男性或者女性。

2. 两性的命名、穿着、玩具与参加活动❷

依据儿童的不同性别，父母为儿童取名、穿衣打扮、玩具购买和参加活动等来体现他们对不同性别角色的期待，如父母们对男孩的未来期望更倾向于：有显著的工作成就、有名誉、有地位和受人尊敬；对女孩的期望更倾向于有较高的生活水平、家庭美满和生活平安等。

从命名来看，我国汉族男孩的名字中常有"强、志、勇、伟、聪、海、宇、龙、虎"等字样，表达"坚强、勇敢、智慧、博大、充满生机"等含义；而女孩的名字中常常有"贤、淑、丽、梅、月、静、清、兰、雅"等字样，表达"美丽、安静、贤惠"等含义。英语世界中男孩的名字往往也具有"强壮威武、勇敢机智、坚忍不拔"等意义，如 Andrew（豪迈的）、Benjamin（骁勇的卫士）、Dick（勇敢的）、Donald（世界领袖）、Duck（领导者）、Richard（强大的统治者）、William（意志）、Frank（坦诚）、Robert（明亮的火焰）和 Charles（大丈夫）等。而女孩的名字蕴含着"美丽优雅、可爱顺从"等寓义，如 Catherine（纯洁的）、Daisy（雏菊）、Donna（淑女）、Emily（和蔼可亲

---

❶　http://www.china daily.com.cn/language_ tips/news/2013 – 08/19/content_ 16904636.htm.

❷　章立明：《结构与行动：西双版纳傣泐家庭婚姻中的社会性别分析》，北京：人民出版社，2011 年，第 228～244 页。

的)、Grace(优雅的)、Linda(美丽的人)、Rose(玫瑰花)、Lily(百合)、Alice(美丽)、Allen(阳光)和 Jenny(文静)等。

其实在特定的生活情境下,通过服饰和玩具也能表达出性别的差异。如大多数父母都会在孩童 2~3 岁前给他/她穿不分男女的童装,之后男孩穿表现男子气的服装,玩具是枪、汽车和建筑积木等;女孩则穿粉色的、蕾丝的,表现女孩可爱和漂亮的服装,玩布娃娃和长绒毛动物等玩具。

此外,父母鼓励男孩参加的兴趣活动一般是棋类、体育类和航模类等,而女孩子一般参加的活动是舞蹈、书法和乐器等;在游乐场中,过山车,摩天轮等活动强度较大的项目中,男孩往往占据了多数,这类"男孩的活动"在一定程度上鼓励了男孩的果断性、探索性和独立性等特质;而在一些"女孩的活动"中,女孩的模仿性、依赖性以及情绪敏感性都得到了加强,从而塑造出女孩听话、安静、顺从和乖巧等女性特质。

二、学校是性别继续社会化的主要场所

学校是儿童性别继续社会化的重要场所,通过教科书刻板印象的潜移默化,教育过程中教师对男女学生的不同期望与性别归因等,从而深一步强化了性别角色的刻板印象,对形成儿童性别角色的固化起到至关重要的作用。

(一)中小学教材中的刻板印象

中小学学校的教材、馆藏书目、报纸、书刊、各种课外读物都被看作是具有权威性的文化资源,其中存在的性别角色的刻板印象就是形成学生性别认知的重要来源之一。

从 1995 年起,我国陆续有学者进行中小学教材中的性别刻板印象研究[1],其中以 2000 年 9 月,史静寰主持的"对幼儿园、小学、初中和成人扫盲教材

---

[1] 肖龙江:《中国文化和美国文化中儿童性别角色的社会化》,《外国中小学教育》,1992 年第 5 期;朱晓斌:《从我国三种小学语文课本看儿童性别角色的社会化——兼与美国一种阅读课本的比较》,《教育研究》,1994 年第 10 期;曾天山:《论教材文化中的性别偏见》,《西北师大学报》,1995 年第 4 期;金庆花等:《中小学语文课本中的女性形象研究》,载史静寰主编:《妇女教育》,长春:吉林出版社,2000 年,第 422~428 页。

的性别分析"❶课题最有代表性。研究人员选取了流行的幼儿童话、北京地区广泛使用的幼儿园教材，以及全国大部分地区使用的人民教育出版社出版的语文、社会、历史和英语课本作为研究对象，通过教材中的男女性别角色的内容和活动来呈现教材是如何生产性别的刻板印象。如男性知识渊博、能力高超、独立自主、志向远大、顽强进取；女性则无知低能、温和美丽、寻求同情和保护；确立不同性别角色的活动领域，把可以成就事业的公共领域安排给男性，而把家庭事务、子女养育以及一些地位较为低下的公共事务安排给女性；把报酬高的职位安排给男性，而把次等的、报酬低的职位安排给女性等。具体而言，从公共领域来看，男性人物所从事的职业涉及社会生活的方方面面；而女性人物从事的大多是表现耐心和服务性特征的教师、护士和售货员等。而在家庭领域，母亲角色出现的比例明显高于父亲，但是"无所不知"和"无所不能"的父亲形象是其与家庭中的权威地位有关，而母亲多以"家庭保育员"的身份出现，常常不能回答知识性甚至是常识性的问题。

这些教科书的影响作用是潜移默化的，教科书中的性别刻板印象会产生"累积效应"，最坏的后果是导致女生产生内化的性别自卑感，认同性别歧视者的价值观，导致较低的自尊和自我实现。也就是说，女生勤奋学习，学到的却是自己的性别在文化中低劣的定位，她们很难找到偶像性榜样来激励自己，女生的好成绩反而在很大程度导致了她们较低的自尊心。

（二）中小学教师的性别期望与性别归因

教师是孩子走出家庭，走向社会最先遇到的权威，每个孩子对老师的追随又进一步巩固了老师在孩子心目中的权威地位。教师是学校性别文化的具体实施者，大量从事中小学教师的女性本身就是性别刻板印象的产物，他们对男女学生的性别期望和性别归因对学生性别角色的形成具有重要的作用。由于教师的言行成了儿童的榜样，特别是教师对待不同性别学生所采取的不同互动方式，在极大程度上对儿童的性别社会化产生不同影响，儿童往往容易把自己塑造成老师所期望的样子。

---

❶ 史静寰：《走进教材与教学的性别世界》，北京：教育科学出版社，2004 年。

1. 中小学教师中的女性占比高

按照父权制社会的惯例，一个职业随着女性人数和所占比例的增加，其职业声誉与收入水平就会相应降低。如同社会上许多职业一样，教师职业最早也是男性精英的专属领域，如1870年，英国男教师的数目略高于女性（100∶99），到了1930年，女教师人数已远胜于男性（100∶366）。美国也是这样，在1840年时还只有39%的教师是女性，但在1930年时，女教师的比例已经高达89.5%。随着大量女性进入教师行业，教师工作也被定义为"女性的专业"，就是强调教职的母性特质——爱心、耐心、温和和包容等，女教师在学校从事的工作成为家庭中母亲角色的延续。

2010年，在全球142个国家或者地区中，小学女教师比例普遍较高，其中将近一半的国家或者地区的小学女教师比例均在80%以上，与2005年相比，大部分国家中小学女教师比例均有所升高❶。在小学阶段，包括中国、韩国、芬兰、德国、法国在内的63.6%的国家女教师比例有所上升，而俄罗斯、英国、美国、葡萄牙等22%的国家女教师比例有所下降。在中学阶段，包括中国、法国、韩国、德国在内的70%的国家女教师比例有所上升，而美国、西班牙和沙特阿拉伯等17.8%的国家女教师比例有所下降。也就是说，中小学教师中女性占比高过男性已经成为一个世界性现象，如2012年，韩国小学、初中、高中所有教师当中，有76%是女教师，男性教师的占比不到3成，但在管理阶层的校长一职上，女性校长又往往占比过低。

在中国社科院和北京师范大学教师教育研究中心联合发布的《中国中小学教师发展报告（2012）》中，"我国中小学女教师所占比例已达52.93%"。其中，小学城市女教师比例高达79.39%，这是因为男性当中小学教师尤其是小学教师，往往会被认为是"没出息"。尤其是师范类男生大多选择计算机和体育专业，而中小学校对这类教师的需求量又较少，语文、数学、英语等大科目才是"重头戏"，因此，每年进入学校的新教师中仍是女教师占了绝大多数。

2. 教师对不同性别学生的期望

在学校，教师对于男孩和女孩的特征、能力、责任等方面，都存在着明显

---

❶ 杨晓琳等：《各省份中小学教师发展水平比较研究》，《教育研究》，2013年第10期。

不同的角色期待，如认为男生积极进取、果断、独立、理智、喜欢冒险、竞争性强、善于解决复杂的和带有创造性的问题；女性则贤惠，竞争性弱，依赖性强，易受暗示，富有情感，成就动机弱，推理能力弱，较适合于解决一般的和非创造性的问题。

在史静寰主持的"对幼儿园、小学、初中和成人扫盲教材的性别分析"项目中，研究者设计了一个实验来了解初中理科教师存在的性别刻板印象。首先给出了两个学生共有的几条学习特征，例如，爱问问题、下课后经常自己花费大量时间钻研书上的推导和证明，爱看课外书等。研究者并未直接说明两个学生的性别，但是学生的名字暗示了学生的性别。研究结果发现，理科教师们对两个学生的学习成绩、学习方法、学习能力、智力水平、业余爱好、知识面水平和发展潜力方面有着明显不同的看法。教师普遍认为拥有男性特征姓名的学生（王健）是个成绩优良、学习方法正确、能力强、聪明好学、知识面广具有很强发展潜力的孩子。而教师却倾向于认为拥有女性特征姓名的学生（王蕾）学习方法不佳，能力不强、不聪明，爱看课外书耽误了学习。只是在学习用功程度上，大多数教师认为王蕾比王健用功。而耶鲁大学的一项研究报告间接地支持了这一结论●，也就是说，只需用"詹妮弗"这个名字替换"约翰"，就可降低公众对一位潜在科学家简历的评价，这也可部分解释为什么女性学者的研究成果往往难以得到认可，包括出现前文提到的引用率低的问题。

3. 教学过程中的性别归因

由于教师对不同性别学生的不同期望，会反映在其教学过程中的言语和行为中。他们会鼓励那些获得较高期望的学生，强化其行为中的积极方面，这无疑有助于增加学生的自信心，并表现出更多的积极行为；同时，教师又会无形中使那些获得较低期待的学生降低了自我评价，压抑了自身潜能的发挥。

教师对两性学生的态度会随着其年龄的变化而变化，在小学阶段，教师更关注女生，欣赏并相信女生的能力，但初中以后，教师开始怀疑并放弃女生，转而对男生抱有更大的希望。教师更多地欣赏男生在冒险、创造、学习方面的表现，而在对女生的清洁卫生、遵守纪律、听话等方面大加赞赏。比如，如果

● 《为什么女性不愿进入科技领域？》，http：//www. china review news. crn – webapp/searoh/auDetail. jop？ id = 102821791，2013 – 10 – 25。

是女孩学习成绩好，老师更倾向于表扬她勤奋努力，而男孩成绩好，老师会表扬他聪明；而如果成绩不佳，女孩则会被批评不聪明，男孩子就会被评价是基于不勤奋，只要稍加努力就会成绩提高。教师最强烈的自相矛盾的观点是：成绩最优秀的女生被认为是愚蠢的，而几乎刚能得到成绩"良"的男生却被认为是最有才气的。

这种性别归因在男女学生那里产生不同的效应，使他/她们在教师有区别的互动中，逐渐意识到性别角色方面的差异，并且不断内化自己的性别认识，按照性别角色所要求的行为方式去行动和去表现，于是，男孩不断增强和发展他们的独立性、好胜心、独创性，使其创造力不断被激发，而女孩的创造潜能则在不自觉地受到忽视甚至贬低，导致女生容易降低自我期待，从而真正的抑制了自己的创造能力。

由于教师认为男性聪明，擅长逻辑思维，有创造力，因此通过教学过程来给予有效反馈和过高的期望，这种强调男生能力，高估男生成功的教学方法一方面的确对部分男生起到了自我实现的预言作用，但是往往增加了全部或者是更大一部分男生的心理压力，使得男性无法面对来自家长更主要是教师的过高期待而感到莫大的压力。也就是说，在性别刻板印象的生产过程中，男女两性都是受害者，其中尤其以女性受到的伤害更甚。

三、社会是性别终生社会化的重要场所

个人获得性别角色刻板印象的途径，除了通过日常生活与父母、师长等的直接互动外，还可以通过传媒影响等间接方式获得，也就是说，大众传媒在个体性别终生社会化的过程中扮演了重要角色。布尔迪厄认为，"电视不利于表达思想，它必须在'固有思维'的轨道上运作"[1]，其实电影、广告、文艺作品、报刊等大众媒介都在强化已经存在的性别刻板印象，通过树立榜样，不断地重复刺激，引起个体的认同和模仿，并最终将刻板印象确立的含义固化下来。随着互联网、智能手机等新媒体的发展与广泛普及，大众特别是青少年与媒体的接触无处不在，可以受到的影响也愈发明显。

---

[1] ［法］皮埃尔·布尔迪厄：《关于电视》，许钧译，沈阳：辽宁教育出版社，2000年，第28页。

（一）媒介中的两性角色

媒介中的男性角色大多定位于公共领域，具有英雄、成功人士、学者、开拓者、领导者、知识权威或者专家等社会身份，即使是家庭生活中也是处于家长的权威地位；而女性大多定位于私人领域，是母亲、妻子或者是从事辅助工作的助手和下级，处于次要角色的地位。

1998年，冯媛在《女性在新闻中的存在——关于八家主导报纸新闻版新闻的研究》一文中[1]，对我国八家主导报纸（《人民日报》《光明日报》《法制日报》《经济日报》《农民日报》《中国青年报》《工人日报》和《文汇报》）中两性出现的频度、角色和身份进行了统计。其中男性新闻人物在出现频度、被引用频度、被拍摄频度方面都远远多于女性，他们在文字和图片新闻中都是压倒多数的主角，其中在有言论被引述的新闻人物中，男性占91%，女性占9%；男性新闻人物中的职业身份较重要者（如政治领导人，企业团体负责人）占男性新闻人物的70%，女性新闻人物中政治性身份仅占18.7%。一般来说，男性新闻主角担任的职业丰富多彩得多，大部分是教授、医生或者政界要人等，具有稳定、突出的职业身份和事业型形象，常常活动在各种职业和社交的场合；而关于妇女的新闻报道不大被认为具有新闻价值，妇女作为再生产劳动的主要角色在公共领域里被边缘化了，特别是在具体节目中妇女也远不像男子那样抛头露面。

研究者对广告中的女性形象分析发现[2]，广告中的女性职业角色有51.6%为家庭妇女，而男性职业角色中为科教文卫领导者和管理者的占47%；广告中女性出现的地点51.5%是在家庭，和厨卫用品洗衣粉、肥皂、洗衣机、抽油烟机、味精和酱油等广告联系在一起，出现在工作场所的只占14.4%，而男性即使出现在家庭中，31%是正在娱乐休闲而做家务的只占5.3%。

（二）媒介中两性看与被看的关系

1972年，伯杰（John Berge）在《观看之道》一书中曾指出："女性自身的观察者是男性，即被观察者是女性。这样她将自身转化为一个客体，尤其是

---

❶ 冯媛：《女性在新闻中的存在——关于八家主导报纸新闻版新闻的研究报告》，《浙江学刊》，1998年第2期。

❷ 刘伯红等：《试析我国电视广告中的男女角色定型》，《妇女研究论丛》，1997年第2期。

转化为一个视觉的客体，即一种情景"❶。男性本位的视觉文化把男性和女性的关系置于"看/被看"的模式中，这一模式不仅让女性成为男性目光中的审美对象、观赏对象，甚至成为男性欲望的投射对象。

媒介中的女性呈现出一种被看、被评价和被利用的物化状态。女性的皮肤、头发、脸蛋、身体曲线……妖娆、性感、多情成为审美标准，即便成为高高在上的被男性追逐、跟随的对象，也还是脱离不了性别角色的刻板印象，"美的对象""贤妻良母"或者性工具或商品等。此外，男性本位观念的审美观也在把自身的价值判断和审美趣味巧妙地内化到女性看待自身的视线中去，即男性看，女性被看，女性看被男性看的自己。这样，符合男性欣赏标准的女性美就成社会的女性美标准，并且不断地改造女性的审美观和对自身的认识。从 20 世纪 60 年代中期开始，妇女就想到用硅填充术来丰乳，并通过外科整容术来吻合社会对理想女性的审美标准。从 20 世纪 60 年代起，隆胸就成为美国仅次于抽脂而居第二位的整形手术，做隆胸的女性多达 100 万～200 万人，特别是在 1981—1989 年的 9 年间，隆胸手术数量增加了 80%，每年有 150 万人即 1/60 的美国女性会选择这个外科手术，其中 70% 的人就是为了使自己显得更性感和更年轻。据报道，从 2003 年以来我国国内已有近 50 万女性注射过奥美定，其中 30 万人出现了严重的后遗症；"而在香港 53 名注射了奥美定的女性中，也有人陆续出现不良反应，其中的 6 人更要被切除乳房"❷，由此可见我国的丰胸市场也具有庞大的消费能力和巨大的消费潜力。

2006 年，中国社科院新闻与传播研究所发布的一项研究显示❸，电视广告中明显存在着过分突出女性性特征的现象。26.4% 的女主角衣着突出了身体的性特征，而男主角则为 4.1%。在出现女主角的广告中有 63.5% 的特写镜头，而在出现男主角的广告中则仅为 26.2%。研究数据还显示，61.5% 的广告以女性作为商品的招徕对象，26.4% 的广告中女性是性对象，创意更突出女性的容貌、身材和性感体态。也就是说，广告中女性的时尚形象大多是与"性"挂钩的，在化妆品、美发用品、减肥产品、日用产品等广告中出现的无一不是

❶ John Berger（1972）. Ways of Seeing. London. Penguin Books. p. 47.

❷ 《广州信息时报》，2006 年 6 月 11 日。

❸ http：//www. cctv. com/news/china/20060306/100140. shtml.

年轻靓丽的女性；时尚类、健康类、娱乐类和休闲类刊物的封面，也都是美丽而光彩夺目的人体，尤其是女性的身体；而选美活动、模特秀、真人秀、时装秀中的女性身体都是一个个被审视、被评估的对象。

第三节　干预性别刻板印象的生产与再生产

如果从动态的角度来看，性别刻板印象的生产是个人在家庭、学校和社会中，通过与父母、师长和同辈群体的互动中，学习什么是被期待的、看到什么被期待，按照被期待的方式行动反馈，通过个体的内化形成认知，并最终接受下来。当然，在贯穿一生的社会互动中，个人在建构性别刻板印象时也在消解它，包括部分地改变性别角色规范，而干预刻板印象的生产与再生产还需要从外部环境加以刺激，贝克（Ulrich Beck）认为："在以男女不平等为先决条件的制度化结构之中是无法创造出男女之间的平等的"[1]，虽然要历经漫长的时期，但至少已改变了部分的刻板印象内容。

一、个体的内化生产与再生产刻板印象

家庭婚姻制度、教育制度以及风俗习惯为性别刻板印象的生产提供了一种可能性，而只有个体接受性别社会化的内容，将父母、师长以及媒介的角色期望和性别规范转化为自身稳定的认识时，他/她才会控制自己的行为，"当一个人经历了占统治地位的文化规范给予其以深刻印象的社会化过程之后，他（她）几乎不可能发生越轨行为或违背规范"[2]。随着他/她社会角色（父母）和职业身份（教师）的变化，又会把他/她接受的刻板印象继续在代内和代际之间传播，因此，两性个体既是性别刻板印象的生产者也是再生产者，因此，才形成性别刻板印象的稳定性和连续性。

---

[1]　Ulrich Beck（1992）. Risk Society：Towards a New Modernity, trans. Califarnia：Sage Publication p. 109.

[2]　［美］L. 达维逊：《性别社会学》，程志民等译，重庆：重庆出版社，1989 年，第 5 页。

（一）女性生产与再生产刻板印象

个体包括学习、教化、接受暗示得知适宜自己性别的方式行事，发展出性别身份认同，在与他人交往时按照性别角色刻板印象的要求来表现社会性别。个体可以改变社会性别中的一些因素，可以暂时或永远地改变社会性别内涵，但是他/她们必须使自己符合部分社会认同的刻板印象，"如果我们恰当地表现了社会性别，我们同时维持、再生产并合法化了这种制度安排……如果我们没有恰当地表现社会性别，作为个体，而不是制度安排，我们会被要求解释（自己的个性、动机和企图）"❶。

1. 女性生产性别刻板印象

女性在性别角色上受到的灌输、训练与她们自己实际的经验，让大多数女性都接受并内化了一些观念。正如波伏娃在《第二性》中所说："人们教导她说，为了讨人喜欢，她必须尽力去讨好，必须把自己变成客体；所以，她应当放弃自主的权利。她被当成活的布娃娃看待，得不到自由"❷。性别规范内化人们走路、动作甚至吃饭的方式，如男人和女人学着用不同的方式走路，以表明他们在社会中的不同地位，社会秩序建构个体的社会性别规范和期待，并迫使个体遵循之。如女性学会穿不同的衣服，从小姑娘到生育年龄的处女，从妻子到母亲，她们通过无意识的模仿或明确的服从来接受文化的定规，如"不知不觉地获得了束腰带或头发，走路时让身体的这个或那个部分摆动或保持静止，显示面部表情和把持目光的良好风范"❸，于是，女性完成了服从角色的塑造过程，"似乎可以在鞠躬、低头、弯腰、低垂这些事实和弯曲姿态中找到一种自然的表现，相关的顺从被视为与女性相称，基础教育倾向于反复灌输整个身体或身体这个或那个部分的举止方式，如微笑、垂下眼睛、容许别人打断说话，展示了人们如何教妇女占据空间、走路和采取适当的身体姿态"❹。

2011 年，北非和西亚的阿拉伯国家爆发了以"民主"和"经济"等为主题的"阿拉伯之春"民主运动，运动中妇女们上街示威游行反对政府的取消

---

❶ C. West and D. H. Zimmerman. Doing Gender. Gender & Society, Vol. 1, No. 2. 1987. p. 146.

❷ ［法］西蒙娜·波伏娃：《第二性》，陶铁柱译，北京：中国书籍出版社，1998 年，第 324 页。

❸ ［法］皮埃尔·布尔迪厄：《男性统治》，刘晖译，深圳：海天出版社，2002 年，第 34 页。

❹ ［法］皮埃尔·布尔迪厄：《男性统治》，刘晖译，深圳：海天出版社，2002 年，第 35 页。

盖头禁令，呼唤收回穆斯林女子戴上盖头的人权和自由，而且越来越多的妇女也开始戴上面纱。本来阿拉伯女权主义者早在 20 世纪 20 年代就抛弃的面纱，经历了 70 年代伊斯兰革命后的强制佩戴，现在则自动地被妇女重新戴回到她们的女儿或孙女身上。对于这种妇女自愿佩戴面纱的行为，或许正如有的妇女在 20 世纪 90 年代所说的，戴面纱是一种伊斯兰反抗西方的方式，"控制我们的最好方式是毁灭我们的文化和宗教信仰……面纱是妇女信仰及对其文化忠诚的标志，也是抵抗的武器之一"●。当然，也可以说，伊斯兰妇女佩戴面纱行为本身就是她们已经把宗教规范内在化的表征之一。

2. 女性再生产刻板印象

父系继嗣是与嫁娶婚相匹配的，它的设置是为了有利于父系家庭的延续，是再生产男性优越的制度设置，作为家庭社会关系的一个特征，这一机制的中心支柱是一个充当户主的地位较高的男性控制着个体家庭的经济资源和社会资源，财产的占有和继承在相邻代际的男性之间传递，而女性的财产权、人身权和人格权依附于与其关系最为密切家庭成员（父亲、丈夫或儿子）。

女性通过生育男孩巩固自己在夫方家庭中的地位，因为"生育是一个女人在社会获得地位的唯一的手段，她所提到的回报是儿子对她的孝顺和抚养。这是一种由父权体系所设立，由妇女自己操作的压迫制度，其目的就是通过这种婆婆的压迫和解脱婆婆的压迫来使妇女更彻底地献身自己的使命——再生产父系父权制"●。正是在这个意义上，可以说"母亲既是家庭中资源不平等分配的受害者，又是资源不平等分配的施行者"●。在家庭生活中，父亲主内，做决定，母亲来执行的模式，这一方面是妇女和女童社会资源匮乏的结果，另一方面，她们自身存在的强烈的夫权和父权意识，认同不平等的性别关系，虽然这种认同多属无奈，但是这种基于现状的认同又导致了她们遭受歧视的连续性，使得家庭内的剥夺得以存在和延续，即对不公平待遇的容忍与普遍认可的父权关系格局最终达成妥协。如家庭暴力呈上升趋势，只因许多女性忍气吞

● 范若兰：《阿拉伯女权运动与西方女权运动的比较研究》，《西亚非洲》，1992 年第 2 期。

● 笑冬：《站在国家与男人之间——中国农村工业化的性别推动力》，北京：中国物资出版社，2002 年，第 176 页。

● 马元曦等主编：《社会性别与发展译文集》，北京：生活·读书·新知三联书店，2000 年，第 41 页。

声，默认了丈夫动武的合法性；生了女孩的母亲，竟然能残忍地将亲生骨肉溺死；拐卖女性的案件中，不少女性充当诱骗同性的急先锋……

中国第五次人口普查数据发现，在未工作人口中，15～19 岁之间的女性既未工作也未上学，而在家料理家务的比例达到 4.12%，而男性该比例仅为 1.02%，也就是说，女童辍学回家主要是为了照顾家人和做家务，以补偿家庭无偿劳动力的不足。许多辍学在家的女童感到家务活繁重，心理孤独，变得胆小、懦弱、依附和自卑，而她们又常常得不到来自母亲的理解与支持。"在回答'在你成长的经历中，谁对你的教育更多些?'，答案为'母亲'的占了 66.1%"❶。也就是说，在女童的成长过程中，母亲本来是性别刻板印象的受害者，她本人也在言传身教中传递女不如男的观念，久而久之便会转化成为女童无意识的自卑情结，使得她们在面临不公正待遇和不平等机会时，会自动放弃抗争和奋斗。

（二）男性生产与再生产性别刻板印象

社会性别理论认为，考察女性问题应该将其放在男女两性共同塑造的社会角色和权力结构中，不能将妇女孤立地割裂开来，特别是性别刻板印象对男女两性都形成了限制与制约，男性既是性别刻板印象的受害者，而且男性也在生产与再生产着性别的刻板印象。

1. 男性是刻板印象的受害者

传统性别角色的刻板印象把女性限制在家庭空间中，她们必须温柔、被动、顺从和忠诚，而男人则安排在公共空间中，他们必须强悍、胆大、具有进攻性和侵略性。也就是说，"男子气概既被理解为生殖的、性欲的和社会的能力，也被理解为斗争和施暴的才能（尤其在报复中）"❷，这种机械划分的性别角色不仅使女性处于从属和弱势地位，也同样束缚了男性，使男性成为隐蔽的受害者。

从 20 世纪 80 年代开始，面对女性研究对父权文化和男性角色的审视，男性研究也开始反思父权文化并展开对性别刻板印象的批判。1982 年，喀迪那

---

❶ 宋月萍等：《论我国基础教育的性别公平》，《妇女研究论丛》，2004 年第 2 期。

❷ ［法］皮埃尔·布尔迪厄：《男性统治》，刘晖译，深圳：海天出版社，2002 年，第 69 页。

（Judith Gardiner）在一篇对澳大利亚高中生的田野调查报告中，首次提出了"支配性男性气概"概念，她认为影响男性气概的因素可分为许多层次，包括性别的、阶级的、种族的，等等，它们共同参与了男性气概的建构。也就是说，"男性气概与女性气质都是社会建构的，因历史的不同而不同，与家庭、信仰、国家、当局或工作场所有关"●，并非所有男人均从父权体制的不平等关系中受益，男性也是性别统治的囚徒和暗中的受害者，因为男性角色本身就是"经过一种社会化的长期作用构成的，是一种相对于异性的主动区分的长期作用构成的"●。

就拿人们必须在工作之余进行的消费和娱乐来说，新的消费主义让两性都得承受更沉重的身体竞争负担（如瘦美、皮肤白皙、容貌俊秀、衣着时尚等），而且男性也未能幸免于当代的消费主义浪潮。传统选美活动起源于对女性美的欣赏，被认为是男人将参与者（女性）作为观赏和挑选的对象，而当代社会中人们呼唤着消费男色时代的到来，于是型男、酷男、色男、智男构成了不同媒介制作内容中崭新的观看景观。如国内男性选秀节目，"加油，好男儿""美人关""绝对男人""快乐男声"和"绝对唱响"等都是以展现男人魅力为主要内容的选秀节目，主角都是一群20岁左右的年轻男人，从此档节目开启的欣赏男色之风带来的可观收视业绩和广告收入来看，一个以男性为主要对象的消费时代的来临，也可能使男性的权益面临剥夺的可能。

2. 男性再生产刻板印象

在现代家庭中，人们也在思考和重新界定"父亲"的含义，那些被习惯认为"女人的事"，如喂养和照料婴儿，已经有更多的男性来分担，年轻父亲在分担照顾婴儿的过程中，很快就学会据说是妇女"天生的"态度、感情和体贴之心，从而表现出一向被认为是女性所具有的美德，温柔、献身精神和关心孩子。这种变化展示了两性关系向平等方向发展的一种趋势。问题在于，一些男性并不能坦然面对这些变化，在性别刻板印象的社会化过程中建立起来的

● Judith Kegan Gardiner (2005). Men, Masculinities, and Feminist Theory, Handbook of studies on men & masculinities, edited by Michael Kimmel, Jeff Hearn, and R. W. Connell. Thousand Oaks, CA: Sage Publications. pp. 35 –50.

● ［法］皮埃尔·布尔迪厄：《男性统治》，刘晖译，深圳：海天出版社，2002 年，第 67 页。

性别观念和行为模式，阻止他们完全接受两性关系的新变化。

此外，随着女性在家庭外的活动增加，女性再生产角色已经发生变化，而部分男性是害怕或者干脆反对这一变化的。中非共和国的一份关于妇女农业培训的报告中提道："男人，尤其是年轻男子，似乎害怕妇女的培训会像女性解放一样，导致道德失落，或者导致她们完全独立于家庭的权威"●。与此类似，男人对待妇女参加诸如技术培训的担忧也出现在坦桑尼亚的社会发展报告中，人们认为重要的是不要为了培训新技术而使妇女显得太特殊，不要使人们对她们形成独特而神秘的印象，否则，就像以往在农村所发生的，男人会产生怀疑，害怕女性解放被悄然引入，以致破坏他们的传统的男性威严。

通常学者们认为城市里性别不平等现象会随着性别意识更趋灵活性而减少，然而，相关研究证明，如果男人对家庭决策把持的程度越高，他们就越发有可能对他们的伴侣施加暴力，因此，掌握家庭决策权的女性也更有可能面临家庭暴力。城市女性参加工作的比例要比农村妇女高，一旦女性就业挣钱，她们就能够拥有经济资源使自己离开暴力家庭，获得更多自由。因此，男性在面对女性经济地位的变化时往往会表现出强烈的情绪反应，从而实施暴力。如在菲律宾，当家庭一半以上的收入都是由妇女挣来的时候，家庭暴力的报案反而比妇女挣钱少的时候要多，这表明女性的经济地位已对男性构成了威胁。当然，当家中的男人失业或没有正式工作时，家庭经济发生困难时，针对女性的暴力也会随时发生，但是，至少这些因经济状况好转的暴力被解释为，暴力的发生是因为女性的经济独立已经威胁到男性权威和控制力。

二、干预性别刻板印象的生产与再生产机制

由于性别刻板印象的生产与再生产并不是只针对妇女的，它也关系到男女双方，特别是有的男性也在社会生活中处在不利的位置，而且要改变其生产机制，还需要男性的广泛参与。再说，性别文化本身也是在发展变化当中，包括性别刻板印象也是在不断变化当中的，通过干预有关的家庭、教育和社会制

● ［丹麦］埃丝特·博斯拉普：《妇女在经济发展中的角色》，陈慧平译，南京：译林出版社，2010 年，第 199 页。

度，也能改变刻板印象的生产与再生产机制。

（一）改变婚姻家庭领域中的性别角色

为了改变根深蒂固的性别分工模式和强化男性分担家务的观念，一些国家已制定政策鼓励男性参与家庭劳动，如北欧的家庭友好计划。此外，育儿假政策的推行也是一个较好的举措，即男性雇员能够享受较长时间的父育假或者育儿假。其中育儿假（Parental Leave）由父亲和母亲共同享有，父母双方可以商定由某一方休假照顾婴儿；而父育假（Paternity）一般专属于父亲，假期是在母亲产假期间。法律设定父育假或育儿假的目的在于，当妻子生产后，丈夫有若干天的带薪假期专门陪护、照顾产妇和新生儿。父育假或育儿假的推行改变了由母亲单方面休假抚育婴儿的性别劳动分工。

为了促进男性履行做父亲的家庭责任，1975 年，瑞典通过的父母假法案规定，不论父亲或母亲都有权利享受 16 个月的产假，其中父亲必须休假 2 个月，国家补偿他们在这 16 个月中因未上班而造成的收入损失，补助金额为以往工资的 80%。此外，所有父亲有权在子女出生时享有带薪的 10 天陪产假。父母任何一方可在孩子生病时请假照顾孩子（一个孩子一年 60 天），请假时可领取补贴。为了便于父母兼顾工作和家庭生活，瑞典还规定子女在 8 岁以下的父母均有权每天减少两小时的工作时间（工资相应被扣除），育儿假最长的可达 450 天。实行父母假法案是瑞典家庭政策的一个重要部分，法案通过后最先申请的男性仅占 2%，20 世纪 90 年代上升至 27%。从 20 世纪 80 年代开始，瑞典政府还针对男性推出了一系列父亲特别培训项目，如培训项目由男性指导，将父亲和准父亲分组讨论子女出生时父亲的需要，接受产前指导，了解父亲享有的育儿假，讨论子女出生后丈夫在家庭中的地位变化及可能由此产生的家庭矛盾等，这类培训项目受到了父亲们的欢迎也取得了很好的效果。

1993 年，挪威规定父母双方总共可以休 47 周的育儿假，拿全额工资；也可休 57 周，拿原来工资的 80%，全部费用都由国家承担。父亲必须休满的育儿假从最初的 4 周增加到了 12 周，2013 年时达到了 14 周。在这一条新规出炉前，只有不到 3% 的父亲申请休育儿假，而如今 90% 的父亲都在休育儿假。挪威实行育儿假的目的就是使男性和女性都能兼顾孩子和工作，找到家庭和事业之间的平衡点，特别是改变家庭再生产劳动的女性化具有明显的促进作用。

进入 20 世纪 90 年代后，世界上已有法国、德国、捷克、美国、日本和韩国等 40 多个国家或地区将给母亲产假转变为给父母双方提供抚育子女机会的育儿假。如法国父母可以选择 104 周（两年）的不带薪育儿假，时间由父母共同分享，父亲可享有 2 周的带薪假期；如德国父母可享有长达 156 周（3 年）的不带薪育儿假，父亲可以休 12 月的带薪产假，工资每月为原工资的 65%，但上限不超过 1 800 欧元，单身父亲则享有 14 个月的此类带薪假。

（二）删除教材中的刻板印象

课程中的性别刻板印象反映了主流的性别角色意识形态，它对男性和女性不同的性别期望正是通过带有性别歧视的课程被合法化的。美国学者丹玛克（F. L. Denmark）在 20 世纪 80 年代初对法国、西班牙、瑞典、苏联、罗马尼亚五国一年级的教科书进行跨文化的比较研究后发现❶，除瑞典外，其他国家的教科书女性角色都少于男性，如法国一年级教材的男女主角人数之比为75：21，西班牙为 132：22，苏联为 52：42，罗马列尼亚为 165：118；而且都依据各国传统的价值判断对男女两性的作用作定型描述，如男性是独立的，有智慧的，具有创造力，从事职位高，收入多，具有专门技术的工作，而女性是依赖的，缺乏智慧、能力、冒险性和创造性，大都从事职位较低、收入较少、不太需要技术的次级工作。

从 20 世纪 70 年代以后，美国、新西兰、韩国等国家已采取了一定措施来纠正和改善中小学教科书中的性别歧视现象，使得两性人物的比例、插图以及社会角色的多样性方面都有了明显的改善。1972 年美国通过教育修正法案，结果之一就是消除或至少要减少教材中的性别歧视现象。例如在一本中学生读物中，原本有一篇 19 世纪一对母女共同缝制嫁妆的故事，当地负责审核课本的组织认为，故事里妇女形象被描述得"柔弱、顺从"，损害了妇女尊严，因而勒令将这个故事删掉。经过一系列的举措后，1987 年，一项对六种受欢迎的初级读物的研究发现："在 1121 个故事中，女性的职业有 37 种，与 1961—1963 年的读物中的 5 种和 1969—1971 年的 23 种相比，有了较大幅度的提高。

---

❶ ［美］F. L. 丹玛克：《儿童读物中的男性与女性：交叉文化分析》，李美格译，《心理科学分析》，1981 年第 3 期。

以男性为主角的故事占 18%，以女性为主角的占 17%"❶。

2006 年，韩国通过修改教科书，改变女人婚姻与事业不可兼得的旧观念，推广更为灵活的家庭生活新理念。例如，此前韩国中小学教科书中将女性描绘成主妇，男性则被赋予养家糊口的责任。修改后的表述为"在外工作的母亲"和"负责家务的父亲"等。在新教科书中，原有的类似表述"父亲应努力工作养家，母亲则应辅助其他家庭成员让他们集中精力工作——这对家庭幸福乃至国家稳定至关重"也被删除。

2014 年三八节前夕，我国 10 名女大学生联合署名《致教育部部长关于改善中小学教科书中性别不平等现状的建议信》❷，称现有中小学教科书中存在着严重的性别不平等现象，故事性课文中男性出现的数目是女性的 3 倍之多，如"小学教材一共 12 册，男性出现在图画当中的数目共 198 次，而女性是 130 次；在故事课文当中，男性出现的数目共 152 次，而女性出现的次数仅有 42 次；而且越到高年级，图画和故事性课文中作为主角出现的男性多于女性的情况越明显"。女生们建议教材的编写、审查与选用应该符合宪法规定的性别平等原则，教材在对两性角色描写时应打破性别刻板印象，呈现多元性别气质与多重角色内涵。

（三）另类媒体的声音

《北京行动纲领》确定的 12 个重大关切领域之一就是"妇女与大众传媒"，认为在大多数国家，大众传媒并没有用均衡的方式描绘妇女在不断变化的世界中对社会的贡献，相反宣传报道的往往是妇女的传统角色，或有关暴力和色情等行为。正如有学者指出的："女记者的增多并没有明显改变信息的内容、风格或陈述的方式。即使越来越多的新闻由妇女报道和编辑，新闻的决定权仍然在男人手中……妇女的就业并没有激烈地改变新闻议题或排列顺序"❸，并把这一现象归因为媒体中妇女过低的代表性，使得妇女成为男性忽视和性欲

---

❶ Kathleen Bennett Demarrais（1995）. The Way Schools Work—A Sociological Analysis of Education. New York：Longman. p. 232.

❷ 邝凝丹：《教科书不爱巾帼只爱须眉?》，《信息时报》，2014 年 3 月 12 日。

❸ ［英］安娜·贝尔斯莱伯尼：《性别、赋权和沟通：回顾与展望》，朱世达译，《国际社会科学杂志》，2006 年第 2 期。

的目标。

　　作为应对策略之一就是发展替代性的媒体来推进被主流的职业机制与政治机制所阻碍的多样化与妇女的参与，从而在文字和形象上表达被忽略的群体，向妇女提供竞选公职所需的信心、表达和支持，这样便可以改良媒体的政治代表性。当代妇女组织已发展出许多另类媒体，包括报纸、刊物、杂志、简讯、偶尔出版的专著和活页，广播、电影和录像，以及网络等，以此作为妇女声音的表达渠道和承认的方式。如纽约的国际妇女论坛中心等组织，已成为全球妇女活动的信息交流中心。这是一个由联合国妇女发展基金资助的营销与分配服务机构，它出版《论坛》并经营"Women Ink"等网络平台。新德里的亚洲妇女交流网致力于"通过交流动员亚洲妇女取得更为平等和公正的社会秩序，这种秩序承认目前存在于地区中的多样化"，它出版《影响》等杂志。在玻利维亚和拉美其他地方的原住民妇女中还广泛使用录像和广播等方式，如哥斯达黎加的女性主义国际广播致力于"给那些从未表述过思想的人以表述思想的机会"，认为广播就是与其他妇女会面、对话和参与的过程，重视妇女个人见证的改革性力量。

第八章

社会性别主流化

　　缩小性别差距并不能仅靠改变性别文化来实现，而通过政府干预和公共服务的供给来改变性别秩序逐步消除性别差距是非常必要的。在 1995 年第四次世界妇女大会上，社会性别主流化❶被联合国确定为促进性别平等的全球性战略，要求各国将性别平等作为一项重要的政策指标，使社会性别意识提升到国家意识，通过社会性别分析、社会性别统计和社会性别预算等将性别问题纳入政府工作和社会发展的立法、决策和行动主流，让两性平等参与发展并且从中受益。当然，社会性别主流化"不只是一个技术过程，从根本上讲还是一个政治过程"❷，在"北京＋5"❸"北京＋10""北京＋15"和"北京＋20"等联合国大会中，这一战略不断得到重申和进一步强调。

---

　　❶　社会性别主流化的提法，最早出现在 1985 年第三次世界妇女大会上，集中反映在 1995 年的第四次世界妇女大会中，《北京行动纲领》中明确提出："在处理提高妇女地位的机制问题时，各国政府和其他行动者应提倡一项积极鲜明的政策，将性别观点纳入所有的方案和政策之中，从而在作出决定之前，就分别对男女产生的影响进行分析。"1997 年 7 月 18 日，在联合国经济与社会理事会批准的决议（1997/2）中对社会性别主流化概念给予了进一步的明确，即"在各个领域和各个层面上评估所有有计划的行动（包括立法、政策、方案）对男女双方不同含义。作为一种策略方法，它使男女双方的关注和经验成为设计、实施、监督和批判政治、经济和社会领域所有政策方案的有机组成部分，从而使男女双方受益均等，不再有不平等发生。纳入主流的最终目标是实现男女平等"。

　　❷　Arturo Escobar（1995）. Encountering Development：The Making and Unmaking of the Third World. Princeton, New Jersey：Princeton University Press.

　　❸　为了纪念 1995 年北京第四次世界妇女大会，回顾并评价《北京宣言》与《北京行动纲领》的执行情况，并分析新出现的问题，联合国每隔 5 年要召开一个评估和纪念会议，下同。

第一节　社会性别分析/社会性别计划

实现社会性别主流化需要一整套完整的机制和步骤，在联合国相关机构和一些国家的部门政策规划中，社会性别分析得到了广泛的运用，成为了实现社会性别主流化的重要工具。由于社会性别分析需要审视政策的制定、实施、监测与评估是否推动两性平等，评价政策对男女两性在社会中的地位与生活的影响，包括在必要时采取行动回应性别需求，亦被称为"社会性别计划"。为了保持社会性别敏感性，提升社会性别分析能力，还需要对专门的机构和人员进行社会性别培训，从而提升他们从事社会性别分析的能力。

一、公共政策中的社会性别分析

目前，各国政府部门决策中是否进行社会性别分析，已经成为联合国评估一个国家促进性别平等工作的考核依据之一。公共政策是国家意志的体现，是决策部门对公共利益和公共行为的分配和规范，目的在于尊重和保障每一个社会成员的基本利益，缓解社会矛盾，解决社会问题。联合国计划发展署认为社会性别分析是社会经济分析的一个分支，目的在于帮助决策者获取信息从而进行科学决策，因此，社会性别分析也成为政策分析的内容之一。社会性别分析主要是揭示公共政策中的性别盲点和性别中立是如何对两性产生不同影响，以及它们如何强化固有的性别不平等现象。

（一）公共政策中的性别盲点

公共政策中的性别盲点是指忽视男女两性不同的需求和差别，对性别平等的权利和机会进行限制，从而导致对某一性别的歧视。如当前我国的一些法律政策就存在社会性别盲点，以我国《刑法》第20条对"正当防卫"的界定为例："为了使国家、公共利益、本人或者他人的人身、财产和其他权利免受正在进行的不法侵害，而采取的制止不法侵害的行为，对不法侵害人造成损害的，属于正当防卫，不负刑事责任。"正当防卫要求被侵害人只有在侵害行为"正在进行"时才能实施防卫。在这里，就假定了一个前提，即侵害方和被侵

害方基本上是势均力敌的，而90%的家庭暴力施暴方是丈夫，受虐方是妻子，让受到家庭暴力伤害的妻子在丈夫施暴时进行正当防卫，很可能防卫的结果是带来更大的伤害，因此，在家庭领域中没有实施正当防卫的基础，对于中止家庭暴力政策来说，该项规定就属于性别盲点。

在《国务院关于修改〈工伤保险条例〉的决定》等有关工伤和劳动保险的法律条文中，也存在着性别盲点的情况。其中第8条职工由于下列情形之一，如负伤、致残、死亡的，应当认定为工伤，国家在工伤立法时，假设的受害者是一个男性。因为男性不存在怀孕问题，无身体在特殊情况下的"二位一体"特征。由于立法者没有考虑到工伤发生在孕妇身上时，胎儿和母体共同受侵害的情况，以及胎儿的伤害与孕妇受侵害之间的关系，从而造成了对女性权利保护的不足。如"陕西封某是一名护士，20年前在工作中不慎触电，当时她已怀孕7个月。事故发生2个月后，她生下一子，该子长到3岁时被确诊为弱智。她一直认为工伤和她儿子的智障有因果联系，不断要求单位赔偿。但此事不仅没有得到妥善处理，反而因为她不断地找单位领导而被迫下岗，之后夫妻离异。20年后，她受一则报道的影响，提出胎儿损害的民事诉讼，同时要求劳动部门进行工伤伤害胎儿损害认定，但均未成功"❶。

卡尼和奥凯利（Carney & O'Kelly）对日本经济结构和就业市场的研究显示❷，在日本的就业体系中，男性员工的终生聘用制是其组织结构的核心所在，而占日本劳动力1/3的女性劳动力则不在保护之列，之所以要制度性地保护男性劳动力，是因为假定男性工人是家庭经济的来源，他们对家庭的最大责任就是挣钱养家，而女性被限定在家庭主妇和母亲的角色上，因此她们的工作权利就不在保护之列。

挪威平等地位委员会（Norwegian Equal Status Council，ESC）积极推动将性别观念纳入国家立法机制中，改变原来法律中的社会性别盲点，如1974年对有关长子继承农场的法律提出修改议案，确定第一个孩子（无论男女）有

❶ 刘明辉：《论在劳动和社会保险领域的立法和执法中存在的性别盲点》，《中华女子学院学报》，2006年第3期。

❷ 杜平：《女性主义与社会性别理论：社会福利研究的新取向》，http：//www. sociology. org. 2011 - 08 - 01。

继承农场的权力，这样保障了长女的继承权。从 20 世纪 80 年代开始，平等地位委员会倡导男性在家庭中照料孩子和家务的参与。1994 年成功地促使国会批准家庭的带薪产假延长到 47 周，其中 4 周是专门为父亲保留的（现已延长至 14 周），而男性带薪产假就挑战了传统的女性再生产角色，改变了福利国家在家庭照料政策方面的性别盲点。

（二）公共政策中的性别中立

由于政府没有意识到整体社会利益格局中男女两性的差异，将其视为无差别的利益群体，就会对两性采取性别中立的对待方式，认为每个人同样受政策、规划和立法的影响。如我国现行的法律制度设计上，一般强化"农户"权利的整体性，忽视家庭成员个人权利的独立性，如民法通则基于农户在农村经济发展中特殊的地位和作用，将"农户"确定为不同于自然人和法人的一种独立民事主体。农村土地承包法将农户确定为农村土地承包经营权的主体，然而以户为单位的承包制度设计体现了农村家庭的经济属性和保障功能，但容易忽视家庭内部妇女个体的合法权益，像"增人不增地，减人不减地"等看似性别中立实则歧视性的条款被正式写入一些国家和地方性政策之中。

妇女在农业资源拥有和控制方面处于最弱势地位的表现就是农地的分配和使用，对大部分乡村居民来说，土地具有生产资料、家庭财产和生活保障三种功能，然而农村 70% 的无地者是妇女，许多丧失了土地的妇女于是被剥夺了基本的生产和生活来源。《中华人民共和国农村土地承包法》第 6 条规定："农村土地承包，妇女与男子享有平等的权利。承包中应当保护妇女的合法权益，任何组织和个人不得剥夺、侵害妇女应当享有的土地承包经营权"，对保障妇女土地权利进行了明确规定。第 30 条规定"承包期内，妇女结婚，在新居住地未取得承包地的，发包方不得收回其原承包地；妇女离婚或者丧偶，仍在原居住地生活或者不在原居住地生活但在新居住地未取得承包地的，发包方不得收回其原承包地"。

然而在现实生活中，当妇女在承包期内结婚时，其新居住地的发包方认为只要该妇女在新居住地未取得承包地，即能维持原承包地，因此就以此为借口拒绝在新居住地给其分地。而离婚妇女要切实享有原住地的承包经营权，必须有两个条件：一是集体不得收回，二是能够对原家庭的承包地进行分割。对前

者，法律作了明确规定，但对后者法律没有规定，所以婚嫁妇女很难主张其在父母家庭中的土地权利，因为这意味着与其他家庭成员"争权夺利"。即使她们能够继续拥有原住地的土地，对于嫁入他乡的妇女而言，其新住地与原住地之间的距离也将成为她们有效行使这一权利的障碍。

二、社会性别分析机构

《北京行动纲领》在对社会性别主流化责任主体的界定上，强调实现社会性别主流化的责任主体首先是政府，即促进社会性别平等，实现社会性别主流化首先是政府的责任，特别是各级政府主要领导者的责任，如日本和新西兰规定在国家部门制订政策计划时必须进行社会性别分析，由该国的"妇女事务委员会"提供基本支持❶。社会性别分析机构包括提高妇女地位的专门机构与从事监督的外部机构（包括非政府组织等）。

（一）提高妇女地位的专门机构

1920 年，美国国会在劳动部下设妇女局，旨在提高劳动妇女的福利。1962 年，联合国"提高妇女地位委员会"最早确认了成立国家级提高妇女地位机构的重要性，建议各个国家建立相应机构。

为了响应联合国提出的通过国家机制来提升妇女地位的倡导，在 1976 年至 1985 年的"联合国妇女十年"期间，许多国家和地区纷纷建立提高妇女地位，促进性别平等的专门机构。如 1979 年，奥地利在联邦总理府设立了国务秘书办公室，专门负责与女性有关的问题；1981 年，加拿大政府成立了女性地位部，并由政府指派人员成立了女性地位顾问委员会，作为独立组织，负责调查女性问题。到 1985 年，世界上有 90% 的国家建立了不同形式的提高妇女地位的专门机构，包括涉及妇女事务的妇女局、妇女部和妇女委员会等。在拉美，绝大多数国家成立了妇女局；亚太地区也相继成立了各类妇女机构，如澳大利亚在国务院下设妇女办公室，日本、韩国、泰国都设有部级的妇女事务代

---

❶ Carolyn Hannan （2004）. Gender mainstreaming: A key strategy for promoting gender equality at national level, "Presented at a panel" Moving Beijing forward: Strategies and approaches for creating an enabling environment" at UN – ESCAP High – level Intergovernmental to Review Regional Implementation of the Beijing Platform for Action and its Regional and Global Outcomes. pp. 7 – 10.

理，菲律宾设有妇女角色全国委员会，印度、马来西亚、马尔代夫、萨摩亚设有顾问团，直接向总理反映有关妇女的问题，在中国，国务院成立了妇女儿童工作委员会，全国人大内务司法委员会成立了妇女儿童专门组。

不同国家把提高妇女地位的专门机构设置在不同部门，如乌干达、津巴布韦将提高妇女地位机制作为一个相对独立的部门来设置，如"妇女部"或者"提高妇女地位部"；或者在原有的社会福利部或者社会部下设单独的办公室，如白俄罗斯在社会福利部下设"妇女地位办公室"；埃及政府在社会事务部内设立了女性事务总局，还成立了由政府各部门代表组成的女性全国委员会，来协调政府各部门间的工作；而菲律宾的"妇女地位国家委员会"和汤加的"妇女事务部"则是作为一个跨部门的中央机构，设在总统或总理办公室，有利于对所有发展部门的决策过程产生影响。

其实提高妇女地位的专门机构设在什么位置，既表明了国家或政党在促进性别平等方面的承诺和决心，也决定了它与政府或政党其他部门之间的合作关系和工作成效问题。那些设在国家或政党内部、跨部门的机构能对决策产生很大影响，如埃塞俄比亚的"妇女事务处"设在总理办公室，负责在国家层面协调、促进和监测妇女事务，提出改进现存政策的建议；支持所有地区、部门和公共组织建立妇女事务机构；支持妇女运动；提供关于埃塞俄比亚妇女地位的研究和信息等。至于那些作为独立部门存在的提高妇女地位机构，或者是在其他部门下设的机构可能会因为没有足够的财力和人力资源，难以保证能对其他部委和政府决策产生很大影响，反而会因为涉及妇女议题而被边缘化，也就是说，存在将性别平等问题挤出公共领域的危险。

在《北京行动纲领》中，联合国再次重申了建立提高妇女地位的国家机制的重要性，它主要包括以下两个方面的内容：第一，扩大授权范围。为了保证让提高妇女地位的专门机构有足够的地位和权威来影响或改变政府政策，以法律或有关条例形式支持的授权十分必要。如果政府把授权范围局限在社会福利或者社会事务方面，使得许多国家提高妇女地位机构的工作局限在扶助母亲和帮助儿童的项目中，既限定了它的活动范围，也削弱了其对政策的影响力。第二，尽可能把提高妇女地位机构设在国家的最高层面，使之有机会影响政府的所有决策和政策的制定。如1983年，韩国政府在健康和福利部之下成立

"韩国妇女发展机构"，负责对妇女进行教育和培训，把妇女纳入社会发展的全过程；2001 年，韩国正式将之前成立的妇女发展机构升格为"韩国性别平等部"；2003 年，成立了隶属于总理的"妇女政策协调委员会"，负责性别平等政策的制定和修订，由总理担任主席，性别平等部的部长担任副主席，成员来自 12 个相关部门，同时，在每个政府部门设立妇女政策官，协调和加强政府各部门对涉及妇女的政策进行合作与执行。

（二）监测性别平等执行情况的外部机构

在提高妇女地位的国家机制下设立的机构，除了协助政府制定有关妇女事务发展的长远目标和策略，并就有关妇女权益的政策和措施提出建议外，还担负着监测审查本国执行《北京行动纲领》的情况，并向有关部门汇报国家承诺的完成情况。如日本和新西兰的妇女事务部门，直接由部长或组织领导人负责，他们负责监测性别问题是否在计划、研究的准备阶段被恰当地对待，并确保所做的必要修正。白俄罗斯的提高妇女地位机构每两年须向共和国总统提交一份妇女情况报告；瑞典的国家平等巡视员机构，授权巡查和制止工作场所中的性别不平等现象，通过平等巡视员在全国范围内发起的有关工作场所性骚扰的调查，提出应把禁止工作场所的性骚扰写进平等法案中去，最后这个建议得到了政府的采纳。

此外，提高妇女地位专门机构还可以下放规划、执行和监测权力，以期带动自下而上各非政府组织和社区组织参与性别平等监测工作。在斯里兰卡，妇女局每个季度都开展对妇女组织/非政府组织的咨询活动；博茨瓦纳国家性别平等机构积极寻求与非政府组织的合作，定期举办妇女非政府组织联盟论坛，以促进执行国家性别问题方案；在牙买加，妇女事务局与全国妇联密切合作；在乌干达，妇女发展部开展了全国范围内的公民教育活动，广泛征询妇女对国家新宪法的意见；在菲律宾，300 多个妇女非政府组织组成联盟，支持国家提高妇女地位机构的社会性别主流化的努力。

1995 年，法国成立了由议员、非政府组织代表和知名人士组成的男女平等观察机构，直属总理管辖，该机构可向政府提出建议，并就立法条文或行政条例草案发表意见，构成自下而上影响决策的通道，以及自上而下检查立法的组织。

三、对决策部门和机构人员进行社会性别培训

为了确保公共政策中的性别分析得以进行，就需要提高决策部门和机构人员的社会性别敏感性，提高妇女地位的专门机构或者监测机构还需要针对相关人员开展内容不同，侧重点不同的培训。在培训过程中，由内/外部专家就培训对象和内容开发出相关的工具，如指导方针、清单、指标以及每个战略领域特有的方法等。如针对政府官员的需要列出社会性别清单和进行社会性别敏感性培训；针对培训者（Trainer to Trainer，TOT）的侧重社会性别敏感性和参与式方法；针对机构人员的除了培训以上内容外，还需要对资料收集方法、项目管理与项目监测等专门方法进行培训。

（一）开列社会性别平等指南/清单

为了加强政府机构在社会性别主流化方面的能力建设，提高妇女地位专门机构的工作之一就是要对中央和地方一级的政府机构人员进行社会性别培训。培训内容包括开列社会性别平等指南/清单，介绍与社会性别敏感性有关的规划、设计、调查、实施以及影响评估的具体知识和必要技术，使其在设计、执行、监督、评估和展望五个环节能把社会性别因素考虑进去，从而减少政策对处于边缘位置的性别所带来的负面影响，使男女两性都能得到平等的发展机会。

牙买加"妇女事务局"的社会性别清单主要包括以下四个方面的内容：第一，在每次决策前，决策者需要了解所有分性别收集的基线材料，并确保这些材料能为决策提供帮助；第二，决策者需要寻找现行政策与目前正在从事的工作之间的连接点；第三，决策者咨询对政策实施可能产生影响的人群的反应与影响程度；第四，针对业已存在的性别问题，决策者采取公平行动逐步消除歧视性措施，从而实现性别平等。

菲律宾的"妇女地位委员会"为政府工作人员制定了执行"菲律宾30年社会性别敏感发展计划"的操作清单。内容包括：第一，确保男女两性具有平等参与和从中受益的机会，包括担任计划者、调查者、组织者、委员会成员或者顾问等职位；第二，为以上人员提供有关人力资源、提高性别觉悟的知识和技巧的培训，使其具有社会性别敏感性，掌握识别社会性别问题并进行监测

的相应能力；第三，确保以上人员能够公平参加培训并参与为目标人群提供的服务，监测以上人员的参与方式，是其于传统的角色分工还是基于挑战传统的性别分工等。

2002 年，香港"妇女委员会"（妇委会）倡议的社会性别主流化策略获特区政府通过并开始实施，妇委会也开列出一套"社会性别主流化检视清单"●。也就是说，清单至少要包括下述几个方面的内容：第一，识别和界定与社会性别有关的每个政策环节；第二，整理和分析性别统计资料；第三，关注公众教育和宣传中的社会性别观点以及政策的实施对妇女造成的影响；第四，收集和分析性别统计数据和监督指标；第五，评估公共政策对两性的影响等。

总的来说，开列社会性别平等指南/清单的目的是力图将社会性别作为政策分析范畴的一个参考变量，提高政策制定者对社会性别的敏感度，并在社会性别分析中加以运用。

（二）实施社会性别培训

自从《北京行动纲领》将社会主流化确立为促进男女平等的全球战略以来，几乎没有哪个主要的国际发展组织不把社会性别纳入其使命、政策目标和出版物之中的。近年来，社会性别培训在多数发展机构内部已逐渐常规化了。例如，世界银行和联合国粮农组织的女权主义专家定期对其他一些发展工作者进行社会性别培训，以便使他们在发展援助的各个层面和所有工作领域都考虑到目标群体的需求与影响事项。

社会性别培训内容多元，培训设计方案也多种多样。如提高政府机构人员的社会性别敏感性培训，就包括以下三个方面的内容。第一，区分生理性别与社会性别；着重对社会性别概念的理解；认识社会性别的具体表现并讨论解决方案；第二，学习社会性别分析的理论框架与分析工具，以便能服务于各级政府机构的常规工作，并在实际工作中加以运用和操作；第三，根据实际情况，拟定社会性别敏感计划，分成若干团队进行实践活动，以期能够真正把性别平

● 刘春燕等：《社会性别主流化：香港推动社会性别平等的经验及启示》，http：//www. wsic. ac. cn/women study lun cong article/67300. htm.

等纳入决策或者对实际工作产生改变。

许多国家的经验表明，社会性别培训在促进社会性别主流化方面能发挥重要作用。虽然在一些地方，一些官员还没有充分认识到社会性别培训的重要意义，甚至有抵触情绪，但是一旦他们参加了这种培训，都会在不同程度上改变态度。当然由于性别文化在传承过程中的连续性和稳定性，只靠一两次短暂的培训并不能澄清所有的认知偏差，因此，社会性别培训是一个长期的系统工程，培训内容要根据不同部门的需要和实际工作的职能进行更新与设计。

为了培养一批具有社会性别视角，熟悉具体领域工作并能承担参与式培训任务的培训者，以进一步推进社会性别平等工作，也需要对承担参与式培训任务的培训者进行培训。包括以下三个方面的内容：第一，社会性别、社会性别分析和社会性别主流化的概念与内涵；第二，参与式培训的理念方法和技巧（头脑风暴、案例分析、小组讨论、大组讨论、卡片、讲解、角色扮演等方法）；第三，社会性别培训方案的设计、现场演练与监测评估等。

提高妇女地位的机构人员通常要承担多重角色，如从事倡导或顾问工作，包括研究、资料收集、确定议题、协调联络、培训、在政府部门内外提高社会性别敏感；政策监测工作，包括监测政策、项目、规划和立法，并对影响进行评估；执行项目工作，包括形成和设计政策，规划和项目。许多国家提高妇女地位机构的工作人员人数少、职级低并且缺乏经验，因此，为了提高工作机构人员在工作中的社会性别主流化能力，也需要外部机构专家对其进行社会性别培训，当然，对其的培训要结合具体工作环节来设计，增加与项目管理有关的政策分析、设计、执行、评估和社会性别分析的知识和技术内容。

第二节　社会性别统计

在社会性别主流化中，对公共政策进行社会性别分析的目的，不仅是要评价政策对男女两性在社会中的地位与生活的影响，也意味着要帮助两性解决具体的权益受损问题，在必要的时候采取行动去消除性别差距。也就是说，社会性别统计主要分为两个主要步骤：首先，搜集、获取大量关于性别差异的统计

数据，并将此数据公之于众，提高政府预算的透明度和支出效率。其次，在充分掌握资料、数据的基础上，依据不同的分类标准和方式，建立一系列完备的指标系统，明确政府预算在男性和女性之间的分配方案，促使政府在制定新的公共政策前考虑可能对目标人群产生的不利影响，从而避免扩大已有的性别差距。

一、把统计数据纳入发展规划

社会性别统计数据可以帮助决策者增进对社会性别情况的了解，促进决策者社会性别意识的强化，为法规、政策的制定提供社会性别分析的依据。同时，还可以监测妇女地位发展状况和变化趋势，监测政策的执行和影响，作为政策评估指标的依据，为公共政策的修改提供真实可靠的统计数据和评估资料。

（一）性别统计数据的力量

从 1975 年的第一次世界妇女大会开始，国际社会开始关注对性别数据的收集与统计工作，在 20 年后的《北京行动纲领》中，关于性别统计的概念、定义、分类、测定和收集方法都有了明确的界定，在它提出的 12 个关切领域中都包含着要进行性别统计的要求。也就是说，收集社会性别数据不仅有利于不同地区和国家之间进行交叉对比，也能比较同一时期或者不同时期的发展差距与性别差距。

国际性别统计的发展经历了三个阶段：妇女统计的研究准备时期（1975—1985），性别统计出版物的实际制作和进行一定规模研究的形成时期（从 1990 年始）和性别统计研究与性别统计出版物制作规模进一步扩大的时期（2000 年以后）。在分性别数据的统计方面，联合国秘书处的经济与社会事务部（United Nations Department of Economic and Social Affairs，UNDESA）在全球有关政策与国家行动之间起到了桥梁作用，继 1986 年首次出版《妇女在发展中作用的世界调查》报告之后，它先后以不同主题分别在 1990 年、1995年、2000 年和 2005 年每隔五年推出一份妇女在发展中作用的世界调查报告。它们是《世界妇女状况（1970—1990）：趋势与统计数据》《世界妇女状况1995：趋势与统计数据》《世界妇女状况 2000：趋势与统计数据》及《世界妇女状况 2005：统计中的进步》，前三个报告反映了两性在生活各个领域的状况，而第四个报告审查并分析了国家在与社会性别相关的关键性社会经济领域收集与分析分性别数据的能力。

基于 20 世纪 70 年代末以来的大量统计数据，这些报告揭示了占世界人口一半的妇女，劳动时间占全世界 2/3，得到的收入只有 1/10，而占有的财富还不到全球 1/100，在全球 13 亿生活在每天所得不足一美元的极度贫困人口中，70% 是妇女；世界上 2/3 的文盲也是妇女。正如海泽（Noeleen Heyzer）所说的："尽管目标和指标的数字无法展示妇女生活的多元性和丰富性，但是能够帮助我们监测对妇女进步承诺的实现，激励对在这一领域的努力给予更强有力的支持。用既定的目标评估女性的进步表现出我们已经取得了多大的进展，还需要作出多少努力。"❶ 卢旺达女议员们与国内社会机构、国内和国际的非政府组织、联合国机构通力合作，利用基于社会性别的暴力的统计数据进行反对性别暴力议案的游说。这一行动使得男性议员的观念产生变化，最终"家庭内强奸以及其他类似私人家庭问题被确定为刑事犯罪"的议案获得通过，从而保障了妇女在家庭内部的合法权益。

而在 20 世纪 80 年代的巴布亚新几内亚，有一个由法律改革委员会支持的关于家庭暴力的研究项目却没有带来任何实际的改变。该项目产生了大量的案卷记录，其中数据翔实，分析令人信服，调查发现也令人震惊，如一些地方的家庭暴力发生率超过了 70%，项目也给出令人印象深刻的建议，但是，随后的实际行动却是十分有限的。该项目没有尝试进行行动干预，也没有对政策和项目进行评估，也就是说，有用的数据并没有通向有效的行动。

（二）将社会性别纳入国家整体发展规划

虽然许多国家已经把提高妇女地位的国家机制设定到尽可能高的级别并赋予一定的权力，但是抵触还是来自各个方面。如政府的其他部门往往把妇女或性别问题看作是提高妇女地位部门的专职工作，这些工作在本部门中是次要的或者干脆就是非本部门的工作，因而对妇女及性别事务漫不经心，重视不够，

---

❶ 除非另有注明，本节相关数据和案例来自 Annalise Moser：《社会性别与指标综述报告》，http：//www. bridge. ids. ac. uk，2007 年 7 月。

与妇女有关的问题往往最终被边缘化或根本排除在政治议题之外。因此，设计一个独立的有关妇女发展的国家规划固然重要，因为独立的妇女发展纲领能更详尽地阐明妇女发展的优先领域，但是这样一来妇女发展很容易被看成是孤立的，外在于整个国家的发展进程，最终难以得到足够的重视而不了了之。

国家发展计划以宏观经济框架为基础，在决定国家优先发展领域方面起到非常重要的作用。许多时候，政府往往会将经济、金融、国防等事务列为优先事项，而不认为它们与妇女或者性别有什么关系。由于国家总体发展规划中不涉及性别与发展问题，妇女发展难以纳入国家整体的发展规划中，性别平等就不可能实现。在许多国家的国民发展规划，如五年规划和十年计划中，并没有用社会性别视角来审视结构调整政策，或者只把妇女、儿童放在有关社会福利领域，作为附在宏观政策之后的社会项目，妇女被看成与其他边缘群体毫无区别的脆弱人群，在这些国家，性别平等问题再度被降为社会福利问题，妇女成为社会福利的接受者。如1986年汤加的国家五年发展规划只字未提妇女问题，乌干达1993—1996年复兴和发展规划中也只有三小段文字提到妇女问题。

因此，将性别问题纳入国家发展规划是十分必要的。在许多国家提高妇女地位机构和妇女非政府组织的努力下，有的国家的妇女发展问题就逐渐地被纳入该国总体的发展规划中。如津巴布韦第四个国家发展规划有一章节专门谈妇女与发展问题；纳米比亚转型期发展规划（1991/2—1993/4）也同样如此，在纳米比亚提高妇女地位机构推动下，国家发展规划（1995—2000）中每个部分都强调性别问题，而不再把社会性别与发展作为一个单独的章节；伯利兹在起草国家发展规划时也充分征求农村不同性别人群的意见，该国提高妇女地位委员会对每项规划的社会性别影响都进行了分析和评估。

二、开发与运用社会性别指标体系

从联合国层面来看，从经济发展到人文发展到性别发展，对发展的理解是逐渐深化的，这可以通过发展指标的不断开发与应用得到验证。具体而言从强调人的发展的人文发展指标到性别发展指标、性别赋权指标再到性别差距指标，再到社会性别敏感指标等。也就是说，联合国等国际组织利用各国的公开数据，运用各类性别指标对各国的性别与发展状况进行打分排名，由于其权威性往往引发媒体和舆论关注，从而引导和督促各国政府针对存在问题和状况切实采取措施予以解决或者改善。

（一）人类发展指标（Human Development Index，HDI）

众所周知，国内生产总值（GDP）是计量一国或地区一定时期生产的所有最终产品与劳务的市场价值，反映一国或地区经济总规模和投入能力的核心指标，所以，GDP 的稳定增长被当作宏观经济的主要目标之一，受到各国政府的高度重视。然而 GDP 也有不尽如人意的地方，如没有直接衡量那些使生活有意义的东西，像环境质量、闲暇时间和社会公平等。

对于一国或地区来说，增长规模与增长绩效的良性互动是至关重要的。让每一个百分点的增长最大限度地转化为人民的收入和生活质量的提高，使他们从中得到更多的福利，才是增长的初衷。为了弥补 GDP 的缺陷，自 1990 年以来，联合国开发计划署每年都发布一份由该机构委托独立的专家组所撰写的"人类发展报告"，其中，人类发展指标的排名成为比较国别之间人民生活真实状况的重要指标。

人类发展指标测量国家或地区在人类发展三个基本方面即寿命、知识和体面生活的总体成就，寿命以"出生时预期寿命"指标度量，知识以"成人识字率"和"小学、中学和大学综合毛入学率"指标度量，体面的生活以"人均 GDP"度量，人文发展指标再次确认了经济增长不等于发展的观念，这是对发展理念的新诠释。

（二）性别发展指标（Gender Development Index，GDI）和性别赋权指标（Gender Empowerment Measure，GEM）

联合国开发计划署发布的"人类发展报告"❶ 声称，"男女平等问题上已经辩论了许多年，女性进行了无数次的斗争，国家的法律作了不少修改，然而，没有一个国家是对女性同对男性一样"（1993）；"在当今任何一个社会里，妇女都不能享受与男性同等的机会……消除性别不平等，与国家贫富无关"（1995）。1995 年，联合国开发计划署在其出版的《人类发展报告》中设立了两项测量两性平等的指标，作为众多国家或地区贯彻以人为本发展观

---

❶ http：//www. un. org/chinese/News/story. asp？ NewsID.

的风向标。

1. 性别发展指标

性别发展指标实际是人类发展指标的补充，与前者不同的是，它更着重于测评男女两性在基本行为能力方面的差距，重点显示的是女性因为受教育程度低于男性，而形成知识能力限制所导致的发展能力限制。它使用的指标主要有三个：第一是寿命长度和健康状况（以出生时平均预期寿命计量）；第二是知识（以成年男女的识字率和在校年限计量）分性别的受教育程度，包括成人识字率、大中小学综合毛入学率；第三是适当的生活水平（以男女在劳务收入中所占份额计量），估计收入而计算出分值，调整男女两性的实际收入，主要用这三个指标来评价性别发展的程度。

按照上述综合指标计算，得分越低的国家排名越高。如 2014 年公布的排名显示，挪威人类发展指数排名第 1 位，性别平等指数排名第 9 位，指数值为 0.068；斯洛文尼亚人类发展指数排名第 25 位，性别平等指数排名第 1 位，指数值仅为 0.021；中国人类发展指数排名第 91 位，性别平等指数排名第 37 位，指数值为 0.202。

2. 性别赋权指标

性别平等指标重在测量妇女和男性在人类基本能力上的不平等，而性别赋权指标则着眼于捕捉男女在参与政治经济决策上的不平等。

性别赋权指标着重测量的是男女两性平等参与政治、经济等社会公共事务的状况，也意味着女性是否真正拥有平等的公民权利，要根据三个指标来衡量男女两性的程度：政治参与和决策权（用男女两性拥有议会席位的份额来计算）、经济参与和决策（以男女两性在专业、技术职位和行政管理职位中的比例来计划计算）、对经济资源的支配权（以男女在劳务收入中的份额计算）。性别赋权指数则着眼于捕捉男女在参与政治经济决策上的不平等现象，如测量男女两性平等参与政治、经济等社会公共事务的状况，也意味着女性是否真正拥有平等的公民权利。虽然这两个指标只捕捉住了妇女生活的某些侧面，但在以往十多年它们已广泛应用于政策讨论、研究与倡导活动之中。

现在用以衡量性别平等的"第二代"国际性综合指数已经形成，某种程度上它们补充并进一步阐述了性别发展指标和性别赋权指标，修正了一些上面列举的局限。例如，社会观察的社会性别公平指数（Gender Equal Index，GEI）使得社会性别公平程度在不同国家清晰地分为不同等级，而不像社会性别发展指数，只能通过人类发展指数反映平均水平的福祉情况。社会性别公平指数将社会性别发展指数和社会性别赋权尺度的指标结合起来，以三个维度评估独立的社会性别公平等级：教育（以男女间识字率差别以及男女在基础、中等和高等教育中入学率差别评测）；经济参与（以男女除在农业领域中所拥有有偿职位百分比以及男女收入比例评测）以及赋权（以妇女在专业、技术、管理和行政职位中所占百分比以及妇女在议会中所占席位数量，在决策内阁职位中数量评测）等。

（三）性别差距指标（Gender Gap Index，GGI）

世界经济论坛是一个非营利的国际组织。1971 年，由瑞士大学施瓦布创建，原名为欧洲经济论坛，1986 年改为现名，总部设在瑞士日内瓦。世界经济论坛致力于召集各界领袖开展合作，以研讨世界经济领域存在的问题，促进国际经济合作与交流为宗旨，达到确定全球、地区和行业议程，进而影响世界的目的。论坛成员由全球有影响的企业领袖、国家政要和知名专家组成，均是各自行业和领域内最有影响力的领导者和决策者，因此也被形象地称为"经济联合国"，由他们来对全球性别差距打分与评价，如企业家问卷调查就涉及104 个国家 9000 名企业领导人。

全球性别差距报告是一份展示男女间在经济地位、学习机会、政治参与及卫生福利四个范畴中的差距的报告，由世界经济论坛发布，首次报告于 2006年在瑞士发表，其后每年发表一次。报告主要是通过调查和统计的方式，针对健康、教育、政治参与和经济平等四个领域的性别差距进行综合评估，其衡量技术是将世界经济论坛上的企业家问卷调查的定量数据集与质性衡量结合起来。

性别差距指标包含如下内容。经济参与：男女失业率水平，经济活动水平，平等工作的报酬；经济机会：产假持续的时间，在带薪产假期间领到的薪酬的百分率，妇女在管理职位上的数量，政府能提供的儿童保健，产假法对雇佣妇女的影响，在私营部门中男人和妇女薪酬上的不平等；政治赋权：女性部长的数量，议会席位中的份额，妇女拥有的立法和管理的高级职位，女性担任

国家领导人的年数；教育方面的成绩：识字率，初等、中等和高等教育入学率，平均在校年数；健康与福祉：政府为减低贫困和不平等所做努力的效果，青少年生育率，有熟练健康护理人员参与接生的百分比，母婴死亡率。在2014年公布的全球性别差距指标排名中，冰岛、芬兰、挪威、瑞典四个北欧国家继续排前4名，中国排名第87位。

（四）性别敏感性指标（Gender Sensitive Index，GSI）

社会性别敏感性指标一直是用来衡量社会中与社会性别有关的变化。为了评估对社会性别进行关注的主流干预和政策所产生的结果，评估成功路上遇到的挑战，调整项目和活动等更好地实现性别平等这一目标，以及减少对两性的不利影响。社会性别敏感性指标主要是依据某一特定指标分别来衡量男性和女性，比如说两性的识字率，在巴基斯坦，在15～24岁的人口中，有75.8%的男性和54.7%的妇女识字。社会性别敏感性指标可能还会参考社会性别专业指标即该指标专门针对男性或者女性。比如，在尼加拉瓜，52%的妇女称曾经被伴侣进行过身体虐待。

对于援助机构和政府来说，社会性别敏感性指标是一个体现问责制的关键工具，它告诉人们那些正在进行的项目是否在工作。在国际和国家的层面上，充斥着太多关于社会性别平等的华丽辞藻，但是落实过程却令人失望，即使旨在2015年实现的千年发展目标中的社会性别平等目标定义非常简单，也有实现不了的危险。社会性别敏感性指标能够使承诺与实际履行情况和影响的差距得以显现，进而让那些承诺者对其行动或行动的不足负起责任；还可以衡量那些不以社会性别为主旨的目标和活动中，关于社会性别关系和社会性别不平等的具体情况。如一些项目在发展援助中对提高社会性别平等作了全面的政策承诺，但是这些政策承诺并没有在预算、实施、评估等阶段得到充分跟进，现在使用社会性别敏感性数据就能尽可能准确评估这些项目的实际效果。

三、利用与建设国家级性别统计数据

社会性别指标之所以能够发挥作用得益于运用国家层面上的社会性别统计数据，据此撰写的性别与发展报告不但可以进行国家间的交叉对比，而且还能将有关性别平等的成就和不足等复杂数据浓缩成为更为清晰的信息，为社会性别平等的责任追究提供切实的干预工具。当然，目前最大的问题是国家级的调查数据极不可靠，而且衡量社会性别平等的因素也越来越多样化，因此，既要提高国家常规统计数据的利用效率，也要有针对性地建设国家级性别统计数据库，把社会性别主流化逐步纳入国家层面的社会统计当中。

（一）提高国家常规统计数据的利用效率

虽然国家级统计数据的基础是来自国家统计局实施的人口普查和人口抽样调查，但由于缺乏对社会性别问题的理解，缺少方法和体系，缺乏妇女参与决策的位置，因此这些数据从一开始就存在严重的性别偏见。联合国报告显示，各地区各主题的分性别数据的官方报告没有任何的改进，尤其是最不发达国家甚至连最基本的有关男性和妇女的统计数据（如人口、出生和死亡等）也没有进行常规统计。基于性别研究的性别统计数据与常规社会统计收集的性别数据有很大不同，后者是一种基础统计。前者作为一种"加工过的统计"是从基础统计中来，又要回到基础统计中去，并且指导进行数据收集工作。

2006 年，联合国经济社会事务部（United Nations Department of Economic and Social Affairs，UNDESA）和联合国妇女发展基金（UNIFEM）的统计部门明确了在国家统计办公室增强其社会性别能力的策略。为了将社会性别视角主流化加入到国家统计体系，联合国经济社会事务部坚持从收集数据的概念和方法的发展到结果的表述，在统计过程中实施性别分析，这需要提供行政数据的所有机构和各个层面达成政治意愿，但是至今为止还没有一个可以胜任的体制以其足够的权威、社会性别方面的专长和承诺来推动这一过程。

为了合理利用现有的常规统计数据，提高性别统计数据的使用率，使各国的政府统计数据成为国际报告体系中的基本元素，联合国和其他国际组织不断组织开发与利用的多重指标，就是为了衡量和对比不同国家的社会性别主流化程度。在很多国家，获得国家级统计数据的可能性和这些数据的可比性都是极其有限的，因此衡量的指标越多，国家能够提供相应数据的可能性就越小。虽然社会性别敏感指标是一个能反映细微差别的综合性工具，但使用数据过于复杂，它只能在 58 个国家进行衡量；而社会性别公平指数相比较而言，它的指标衡量范围要小得多，但却适用于 130 个国家。

（二）建设国家级社会发展数据库

在社会性别预算项目分析、执行、监督的过程中，分解性的性别数据具有不可替代的作用。目前我国的性别统计在很大程度上属于专项工作，缺乏法律形式来保障统计工作的稳定性和持续性。如2003年开始，联合国儿童基金会与国家统计局合作建立两纲监测数据库❶，该数据库涵盖妇女儿童发展的9大类166个指标，基本能够满足两纲监测的需要，但是没有办法把它建设成为社会发展数据库。类似的情况还包括性别统计报告。它由国家统计局人口和社会科技统计司根据人口普查、1%人口抽样调查、人口统计年鉴、劳动统计年鉴、妇女儿童状况综合统计年报，以及国务院各有关部门的年报和一些专项调查资料等编辑，以《中国社会中的女人和男人——事实和数据》为题，分别于1999年、2004年、2007年和2012年出版了四期报告，集中反映了1995年北京世界妇女大会以来，我国社会中两性的生存状况和存在差异。

以上专题数据库虽然弥补了常规报表收集数据的空白，但是由于没有得到《中华人民共和国统计法实施细则》和《普查法》等法规的政策支持，也未被列入国家统计部门正常的统计工作方案当中，再加上本身也存在性别统计指标不完善、统计数据不及时等问题，无法在更大层面上发挥作用，比如满足多个国际目标/公约监测和评估的需要，满足政府重要发展规划监测的需要。

社会性别主流化的国家机制最好体现之一就是建设国家级的社会发展数据库。从概念、数据收集方法的研发到结果的发布，都要在国家统计系统中贯彻社会性别主流化。通过对统计人员持续进行社会性别敏感统计的培训，培训人口统计人员如何寻找社会性别敏感信息以及如何确保记录这样的信息；在国家统计局的各个层面开发具有性别敏感性的人力资源；在官方数据统计的法律框架内明确社会性别数据的发展，支持并巩固从事社会性别统计数据的单位等。

第三节　社会性别预算

社会性别预算（Gender Budget）是社会性别主流化的主要内容之一，它要

---

❶　http：//www.unicef.cn/cn/uploadfile/2014/0109/20140109024405457.pdf.

求预算和财政政策充分考虑促进性别平等的需要，并配备适应的资源来实现有关的承诺。社会性别预算包括政府部门制定性别平等拨款的比例，以及审视预算项目对两性已经产生或即将产生的影响，如调整好预算支出或制定新政策后，还要跟踪预算资金的配置和使用，考察预算支出的落实程度以及受益对象的收益程度并作出回应，以进一步提高财政支出的使用效率。

一、社会性别预算阶段与模式

在预算管理精细化的过程中，要全面考察预算收支及其相关的公共政策对男女两性的不同影响，减少对妇女及其他弱势群体的歧视。1984 年，澳大利亚开始尝试进行"妇女预算行动"，后来演化成为社会性别预算，已引发世界近半数国家对其产生浓厚的兴趣，并积极在本国开展各种研究和实践行动，形成三个阶段两种主要模式。

（一）社会性别预算的三个阶段

社会性别预算最早出现在 1984 年，经过 1995 年北京第四次世界妇女大会的推动，在 2002 年形成一个高潮，它大致可以分为三个阶段。

1. 萌芽阶段（1984—1994 年）

20 世纪 80 年代，澳大利亚工党取得大选胜利后，在联邦和州政府中开展了"妇女预算"，成为全球最早开始性别预算的国家。1984 年，澳大利亚设在首相和内阁联邦的"妇女地位办公室"开始在政府部门推行"妇女预算项目"❶，用于评估联邦预算，如关税、税收和工业发展政策等对妇女产生的影响，要求政府在制定经济政策时考虑到妇女的性别分工以及社会角色。1985 年以后，"妇女预算项目"开始在澳大利亚各邦部门和组织实行，要求各部门在报告预算时汇报各项开支可能会对妇女产生的影响。澳大利亚的妇女预算项目是政府内部产生的官方措施，多数州政府的报告是以政府预算文件的形式出版的。政府会向公众通告报告的结果，并且公布政府对实现性别平等和促进女性参与发展所取得的成绩。

---

❶ European Commission. Gender Equality in Development Cooperation from Policy to Practice：The Role of the European Commission，Belgium：Mostra Communication，2003. p. 24.

1987 年以后，该项做法改名为"妇女预算陈述"，也就是说，将公共支出分为三类，即与妇女相关的支出、公务员平等机会支出和其余的对妇女可能造成影响的一般性支出。这一分类方法说明如果只关注分配给第一类别的有限资金，就会迷失性别预算实践的目标。另外，与政府官员合作时，这一方法也可以强调政府应该给予女性公务员更多的发展机会。

1989 年，英国成立了由经济学家和政策分析人员组成的妇女预算小组，主要工作重点是围绕税款和救济金进行社会性别敏感分析，发现"在这些项目资金中，只有 8% 的资金用于单亲母亲，而全国 95% 的单亲都是妇女；有 57% 的资金用于年轻人身上，而妇女只占其中的 27%"[1]。也就是说，预算小组通过数据分析法显示现有的税收和社会保障系统不利于妇女，此外，它还通过举行新闻发布会或者与政府官员举行定期会议的形式，讨论财政政策可能对妇女产生的影响。

1994 年，菲律宾政府开始推行社会性别预算政策，政府的《全面拨款法令》要求有关机构和部门编制性别问题与发展计划，并规定所有部门在性别平等方面的投入不低于总预算的 5%。菲律宾的性别预算起初将重点放在关于妇女的项目上，但是在提交报告的机构中，很多根本没有达到当初要求的政府每个部门在性别与发展方面的投入不得低于 5% 的目标，而且社会性别与发展所获得的预算也低于总预算的 1%。

2. 全球推广阶段（1995—2002 年）

1995 年以后，各国妇女组织和其他的非政府组织、研究机构和国际组织日益认识到从社会性别视角对预算过程进行分析的重要性，呼吁开展社会性别预算行动，形成一个全球推广社会性别预算阶段。特别是在澳大利亚和英国先期经验的影响下，英联邦秘书处先后在南非、斯里兰卡、巴巴多斯、斐济群岛五个国家和地区开展社会性别预算试点工作。随后，斯里兰卡、肯尼亚、乌干达、坦桑尼亚、赞比亚、莫桑比克、马拉维、纳米比亚、博茨瓦纳等国也先后开展了此项工作。

在 2000 年《千年目标》的倡导和影响下，印度、尼泊尔、津巴布韦、毛

---

❶ 转引自闫东玲：《浅论社会性别主流化与社会性别预算》，《妇女研究论丛》，2007 年第 1 期。

里求斯、卢旺达、奥地利、德国、西班牙等国也开始实施社会性别预算。如法国的 2000 年预算法案要求政府在预算案提交的同时，在附录中列出每年在促进实现社会性别公正的具体拨款。法国经济、财政和工业部发布的社会性别预算分析显示，在 2000 年，31% 的职业妇女同时还从事兼职工作，而这一比例在男性中只有 5%。报告还显示，兼职的妇女这样做并非出于自愿——特别是那些独自抚养孩子的妇女，她们以 84% 的比例高居 1997 年以来所有单亲家庭的首位。

在 2001 年和 2002 年间，包括墨西哥、玻利维亚、秘鲁、比利时、韩国在内的若干国家，也加入到实施社会预算的行列中来。到 2002 年年底，世界上已经有 50 个左右的国家开展了社会性别预算。

3. 总结经验阶段（2003—　）

经过 20 多年的发展，社会性别预算已经逐步被国际社会接纳与认可，特别是许多国家不仅将社会性别预算当作审视公共预算的主要工具，而且是促进性别平等、消除贫困、实现公平合理的发展环境的公共政策重点关注的内容，特别是当今世界上有超过一半的人口生活在贫困当中，其中妇女所占的比例高达 70%。

截至 2007 年，世界范围内已有 73 个国家不同程度地开展社会性别预算，这些国家分布在世界各大洲，以欧洲与非洲居多，如由 53 个国家组成的英联邦国家中共有 26 个国家实施了社会性别预算，而由澳大利亚、奥地利、比利时、加拿大、日本、瑞士、英国和美国等 34 个成员国组成的世界经济与合作组织中的 19 个国家实施了社会性别预算，当然，两者之间的国家多有重合。在亚洲的韩国、印度尼西亚、菲律宾、越南和马来西亚等国也在推行由政府主导的社会性别预算项目。

（二）社会性别预算的两种主要模式

在不同的国家，推动社会性别预算工作的机构和人员不尽相同，包括各国的政府组织、非政府组织以及亚洲开发银行、联合国开发计划署、联合国妇女发展基金等外部机构，主要形成两种主要模式。

1. 澳大利亚联邦政府女性官员主导模式

1984 年，澳大利亚的国家性别平等机构——妇女地位办公室——率先在

联邦政府部门推行"妇女预算项目"。1985年，妇女预算开始在澳大利亚全面展开。澳大利亚妇女预算由女性官员推动，政府各部门利用建立的指标，通过年度预算报表考核同妇女相关的政策方案绩效，并在整个预算周期中进行绩效评估和监测审查。

为帮助政府各部门分析和发布妇女预算，经济学家夏普（Rhonda Sharp）专门为澳大利亚社会性别预算分析开发和设计了"三向开支分类法"，也就是将支出分为三大类：第一类主要是针对妇女的专项支出，如土著妇女健康项目等专门针对妇女、女童的项目支出；第二类是公共部门平等就业机会的支出，如提高妇女参与管理和决策的培训项目，促进平等就业机会的资源划拨与保障等；第三类是前两类没有包括的其他对性别产生影响的一般性支出，如对法律援助和健康服务对象的选择等。

澳大利亚模式的主要特点就是，最先关注到公共预算支出对妇女可能会产生影响；政府导向策略有力地将社会性别意识纳入政府相关部门工作之中，易于对直接参与预算过程的政府决策者和执行人员产生影响；有明确的分析框架和工具作为技术支持；女性官员参与管理和决策的力度较大，为推动社会性别预算发挥了很大作用。

2. 南非议会、非政府组织和国际组织的合作模式

1995年，南非在开展社会性别预算之初选择了两种不同的实施路径。第一，是由包括议会委员会和南非民主研究及其预算信息服务中心两个非政府组织为主合作开展的议会+非政府组织模式，并得到联合国妇女发展基金（UNIFEM）南非办公室提供的技术和资金支持；第二，是政府财政部门组织的在政府部门内部实施的社会性别预算模式，经过实践证明，第一种模式更具可持续性。

南非的社会性别预算由初期重点分析有限数量的国民投票、公共部门就业与税收，随后逐步扩展到审查政府预算中的所有功能，包括汇总公共部门的就业、税收以及其他收入的情况，分析中央和地方的政府预算对提供就业平等机会的影响等。南非的社会性别预算既涉及社会领域，也涉及经济领域，并由重点研究与性别密切相关的卫生、教育等领域，发展为涵盖政府所有职能领域，具体内容包括分析某一部门（行业）性别构成；两性面临问题的解决程度；

评估和监督预算分配是否落实；评估预算实施后性别平等状况是否有所改善等。

南非在实施社会性别预算过程中，研发出了"五步分析法"的分析框架。第一步，分析女性和男性、女童和男童的发展状况；第二步，对公共政策进行社会性别敏感分析；第三步，审查和评估公共预算资源分配；第四步，监测公共财政支出和公共服务的提供情况；第五步，对整个政策或项目绩效进行评估。"五步分析法"要求利用必要的分性别统计以及公共政策/项目的投入、产出和绩效数据信息。为此，1999 年南非国会提出新数据法案修正案，从法律层面上规定官方数据必须依据性别、地区和其他社会经济因素分别统计。

南非的社会性别预算从社会性别视角分析了所有政府部门预算的资源分配。1996—1998 年连续出版了三个性别预算分析报告；1998 年专门为受过十年教育的、以英语为第二语言的读者，发放了包括 8 个部门妇女预算信息的普及性读物。

二、编制社会性别预算的难度

2001 年，在布鲁塞尔召开的"推进性别预算——加强经济和财政管理"国际会议上，与会代表呼吁，到 2015 年全球所有国家实行性别预算。为了确保社会性别公正的全球治理，编制社会性别预算十分有必要，但是这一想法无论在国际还是国家层面上都没有被完全接受。在第四次世界妇女大会上，只有不到一半的国家（189 个国家中的 90 个）承诺改善妇女地位，49 个国家承诺社会性别主流化，41 个国家承诺妇女人权，35 个国家承诺对经济的平等参与，而承诺与落实之间尚有不小的差距。

（一）在资源不足的情况下难以优先排序

性别预算也不是要建立单独的预算，解决妇女问题或者社会性别问题，而是确保政府预算在女性和男性、女童和男童之间公平分配，并且在资源匮乏的时候，可以确保有限的资源帮助那些最没有能力自我保障的人。性别预算不是将政府的预算资金在女性和男性、女童和男童之间平均分配，各占百分之五十，而是从性别角度评估政府的财政预算对女性和男性、女童和男童各种需要的满足程度。以卫生领域为例，同样患有感冒，女性和男性对医疗救助的需求

相似，但是在生育健康领域，女性的需求就要比男性多。

用南非的国会议员戈温得（Pregs Govender）的话来说，就是"如果您想知道一个国家将会如何发展，只需要看看这个国家的预算及其向妇女和儿童分配资源的情况就可以了"❶。

对整个预算进行社会性别敏感分析，明确政府预算在男性和女性之间的分配方案，其中最重要的就是确定在资源不足情况下的优先顺序选择。许多国家颁布的一整套以解决需求方面问题为目的的经济政策，主要针对汽车、建筑等以男性为主的行业，但由此造成的社会公共服务开支遭大量缩减的后果，令女性成为主要的受害者。

联合国开发计划署认为传统性别分工对于保障包括人的身心健康及社会福祉的经济发展的重要性，各国应该采取一些社会补偿措施以示对女性在家中从事的无偿劳动的支持和尊重；世界银行的社会性别预算则突出女性作为健康的、受过良好教育和赚取收入的母亲在未来劳动力成长中的关键作用，主张各国政府加强和改善基础设施建设，以减少女性从事家务劳动的时间，使之可被用于其他有酬活动。

（二）关注的领域没有纳入官方的统计数据

现在人们已逐渐认识到传统经济学没有把妇女在家庭中的无偿劳动计算在内是一个极大的错误，而这种错误对整个社会造成了相当大的负面影响。从时间利用角度来看，花费在无偿劳动和照料工作上的时间越多，用于有酬经济中的时间就会越少。据2007年的一项报告显示，"家庭生产是澳大利亚经济中单项产出最大的部门，数量超过所有制造业价值总量的十倍，超过所有采矿、选矿业的三倍"❷，但是，无偿劳动未被计入大多数国家的官方统计数据当中。1990—2005年，世界范围内非农部门有酬劳动者中女性的比例呈缓慢上升趋势，但与男性相比差距依然很大（如图8.1所示）。

---

❶ Helena Hofbauer. Gender and Budgets：Over view Report，Brighton：Institute of Development Studies，2003.

❷ Mascha Madoerin. Gender – Responsive Budgeting Initiatives in Switzerland：Work in progress，Berne：Muenchenstein，2007.

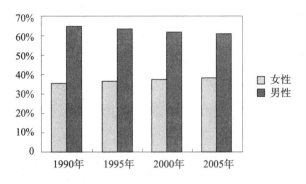

图8.1　非农部门有酬劳动者性别比例

　　与其他预算不同的是，社会性别预算关注的一项关键性指标是预算执行是否会对无酬工作产生影响，社会性别预算正视并肯定无酬劳动的价值与贡献，推动政府重视通过时间利用调查等有效途径，正确评价无酬劳动在国民经济中的重要作用，并在预算决策过程中充分考量无酬劳动者的利益和诉求。在瑞典，每个政府部门（包括财政部）都需在提出的预算项目中设立有关社会性别公正的目标，财政部将综合这些目标指数分配对妇女和男性的经济资源。瑞典每年基本上都会拨出相当于国内生产总值的2%预算用于公立儿童保育，并拿出专项资金支持欧洲最高的妇女就业率，如果孩子去不了托儿所，妇女的工作权就无法得到保证。如2001年，瑞典妇女就业率就已达到了74%，在男性中是79%，一直处于世界的领先地位。

结　语

机会平等抑或结果平等

性别与发展以基本人权框架为基础，消除性别歧视，实现性别平等是其终极目标。正如卢宾所说的："一个彻底的女权主义革命最终将要解放的不只是妇女。它将解放性的表达形式，并将人类社会从社会性别的束缚中解放出来。"[1] 问题是性别平等指的是机会平等还是结果平等，答案显然是不同的，采取的路径也是不同的。就女权主义 200 年的发展、性别与发展 40 多年的发展经验来看，承认两性的生理差异，针对两性特殊生理阶段给予照顾更具可操作性。也就是说，把追求结果平等当作终极目标，而在现阶段采取机会平等策略更具合理性，即在承认个体差异的前提下，提供参与机会与进入机会的平等是可行的。

一、对平等的需求是人权的需求

作为全球发展运动的主要倡导者和推动者，联合国早在 1945 年通过的《联合国宪章》序言中就开宗明义地重申了"基本人权，人格尊严与价值以及男女与大小国平等权利的信念"。联合国连同各种双边与多边发展组织为促进性别与发展作出了不懈的努力，如 2001 年，在世界银行发表的《通过权利、资源和言论上的性别平等促进发展》报告中，把推动性别平等看作是对抗全

---

[1]　王政等主编：《社会性别研究选译》，北京：生活·读书·新知三联书店，1998 年，第 61 页。

球贫困问题的关键；联合国儿童基金会则主张性别平等能够带来"双重红利"，不只提升妇女地位，也提升她们的孩子在社会上的地位；联合国开发计划署也认为，赋权妇女有助于提升经济生产力，降低婴儿死亡率，提高健康及营养水平，增加下一代受教育的机会。

研究东亚问题的经济学家观察到东亚国家的一个发展模式，也就是说，以前这些国家的年轻女性对于国民生产总值的贡献微不足道，后来国家把她们纳入到经济领域，随即大大增加了劳动力。因为国家不只让男孩接受教育，也让女孩接受教育，并且让女性有搬迁到城市及在工厂工作的自由，由此因为晚婚和减少生育而迎来了"人口红利时期"；同时，妇女还会资助晚辈亲人的教育，把薪资的一部分用来储蓄，从而提升了国民储蓄率，这样的模式被称为"女孩效应"。又因为女性染色体由 XX 组成，因此也被称为"双 X 解方"❶。

性别平等的重要性已经被大多数国家所接受，"实现性别平等是经济发展的必要条件。只有充分发挥所有人的潜力，国家才能保持竞争力从而实现长期繁荣。更重要的是，性别平等是一个关乎公正的问题。在一个文明社会里，我们有责任确保一种平等的价值观"❷。通过在不同层次的联合国会议重申行动计划，通过政府承诺达到这些目标，至少在正式的层面上，性别平等问题成为"全球共识"。

二、性别不平等是客观存在的

随着女权主义的知识生产和发展理念的纵深发展，人们意识到：在所有的社会不公正现象中，持续时间最长、跨越领域最广泛、涉及人数最多的，就是性别的不平等，它贯穿在任何阶层、任何地方、任何行业里，表现在社会生活的方方面面。谈到社会公正，性别平等就是其中的重要内容，而如何把性别平等纳入发展中，这是时代向发展理论提出的一个现实要求。

为了识别性别不平等的状况和程度，国际组织开发出性别平等指数、赋权指数和性别差距指数等来对全球绝大部分国家的性别差距进行测量。此外，

---

❶　http：//culture. ifeng. com/a/20140619/40801325_ 0. shtml.

❷　http：//news. ifeng. com/a/20141028/42314967_ 0. shtml.

2009 年，由经济合作与发展组织（Organization for Economic Cooperation and Development，OECD）还开发出一套"社会制度和性别指数"（Social Institutions and Gender Index，SIGI）❶。2014 年，列入排名的国家达到 108 个。在"歧视性家庭法律""限制性身体完整""限制公民自由""限制资源和财产"和"男孩偏好" 5 个领域下设 14 类 27 个具体指标，以"0"为毫无歧视，以"1"为彻底歧视，该指数给各个地区和各个国家的以上五个方面分别打分。在 2014 年的"社会制度与性别指数"报告中，该组织得出以下数据：妇女用于无酬劳动的时间是男性的 3 倍；160 个国家中只有 55 个在法律和实践中都给予妇女平等的继承权；有 35% 的妇女相信在某些情况下家庭暴力是合理的；有 102 个国家的法律或实践拒绝给予妇女平等土地权。也就是说，在 2014 年，16% 的国家被评为严重歧视，15% 的国家很少歧视——这就是一个如此不均衡的世界。

通过综合"歧视性家庭法律""限制性身体完整""限制公民自由""限制资源和财产"和"男孩偏好"五个方面的指标，报告指出对妇女制度性歧视最少的国家是：比利时、法国、斯洛文尼亚、西班牙和塞班，当然一些公认的高平等国家例如冰岛、芬兰则没有计算在内；最严重的国家分别是：也门、苏丹、冈比亚、马里、乍得。亚洲地区制度性歧视最少的国家是蒙古。蒙古虽然也有 1/3 妇女报告遭受家庭暴力，女议员只占 14.9%，但该国实行男女相同的法定结婚年龄，保障男女同等的继承权，2011 年该国通过的"性别平等促进法"提出将 40% 的政府管理岗位给予妇女。而我国被列为中等歧视国家，排名第 42 位，尤其是我国在男孩偏好领域中的出生人口性别比严重扭曲现象被列为"严重歧视"领域，同样原因也导致我国在 2014 年全球性别差距排名中的排名大幅下降。

三、实现机会平等的可能性大于结果平等

"性别平等意味着两性在基本人权框架下的权利、责任和机遇的平等"❷，

---

❶ http：//www. china development brief. org. cn/news – 16853. html，2014 – 11 – 24.

❷ 在 1975 年联合国第一次世界妇女大会通过的《墨西哥宣言》中，就明确了性别平等即"男女作为人的尊严和价值的平等，以及男女权利、机会和责任的平等"。

像自由女权主义所说的完全否认两性差别的平等其实是没有实现可能的，然而如何在承认两性生理差别的前提下实现两性平等仍然是个极大的难题。

（一）结果平等难以落实

2014 年，联合国在《性别歧视阻碍全球发展报告》中宣称："现在在世界任何一个国家，女性在政治和经济上的权利仍不能和男性平等……我们不能再等 20 年去解决困扰我们幸福生活的不平等问题。发展不能只让富人受益，而应惠及所有人，尤其是女性和年轻女孩。"❶ 如果把任何性别上的区别对待都被视为性别歧视的有力证明的话，那么目前包括北欧国家在内的任何国家都无法提供一个结果平等的现实样本，尽管北欧国家男女工资差距的比例从 1975 年的 29% 左右递减至今天的 10% ~ 16%。一项有关职业性别隔离的跨国研究显示❷，如果将农业领域排除在外，北欧国家的职业性别隔离在相当程度上是高于其他经济合作与发展组织国家的，并且明显高于诸如中国、日本、马来西亚、印度等亚洲国家。也就是说，北欧国家的男女收入差距和其他国家是没有什么差别的。北欧国家女性受益于落到实处的"家庭友好计划"。该计划是 20 世纪 90 年代以来欧盟积极倡导其成员国发展的一种公共政策，但其效果却阻碍了女性在劳动力市场获取与男性同等的就业机会，进而去得到更高级别的工作、更大的权威或更高的收入。如女性的生育行为是造成就业连续性和稳定性的天然障碍，它构成了雇主对女性歧视的最重要原因。作为对此的反应，不少女性选择退出劳动力市场，也有部分女性选择不生育或者少生育，世界上不少发达国家和地区的低生育率就是这样产生的。

（二）机会平等的可操作性

由于女性特殊的生理期（经期、孕前、孕期、产假刚结束时、哺乳期、更年期等），法律可以对处于这些特殊时期妇女的禁忌工作和劳动保护作出详尽规定，如生育阶段的女性实行产假、工资等倾斜性政策或者临时特别措施都是必要的。当消除这一特殊情况时，国家就应该取消相应的优惠项目，否则妇女将沦为社会福利的照顾对象，事实上也给妇女造成了更大的不平等，因为过

---

❶ 《性别歧视阻碍全球发展》，http://world.people.com.cn/n/2014/0214/c157278-24359443.html.

❷ ［英］凯瑟琳·哈基姆：《女权主义者对性别平等的十二个误读》，张肖雯译，《中国社会科学报》，2013 年 1 月 23 日。

多的保护反而无意中抬高了女性的就业门槛，从而限制了女性获得有薪酬的工作机会，只能停留在家务劳动当中。

联合国消除对妇女歧视委员会关注我国高度计划性经济向市场经济转变过程中妇女的经济状况，认为"在劳动力市场上对妇女过度保护而不是提供平等的机会，会形成妇女在市场经济竞争中的额外障碍"❶。这种基于对妇女的生理性别的劳动保护，强调妇女作为母亲的社会性别角色，在实践中限制了妇女就业机会和职业发展。对妇女的这种特殊照顾并不只带来好处，让妇女也付出了沉重的代价。如为保护妇女而设计的措施却反而变成她们获得与男人同等待遇的障碍，如出于对妇女的保护，许多法律和法规限制妇女的工作时间，禁止妇女夜间工作，禁止妇女从事开矿之类的危险行业，这些劳动保护法也许改善了妇女的健康和安全，保证了妇女有更多的时间花在家庭生活上，但它也将妇女从某些行业中排挤出去，如那些需要超工时的工作、那些必须从夜班做起的工作。结果是，妇女只能集中在某些特定的行业中工作，造成了这些行业中妇女劳动力的过剩，妇女的工资也由此降低了下来。

---

❶ 《联合国消除对妇女歧视委员会第 20 次会议对缔约国报告的反馈》，薛宁兰译，http: // www. woman – legalaid. org. cn/read. php？kind＝zlzx&file＝20050127144738。

主要参考文献

中文著作

[1] 阿马蒂亚·森. 以自由看待发展［M］. 任赜，等，译. 北京：中国人民大学出版社，2002.

[2] 布莱恩·特纳. 身体与社会［M］. 马海良，等，译. 沈阳：春风文艺出版社，2000.

[3] 埃丝特·博斯拉普. 妇女在经济发展中的角色［M］. 陈慧平，译. 南京：译林出版社，2010.

[4] 伊琳·吉特. 社区的迷思——参与式发展中的社会性别问题［M］. 社会性别窗口小组，译. 北京：社会科学文献出版社，2004.

[5] 迪帕·纳拉扬，等. 谁倾听我们的声音？［M］. 付岩梅，等，译. 北京：中国人民大学出版社，2001.

[6] 迪帕·纳拉扬等. 在广袤的土地上［M］. 崔惠玲，等，译. 北京：中国人民大学出版社，2004.

[7] 戴安娜·M. 迪尼托. 社会福利：政治与公共政策［M］.（第五版）. 何敬，等，译. 北京：中国人民大学出版社，2007.

[8] 恩格斯. 家庭、私有制和国家的起源//马克思恩格斯选集（第四卷）［M］. 北京：人民出版社，1972.

[9] 涂尔干. 社会分工论［M］. 渠东，译. 北京：读书·生活·新知三联书店，2000.

[10] F. 艾略特. 家庭：变革还是继续？［M］. 何世念，等，译. 北京：中国人民大学出版社，1992.

[11] 菲奥纳·鲍伊. 宗教人类学导论［M］. 金泽，等，译. 北京：中国人民大学出版社，2004.

［12］弗朗索瓦·佩鲁.新发展观［M］.张宁，等，译.北京：华夏出版社，1987.

［13］哈贝马斯.公共领域的结构转型［M］.曹卫东，等，译.上海：学林出版社，1999.

［14］J.图亚特·穆勒.妇女的屈从地位［M］.汪溪，译.北京：商务印书馆，1996.

［15］约翰·密尔.代议制政府［M］.汪暄，译.北京：商务印书馆，1982.

［16］吉尔贝·李斯特.发展的迷思——一个西方信仰的历史［M］.陆象淦，译.北京：社会科学文献出版社，2011.

［17］李银河主编.妇女：最漫长的革命——当代西方女权主义理论精选［M］.北京：生活·读书·新知三联书店，1997.

［18］K.米利特.性的政治［M］.钟良明，译.北京：社会科学文献出版社，1999.

［19］坎迪达·马奇等.社会性别分析框架指南［M］.社会性别意识资源小组，译.北京：社会科学文献出版社，2004.

［20］L.达维逊.性别社会学［M］.程志民，等，译.重庆：重庆出版社，1989.

［21］玛丽·沃斯通克拉夫特.为女权辩护［M］.王蓁，译.北京：商务印书馆，1995.

［22］马元曦，等.社会性别与发展译文集［M］.北京：生活·读书·新知三联书店，2000.

［23］玛格丽特·米德.三个原始部落的性别与气质［M］.宋践，等，译.杭州：浙江人民出版社，1998.

［24］奈杰尔·巴利.天真的人类学家——小泥屋笔记［M］.何颖怡，译.上海：上海人民出版社，2003.

［25］奥古斯特·倍倍尔.妇女与社会主义［M］.葛斯，等，译.北京：中央编译出版社，1995.

［26］皮埃尔·布尔迪厄.男性统治［M］.刘晖，译.深圳：海天出版社，2002.

［27］罗伯特·伯恩等.社会心理学［M］.（第10版）.杨中芳，译.上海：华东师范大学出版社，2004.

［28］罗伯特·F.墨菲.文化与社会人类学引论［M］.王卓君，等，译.北京：商务印书馆，1991.

［29］理查德·波斯纳.性与理性［M］.苏力，译.北京：中国政法大学出版社，2002.

［30］罗斯·埃什尔曼.家庭导论［M］.潘永康，等，译.北京：中国社会科学出版社，1991.

［31］史静寰.走进教材与教学的性别世界［M］.北京：教育科学出版社，2004.

［32］西蒙娜·波伏娃.第二性［M］.陶铁柱，译.北京：中国书籍出版社，1998.

［33］塞谬尔·亨廷顿.现代化：理论与历史经验的再探讨［M］.罗荣渠，译.上海译文出

版社，1993.

［34］王恩铭. 20 世纪美国妇女研究 ［M］. 上海：上海外语教育出版社，2002.

［35］王政，等. 社会性别研究选译 ［M］. 北京：生活·读书·新知三联书店，1998：184.

［36］笑冬. 站在国家与男人之间——中国农村工业化的性别推动力 ［M］. 北京：中国物资出版社，2002.

［37］威廉·A. 哈维兰. 当代人类学（第 10 版）［M］. 瞿铁鹏，等，译. 上海：上海社会科学院出版社，2006.

［38］W. 古德. 家庭 ［M］. 魏章玲，译. 北京：社会科学文献出版社，1986.

［39］余宁平，杜芳琴. 妇女学的全球与区域视界：不守规矩的知识 ［M］. 天津：天津人民出版社，2003.

［40］章立明. 结构与行动：西双版纳傣泐家庭婚姻中的社会性别分析 ［M］. 北京：人民出版社，2011.

英文著作

［1］ Antony Giddens （1984）. The Constitution of Society：Outline of the Theory of Structure. Polity，Cambridge.

［2］ Bell Hooks （1984）. Feminist Theory：From Margin to Center. Boston：South End Press.

［3］ Caroline Moser （1993）. Gender Planing in Development：Theory，Practice and Training. London and New York，Routledge.

［4］ Gita Sen and Caren Grown. Development，Crises and Alternative Visions：Third World Women's Perspectives，New York：Monthly Review Press. 1987.

［5］ Judith Kegan Gardiner （2005）. Men，Masculinities，and Feminist Theory，Handbook of studies on men & masculinities，edited by Michael Kimmel，Jeff Hearn，and R. W. Connell. Thousand Oaks，CA：Sage Publications.

［6］ Londa Schiebinger （1989）. The Mind Has No Sex？Women in the Origins of Modern Science. Cambridge：Harvard University Press.

［7］ Maria Mies and Vandana Shiva （1993）. Ecofeminism. Zed Books Limited.

［8］ Nelly Oudshoorn （1994）. Beyond the Natural Body：An Archaeology of Sex Hormones. Routledge：London and New York.

［9］ Ulrich Beck （1992）. Risk Society：Towards a New Modernity，trans. Califarnia：Sage Publication.

中文期刊

[1] 安娜贝尔·斯莱伯尼. 性别、赋权和沟通：回顾与展望 [J]. 朱世达，译. 国际社会科学杂志，2006 (2).

[2] 凯瑟琳·哈基姆. 女权主义者对性别平等的十二个误读 [J]. 张肖雯，译. 中国社会科学报，2013 (1).

[3] 冯媛. 女性在新闻中的存在——关于八家主导报纸新闻版新闻的研究报告 [J]. 浙江学刊，1998 (2).

[4] 胡玉坤. 知识谱系、话语权力与妇女发展——国际发展中的社会性别理论与实践 [J]. 南京大学学报，2008 (4).

[5] 胡玉坤. 农村妇女问题——应对全球化挑战的国际政策干预 [J]. 中国农业大学学报，2012 (3).

[6] 胡玉坤. 转型期中国的"三农"危机与社会性别问题——基于全球化视角的探究 [J]. 清华大学学报，2009 (6).

[7] 金莉. 十九世纪美国女性高等教育的发展轨迹及性别定位 [J]. 美国研究，1999 (4).

[8] 约瑟夫·斯蒂格利茨. 斯蒂格利茨批评新自由主义的结构调整 [J]. 张文海编译. 国外理论动态，2001 (12).

[9] 刘继同. 妇女与福利：女性主义福利理论评介 [J]. 妇女研究论丛，2003 (4).

[10] 刘小楠. 走出私人领域：法学教育、法律职业中的女性 [J]. 政法论坛，2008 (6).

[11] 刘伯红，等. 试析我国电视广告中的男女角色定型 [J]. 妇女研究论丛，1997 (2).

[12] 闵冬潮. Gender（社会性别）在中国的旅行片段 [J]. 妇女研究论丛，2003 (5).

[13] 聂琴. 单一性别教育的再度兴起——以英美澳为例 [J]. 上海教育科研，2008 (12).

[14] 苏红军. 危险的私通：反思美国第二波女权主义与新自由主义全球资本主义的关系 [J]. 妇女研究论丛，2013 (3).

[15] 薛克翘. 当前印度的陪嫁之风 [J]. 当代亚太，2002 (5).

[16] 姜全保，等. 20 世纪中国"失踪女性"数量的估计 [J]. 中国人口科学，2005 (4).

[17] 严海蓉. "知识分子负担"与家务劳动——劳心与劳力、性别与阶级之一 [J]. 开放时代，2010 (6).

[18] 闫东玲. 浅论社会性别主流化与社会性别预算 [J]. 妇女研究论丛，2007 (1).

[19] 杨菊华. 传续与策略：1990—2010 年中国家务分工的性别差异 [J]. 学术研究，2014 (2).

［20］姚桂桂. 试论美国贫困女性化——20 世纪后期的一个历史考察 ［J］. 妇女研究论丛，
　　　2010 （3）.

［21］张立平. 当代美国女性主义思潮述评 ［J］. 美国研究，1999 （2）.

［22］朱晓阳. 在参与式时代谈建构 "性别主体" 的困境 ［J］. 开放时代，2005 （1）.

中英文网站

［1］http：//genders. sysu. edu. cn/News/947 – Content – 947. html.

［2］http：//www. wsic. ac. cn/international women movement literature/55343. htm.

［3］http：//www. un. org/chinese/esa/women/mainstreaming. htm.

［4］http：//www. unesco. org.

［5］http：//www. who. int.

［6］http：//www. unicef. cn/.

［7］http：//www. ifad. org/operations/policy/policydocs. htm.

［8］http：//www. fao. org/about/en/.

［9］http：//www. wfp. org/policy – resources.

［10］http：//www. few. gov. cn/.

［11］http：//zh. wikipedia. org.

［12］http：//www. bridge@ ids. ac. uk.

［13］http：//unstats. un. org.

［14］Http：//www. lecity. com. au/.

［15］http：//culture. ifeng. com.

［16］http：//www. chinagender. org.

［17］http：//www. ynpra. com.

［18］http：//www. china daily. com. cn.

［19］http：//www. sociology. org.

后　记

　　从 1998 年，我初次接触《社会性别研究选译》一书以来，系统地研读了《妇女：最漫长的革命》《性别与中国》《社会性别与发展译文集》《女性研究：起源及影响》《女权主义理论读本》等社会性别理论与方法的书籍；又自2000 年起，我开始参与福特基金会的"温洛克妇女发展项目"、英国发展部的"中英大龄女童项目"、国际劳工部的"防止妇女儿童拐卖项目"以及云南省妇女儿童工作委员会的"妇女十年规划项目"等国际国内项目的基线调查、培训和研究工作，对社会性别理论与方法的应用有了感性认识。另外，在国内外刊物上发表或出版过关于社会性别研究的论文或专著 20 余篇（本）。可以说，《性别与发展》一书的出版见证了我自己的学术成长过程，或者说是我对"性别与发展"领域思考的结晶。

　　首先，我要感谢的是自 2004 年以来选修公共素质课《两性社会学》的千余名本科学生，为了能更好地服务于教学，有利于教学成果向研究成果转换，我在理论梳理、数据遴选以及案例研究方面都进行了长期的积累，才最终决定以《性别与发展》为名撰写书稿，这也是我们大家共同的成果。

　　其次，我要感谢的是云南大学民族学与社会学院的白志红教授和云南民族大学的和少英教授对书稿的肯定，从而让本书稿能够顺利列入云南大学的出版资助计划。而民族学与社会学学院的何明教授对于本书给予了优先出版的支持，可以说如果没有他的大力支持，本书绝不可能在成书后以最短的时间出版面市。

292

最后，我要感谢的是本书的责任编辑知识产权出版社的石红华女士，通过与她的数次交流和沟通，我对她的敬业、高效与务实作风留下了深刻印象，可以说如果没有她的严格把关，本书就不会以最好的状态奉献给广大读者。

章立明谨记于昆明梁家河寓所
2016 年 4 月 20 日